Disfruté mucho leer el nuevo libro de Milenka Peña. *Mujer apasionante* es ameno, franco, profundo y realista. Llenará de esperanza, ánimo y consuelo a quienes lo lean, y estoy seguro que las mujeres van a reír, soñar y crecer al verse retratadas en cada página, descubriendo lo que las identifica como el perfume de la creación. Alcanzar los sueños, la plenitud y la realización es el reto de todo ser humano, y para lograrlo lo mejor es aprender de otros. Por eso y más, creo que este libro es un gran instrumento para crecer. Milenka es mi amiga, una de las personas que me inspiran y me enseñan que lo mejor es posible.

SIXTO PORRAS
Director para el Mundo Hispano
Enfoque a la Familia

Después de muchos años de viajar por todo el mundo y conocer a millares de mujeres, me he dado cuenta de que, sin importar las distancias, existen muchas cosas que nos unen. En *Mujer apasionante*, mi querida amiga Milenka Peña nos habla al corazón para ayudarnos a alcanzar nuestros sueños y cumplir el propósito por el que Dios nos creó. Permite que esos anhelos renazcan en tu propio corazón, para que descubras el ritmo de la vida y compruebes que con fe, amor y esperanza, puedes transformarte en esa mujer que siempre soñaste ser.

JULISSA
Cantante, autora y empresaria
Julissa Ministries

Hay una hermosa profundidad en todo lo que sale de la pluma de mi excelente amiga, Milenka Peña. A pesar de que leo varios libros cada año, *Mujer apasionante* representó para mí una experiencia fresca, diferente, creativa e inspiradora. Milenka se sentará contigo y te abrirá su corazón. Te inspirará con sus poemas, te desafiará con sus ideas, te ayudará a pensar de manera diferente, te acompañará en el proceso de convertirte en una mujer más parecida al carácter de Jesús... y lo hará guiándote por una senda por la que te encantará caminar descalza, disfrutando la frescura de la Palabra. Sumérgete en *Mujer apasionante*.

DR. ANDRÉS PANASIUK
Fundador
El Instituto para la Cultura Financiera

Sin importar de dónde venimos, a todas las mujeres nos unen vínculos que trascienden fronteras. En *Mujer apasionante*, mi buena amiga Milenka Peña te guiará a través de una experiencia que te ayudará a descubrir tu verdadera belleza interior y tu valor intrínseco, a medida que te alejas de tu propia sombra y te acercas a la luz de Aquel que te creó con un propósito. Este libro te llenará de ánimo e inspiración, para que puedas disfrutar de una vida plena y sin límites.

BÁRBARA PALACIOS
Miss Universo
Autora, conferencista y empresaria
Fundadora BP Inspiración

Además de mi esposa, una de las pocas mujeres a las que puedo recomendar con toda confianza, sin reservas, como ejemplo a seguir, es Milenka Peña. ¡Qué buen modelo para imitar, sobre todo para las más jóvenes que aún se están formando! De ahí que valga tanto más mi recomendación de su obra más reciente, *Mujer apasionante*, en la que logra con creces su objetivo de ayudar a cada mujer a transformarse en la persona que siempre ha soñado ser.

CARLOS REY STEWART, PH.D.
Presidente Asociación Hermano Pablo
Un mensaje a la conciencia

Es mi anhelo que te sumerjas en el libro *Mujer apasionante* de mi amiga Milenka Peña. Milenka se ha dedicado con amor y excelencia a dejar una huella de profunda influencia, tanto en su hogar como en su vida profesional, y en la vida de todos quienes la hemos conocido. Al igual que ella, soy una mujer apasionante porque me siento amada, aceptada, respetada y bella. Siempre he sido una soñadora, pero no me quedé con los sueños, sino que con la bendición de Dios los llevé a la acción. Con más de sesenta años, no he dejado de soñar ni he perdido la alegría de vivir. ¡Tú también puedes hacerlo! Descubre con Milenka cómo convertirte en una *Mujer apasionante*. ¡Adelante, siempre adelante!

DRA. NORMA PANTOJAS
Autora, conferencista y consejera de familia

Milenka Peña es una mujer de carácter e integridad excepcionales. Pone todo su corazón y mente en cualquier esfuerzo al que se compromete, siempre mostrando calidez, excelencia y pasión en todo que hace. Su amor por Cristo es evidente, es contagioso y es admirable; y ese amor constituye el ingrediente fundamental para hacer que todo lo que Milenka haga y comunique sea verdaderamente apasionante.

PTR. CARLOS A. ZAZUETA
Director Alcance Hispano
Visión para Vivir

¡Milenka Peña lo ha vuelto a hacer! Ha escrito un nuevo libro maravilloso que convocará a toda mujer a levantarse con fuerza y sin temor, dejando atrás las limitaciones, para formar parte de la generación emergente de mujeres de valor.

En su libro *Mujer apasionante*, Milenka ha expresado con gran claridad la bella revelación acerca del plan de Dios para nosotras las mujeres, proporcionándonos los elementos necesarios para vivir una vida de plenitud. Este libro provee un enfoque fascinante y práctico para conquistar las actitudes y los patrones de conducta que han evitado que las mujeres obtengamos deseadas bendiciones. Mientras lo lees, despierta y capta un destello de lo que podría suceder en tu vida si te atreves a aceptar las palabras escritas en este libro. No tengo dudas de que *Mujer apasionante* causará un gran impacto en tu vida.

CARY PALMÓN
Autora, conferencista y productora
Minuto final y *Conflictos del corazón*

Desde que conocí a Milenka descubrí que ella misma es el ejemplo de lo que una mujer apasionante debe ser. Su profesionalismo y excelencia en todo lo que emprende, hasta su cálida y sincera forma de relacionarse, transmiten la pasión por lo que cree y es. Sin duda el libro *Mujer apasionante* viene de puño y letra de una mujer que vive apasionada por la vida y el amor hacia los demás. Viene de la experiencia de vida de una mujer que es madre, esposa, periodista y líder cristiana comprometida, que ha aprendido a combinar todas sus facetas equilibradamente, y siempre con una contagiosa sonrisa. *Mujer apasionante* trae un refrescante aroma de femenina transformación para todas las mujeres que desean vivir una vida plena y dejar una marca en su camino.

DR. CARLOS BARBIERI
Director
Asociación Luis Palau

Milenka Peña se ha destacado siempre por su excelencia y su gran capacidad, pero sobre todo por ser una mujer apasionada por Dios y ayudar a los demás. Sé que esta pasión servirá como catalizador para encender una llama perdurable en el corazón de miles de mujeres en Iberoamérica.

MAURICIO SÁNCHEZ SCOTT
Presidente, Academia Nacional de la Música y las Artes Cristianas
Premios ARPA

MILENKA PEÑA

MUJER APASIONANTE

TRANSFÓRMATE EN LA MUJER QUE SIEMPRE SOÑASTE SER

GRUPO NELSON
Una división de Thomas Nelson Publishers
Desde 1798

NASHVILLE   MÉXICO DF.   RÍO DE JANEIRO

A menos que se indique lo contrario, todos los textos bíblicos han sido tomados de la
Santa Biblia, Versión Reina-Valera 1960 © 1960 por Sociedades Bíblicas en América
Latina, © renovado 1988 por Sociedades Bíblicas Unidas. Usada con permiso. Reina-
Valera 1960® es una marca registrada de la American Bible Society y puede ser usada
solamente bajo licencia.

Las citas bíblicas marcadas «DHH» son de La Biblia Dios Habla Hoy, Tercera edición
© Sociedades Bíblicas Unidas, 1966, 1970, 1979, 1983, 1996. Usada con permiso.

Las citas bíblicas marcadas «LBLA» son de La Biblia de las Americas®, © 1986, 1995, 1997
por The Lockman Foundation. Usada con permiso.

Las citas bíblicas marcadas «NTV» son de la Santa Biblia, Nueva Traducción Viviente,
© Tyndale House Foundation, 2010. Usada con permiso de Tyndale House Publishers,
Inc., 351 Executive Dr., Carol Stream, IL 60188, Estados Unidos de América. Todos los
derechos reservados.

Citas bíblicas marcadas «NVI» son de la Santa Biblia, Nueva Versión Internacional® NVI®.
Copyright © 1999, 2015 por Biblica, Inc.® Texto usado con permiso de Biblica, Inc.®
Reservados todos los derechos en todo el mundo.

Las citas bíblicas marcadas «RVR1995» son de la Santa Biblia, Versión Reina-Valera 1995
© 1995 por Sociedades Bíblicas Unidas. Usada con permiso.

Las citas bíblicas marcadas «TLA» son de La Traducción en Lenguaje Actual © 2000 por
Sociedades Bíblicas Unidas. Usada con permiso.

Editora en Jefe: *Graciela Lelli*
Diseño: *Grupo Nivel Uno, Inc.*

ISBN: 978-0-71803-576-1

Impreso en Estados Unidos de América

16 17 18 19 20 DCI 9 8 7 6 5 4 3 2 1

DEDICATORIA

Este libro es para ti.

Te lo dedico a través de un breve poema que me brotó del alma y se plasmó en estas páginas. Quise ofrecértelo fresco, con la proverbial tinta aún sin secar.

Espero que sus palabras, y las del resto de este libro, se impriman también en tu corazón.

Mujer

Sembradora de sueños, baluarte de esperanza,
luchadora incansable, con el amor cual lanza
señalas el camino que dicta el corazón.
Tejedora de vida, manantial de ternura,
con tus propios matices si la senda es oscura
irradias un destello repleto de ilusión.

Delicada, no débil. Peleas mil batallas,
construyes mil castillos, derribas mil murallas
con fortaleza innata arraigada en tu ser.
Femenina, no frágil. Con pasión cautivante
tú permaneces firme, veraz, apasionante,
con un valor eterno. Simplemente... mujer.

Milenka Peña

CONTENIDO

PRIMERA *parte*

SER *mujer* NO ES COSA FÁCIL

SEAMOS SINCERAS. SER MUJER NO ES COSA FÁCIL.

Las mujeres somos multicromáticas y multifacéticas. Venimos en todo tipo de tallas, modelos, matices y estilos; con diferentes gustos, talentos, experiencias, habilidades y preferencias. No se nos puede agrupar a todas bajo una misma etiqueta.

Hay mujeres a quienes les gustan las flores y los vestidos, la música y el arte, los cuentos de princesas y las novelas de amor. Otras prefieren los deportes y la competencia, no les asusta el sudor ni la fuerte actividad física, y nunca las verías con un traje de color rosa. Unas disfrutan quedándose en casa, y otras se sienten realizadas cuando trabajan fuera del hogar. A unas les encantan preparar deliciosos platillos e intercambiar recetas de cocina, y otras no saben cómo freír un huevo y se les quema hasta el arroz.

Hay mujeres maestras, doctoras, misioneras, dentistas, escritoras, chefs, enfermeras, amas de casa, arquitectas, detectives, meseras, actrices, abogadas, policías, poetas, vendedoras, peluqueras, instructoras, artistas, secretarias, comunicadoras, atletas y con otros cientos de oficios y profesiones. Somos hijas, esposas, hermanas, amigas, amantes, compañeras, confidentes... y se nos ha confiado la bendición de poder llevar en nuestras entrañas el milagro de una nueva vida.

Las mujeres somos tan diferentes y únicas como los colores de un crepúsculo, y de igual manera, fuimos creadas con delicados matices e impetuosos contrastes.

Eso es lo que nos hace apasionantes.

Sin duda, hemos recibido mucho, y tenemos mucho para dar. Pero ya sea por los estereotipos de la sociedad, la presión de nuestro entorno o el peso de nuestras propias inseguridades, parecería que pocas veces nos sentimos satisfechas:

> *Las mujeres somos tan diferentes y únicas como los colores de un crepúsculo, y de igual manera, fuimos creadas con delicados matices e impetuosos contrastes. Eso es lo que nos hace apasionantes.*

- Si somos solteras, nos preocupa que «se nos vaya el tren», y soñamos con un príncipe azul; y si somos casadas, a veces nos preguntamos si deberíamos haber esperado por el siguiente vagón, porque de vez en cuando parecería que nuestro príncipe se convirtió en un sapo.

- Si no tenemos hijos, soñamos con un hogar lleno de niños, juguetes, risas y gritos; y si somos mamás, hay días en los que nos gustaría tener una casa más ordenada y un poco de silencio y tranquilidad.

- Si somos gorditas, nos matamos de hambre con dietas extremas, y compramos todo tipo de productos para perder peso; y si somos flacas, soñamos con vernos voluptuosas y con más curvas que una carretera, o hasta nos ponemos algunos «rellenitos» en lugares estratégicos.

- Si tenemos el cabello rizado, gastamos tiempo y dinero en productos y tratamientos para que quede lacio; y si es liso, nos hacemos una permanente o batallamos para que tenga más rulitos y volumen.

- Si somos bajitas (petisas, chaparritas, petite, o como le digan en tu país), sacrificamos nuestra comodidad y nos ponemos tacones que más parecen unos zancos, con los que no podemos ni caminar en línea recta; pero si somos altas, nos resignamos a usar zapatos planos porque creemos que algunos hombres se podrían intimidar con nuestro tamaño.

- Si somos morenas, nos teñimos de rubias, y queremos la tez clara; y si somos blancas, pasamos horas en el sol, o gastamos dinero en bronceadores y camas solares para oscurecer nuestra piel.

- Si somos amas de casa, a veces nos vemos atrapadas y anhelamos tener un trabajo o una carrera; y si trabajamos fuera del hogar, en ocasiones nos sentimos culpables por dejar a nuestros hijos al cuidado de otra persona.

Y estos son solo algunos de los muchos ejemplos que podría mencionar. ¿Te puedes ver reflejada en alguna de esas situaciones? Te confieso que en algún momento yo me identifiqué con más de una... aunque no te voy a contar cuáles son. Pero ya sea que estés casada o soltera; tengas hijos o no; cuentes con una carrera fuera de casa o trabajes en el hogar; seas gordita o flaquita, rubia o morena, alta o bajita... o seas de aquellas pocas afortunadas que están contentas con su apariencia física, espero que concuerdes conmigo en que la mayoría de las mujeres poseemos ciertas características que nos unen.

Espero que concuerdes conmigo en que la mayoría de las mujeres poseemos ciertas características que nos unen.

Tenemos un intrínseco anhelo de sentirnos bellas, amadas, aceptadas y respetadas.

Soñamos con romance, pasión, ternura y fantasía.

Necesitamos conexión, cariño, amistad y compañía.

Sentimos un profundo deseo de demostrar que somos fuertes, capaces, competentes y exitosas.

Estamos dispuestas a cualquier sacrificio por el bien de quienes amamos. Y si somos mamás, para darles un futuro mejor a nuestros hijos.

Anhelamos demostrar que, sin importar nuestros errores pasados o circunstancias presentes, siempre seguimos adelante y vemos el futuro con esperanza.

Queremos marcar una huella y dejar un legado que vaya más allá de nuestra propia existencia.

Ansiamos encontrar y cumplir nuestro propósito en la vida.

Una vida que no sea solamente apasionada, sino que sea apasionante.

APASIONADA O *apasionante*

PARECERÍA QUE ÚLTIMAMENTE LA PALABRA *PASIÓN* ESTÁ DE MODA. Son incontables los libros, artículos y mensajes que nos hablan de la importancia de transmitirla, encontrarla o compartirla. Seguramente escuchaste muchas veces que la pasión es un elemento esencial para lograr nuestros sueños, conseguir nuestros objetivos, triunfar en nuestros proyectos y alcanzar el éxito en la vida. Se afirma que si descubrimos nuestra pasión, hallaremos también nuestro propósito. También se asegura que quienes triunfan en la vida son las personas apasionadas.

Puede que muchas de esas afirmaciones sean ciertas. Pero quiero pedirte que prestes atención a algo que es profundamente relevante: la pasión es una emoción. Una emoción intensa. Y como toda emoción, puede resultar efímera, volátil e impredecible.

> Muchas veces, las personas apasionadas pueden estar apasionadamente equivocadas.

LA PASIÓN...

- Puede ser la gasolina que impulse tu motor y te lleve hacia la meta... o el combustible que alimente el fuego de un incendio imposible de controlar.

- Puede ser la lluvia que riegue la tierra fértil de tu alma para dar un fruto que valga la pena... o un diluvio torrencial que inunde todo a su paso y te deje estancada donde estás.

- Puede ser el viento que empuje tus velas, el aire bajo tus alas... o el huracán que destruya lo que te tomó tanto tiempo edificar.

- Puede ser la luz que ilumine tu camino y marque tu senda... o el deslumbrante resplandor que te enceguezca y no te deje ver bien hacia dónde vas.

Creo que esto demuestra una verdad inapelable: *muchas veces, las personas apasionadas pueden estar apasionadamente equivocadas.*

Estoy segura de que no necesitas pensar mucho para recordar casos, tanto públicos como privados, en los que alguien puso en riesgo su carrera o su reputación, o dañó a su familia y seres queridos, al dejarse llevar por pasiones desordenadas. Tal vez has comentado las historias que viste en las noticias, has escuchado de casos cercanos en boca de algún amigo, o hasta has callado si algo parecido ocurrió en tu familia. Parecería que esa fuerza arrolladora que impulsa a las personas apasionadas podría también llevarlas a destruir aquellas cosas primordiales, las que deberían tener más valor

Deja de ser una mujer simplemente apasionada, y transfórmate en una mujer apasionante.

en su vida. La intensidad de la emoción las enceguece. Y nosotras las mujeres nos caracterizamos por la profundidad de nuestras emociones.

Entonces, quiero proponerte algo radical: *deja de ser una mujer simplemente apasionada, y transfórmate en una mujer apasionante.*

Tal vez tu primera reacción sea preguntar: ¿pero acaso no es lo mismo?

No lo es.

Existen grandes diferencias.

Mujer apasionante

Segura, pero no superficial
Contenta, pero no conforme
Femenina, pero no frágil
Compleja, pero no complicada
Optimista, pero no oportunista
Valiente, pero no volátil
Delicada, pero no débil
Excelente, pero no exigente
Emocionante, pero no emocional.

UNA MUJER APASIONANTE...

- Es *segura* de sí misma, sabe lo que vale y está dispuesta a demostrarlo.
  Pero no es *superficial*, no se basa en apariencias o juzga sin conocer, ni se cree superior a los demás.
- Está *contenta* con lo que tiene y disfruta con amor de lo que está en sus manos.
  Pero no se *conforma* con sus circunstancias, sigue luchando por alcanzar sus sueños y por un futuro mejor.
- Es *femenina*, se comporta como una dama y cuida sus palabras, sus actos, y su apariencia exterior e interior.
  Pero no es *frágil*, no deja que las circunstancias quiebren su entereza ni destruyan sus principios o prioridades.
- Es *compleja*, llena de intrínsecos detalles y diferentes facetas que la hacen cautivadora, enigmática, e infinitamente interesante.
  Pero no es *complicada*; su carácter y conducta no confunden, lastiman ni dañan.
- Es *optimista*, ve la vida con ojos positivos y espera lo mejor de los demás.

Pero no es *oportunista*, no toma ventaja de otros ni se aprovecha maliciosamente de las circunstancias para su propio beneficio.

- Es *valiente*, afrenta cualquier reto con fuerza y coraje sin darse por vencida, y hasta se sacrifica por el bien de quienes ama. Pero no es *volátil*, mantiene un espíritu apacible y no deja que sus impulsos y reacciones controlen su vida.

- Es *delicada*, piensa antes de hablar y dice las cosas con sutileza, tranquilidad y sabiduría. Pero no es *débil*; al contrario, tiene una fuerza interior capaz de soportar cualquier tempestad.

- Es *excelente*, da lo mejor de sí misma, y hace lo mejor que puede con los recursos que tiene en sus manos. Pero no es *exigente*, deja el perfeccionismo de lado y tampoco lo demanda de los demás.

- Es *emocionante*, inspira esperanza, pasión y alegría, y alienta el deseo de embarcarse en una aventura sin límites. Pero no es *emocional*, sus sentimientos no la controlan ni dirigen sus palabras, reacciones y decisiones.

Y TÚ...

Si realmente quieres un cambio en tu vida, recuerda que sin tu decisión, dedicación, determinación y disciplina, muy probablemente las cosas van a seguir tal y como están.

¿Eres una mujer segura, contenta, femenina, compleja, optimista, valiente, delicada, excelente y emocionante?

¿Eres una mujer apasionada o una mujer apasionante?

Si realmente quieres un cambio en tu vida, recuerda que sin tu decisión, dedicación, determinación y disciplina, muy probablemente las cosas van a seguir tal y como están.

De eso y más se trata este libro.

De ayudarte a diseñar un plan para tu vida y alentarte a iniciar un proceso de transformación.

De descubrir tus sueños, pasiones, metas e ilusiones, y ayudarte a convertirlos en realidad.

De identificar tus miedos, retos, temores y frustraciones, y lograr superarlos.

De aprender a estar agradecida por lo que tienes, sin dejar de luchar por lo que quieres.

De inspirarte a vivir una vida de equilibrio, excelencia y éxito, con las prioridades correctas.

De convencerte de que fuiste creada con un propósito y que puedes dejar un legado que perdure más allá de tu propia existencia.

Mi querida amiga, si comprendes y aplicas estas diferencias, con la ayuda de Dios tú puedes convertirte en alguien que inspira con su vida, que emociona con sus proyectos, que interesa con sus puntos de vista, que influye con sus convicciones, que cautiva con sus ideales, y que enciende la llama de un legado que perdure para la eternidad.

Y recuerda:

Una mujer apasionada actúa por reacción.
Una mujer apasionante actúa por convicción.

Una mujer apasionada se centra en percepciones.
Una mujer apasionante se centra en principios.

Una mujer apasionada busca inspiración.
Una mujer apasionante inspira.

Una mujer apasionada persigue ideas.
Una mujer apasionante persigue ideales.

Una mujer apasionada busca una causa.

Una mujer apasionante causa una búsqueda.

Y sin importar su edad, una mujer apasionante deja de preocuparse por cumplir años.

Y se dedica a cumplir sus sueños.

Bienvenida a esta aventura.

CAFÉ *poético*

Un buen café y un poema son algunas de esas cosas personales, especiales e íntimas que disfruto en mi vida. Por eso, se me ocurrió incluir en este libro algunas secciones tituladas: «Café poético». Precisamente, mientras escribía, me imaginé muchas veces que estaba tomándome un cafecito con alguna amiga —tal vez alguien como tú— y comentándole lo que alguna vez aprendí en el camino de la vida. Es por eso y más que este es un libro muy personal. Te darás cuenta de que no solamente contiene enseñanzas, historias, preguntas y sugerencias, sino que también está salpicado de poemas.

Creo que, de alguna manera, todos nacemos con un corazón de poeta. En mi caso, desde muy temprana edad recuerdo haber leído, memorizado e interpretado decenas de canciones y poemas, lo que después se tradujo de una manera natural en que también decidiera escribirlos.

Quienes solamente conocen mi carrera en el mundo empresarial o en los medios de comunicación, y me ven como la imagen de la mujer asertiva y profesional, no se imaginan que mi personalidad dé lugar a ser sensible en una faceta artística. Pocos saben que en mi niñez di varios recitales de música y declamación, que puedo interpretar diversos instrumentos, que gané varias competencias musicales, y que me gradué de la Academia Nacional

Creo que, de alguna manera, todos nacemos con un corazón de poeta.

de Arte e Interpretación Poética más importante de mi país. No lo digo por hacer alarde, sino para que no te ocurra lo mismo que a mí: por muchos años permití que mi trabajo, rutina y responsabilidades acallaran poco a poco ese regalo que Dios puso en mis manos y que llenaba mi alma cuando era más joven.

Hasta que un día inesperado, hace algún tiempo, la proverbial musa nuevamente despertó.

Desempolvé algunos poemas y escribí muchos otros, así que me tomó bastante esfuerzo compilar y tratar de escoger unos pocos que complementaran o hicieran alusión a los temas de los que te hablo en cada capítulo.

Espero que sean también de interés para ti y te inspiren a desempolvar esos rincones dormidos que quizás en otro tiempo llenaban tu corazón.

Y ya sea que los disfrutes con un cafecito, un té o tu bebida preferida, espero que sean también de interés para ti y te inspiren a desempolvar esos rincones dormidos que quizás en otro tiempo llenaban tu corazón.

UNA VENTANA AL ALMA

En este primer «Café poético» quiero ofrecerte uno de mis poemas favoritos. Estos versos revelan íntimamente mi corazón y ofrecen una ventana a mi alma. Cada vez que lo leo como parte de alguna de mis charlas o conferencias, me emociona ver cómo también toca profundamente las fibras del corazón de quienes lo escuchan, y hasta a veces logra que se escape alguna lágrima.

Bien sabemos que en el camino de la vida existen momentos en los que el pasado pesa y el futuro es incierto, la autosuficiencia no es suficiente, y es difícil saber por dónde empezar o cómo terminar. Y en ocasiones, nuestro instinto de estar en control de las cosas se confabula con la necesidad de rendirnos y simplemente confiar.

Escribí estos versos hace un par de años, cuando al recordar mi niñez sentí el peso de la ausencia, el vacío de la incógnita y un eco de nostalgia al haberme criado sin un papá.

No pude evitar pensar que nunca supe lo que se siente al dar un par de vueltas con un vestido nuevo y ver la dulzura reflejada en los ojos de un padre mientras te llama «mi princesita».

No conozco ese consuelo y seguridad que seguramente nos llenan cuando un papá nos seca las lágrimas y promete que nunca va a dejar que nadie más nos lastime.

Nunca aprendí a danzar un vals parada sobre sus zapatos para después bailarlo con él en mi ilusión de quinceañera, ni tuve quien me entregara a mi esposo en la iglesia cuando, años después, me comprometí en matrimonio.

Nunca experimenté esa inefable sensación de estar en los brazos de un padre. Esos brazos fuertes, seguros, firmes, protectores, en los que se puede confiar completamente. Y descansar.

Sin embargo, me he dado cuenta de que la mano de Dios siempre ha estado conmigo. He aprendido a encontrar en Él lo que mi alma anhela y a suplir con su amor las carencias que tal vez la vida me negó.

Quizás sea eso precisamente lo que necesitaba aprender.

Niña

*Constante transitar. Los años pasan
y sé que tu presencia está en mi vida
a veces la percibo levemente
otras veces me inunda sin medida
mas sé que eternamente estás conmigo
guiándome los pasos día a día.*

En muchas ocasiones me pregunto
por qué tú me escogiste desde niña
por qué me protegiste desde el vientre
en el cual me permitiste tener vida
por qué me regalaste tantos dones
por qué me abriste puertas sin pedirlas
por qué me diste tantas primaveras
y en todos mis inviernos tú me cuidas
si yo no tengo nada que no venga
directo de tu trono hasta mi vida.

Señor, tú sabes todo lo que encierra
mi humanidad a veces reprimida
conoces mis desvelos, mis nostalgias
ya sabes de mis ansias y mis cuitas
estás en la penumbra de mis noches
estás entre la luz de un nuevo día
conoces los resquicios de mi mente
tú sabes mis secretos y agonías
te encuentro hasta en el peso de mis dudas
te siento en mis pasiones restringidas
me secas esas lágrimas que brotan
cuando mi voz no encuentra una salida.

No soy merecedora de tu gracia
ni de misericordias infinitas
no entiendo el porqué de ese amor puro
no entiendo esa paciencia inmerecida
no sé por qué me esperas siempre amante
y acaricias mi alma confundida.

Será tal vez porque lo sabes todo
y escuchas mis palabras contenidas

que aunque a veces no llegan a mis labios
están siempre latentes e invasivas
diciéndote que anhelo yo servirte
que estoy profundamente agradecida
que pese a mis errores y mis faltas
tú siempre estás primero entre mi vida.

Refúgiame en la palma de tus manos
haz que produzca frutos en tu viña
cuídame cual la niña de tus ojos
señala tu propósito en mi vida
renuévame el aliento, si cansada
consuélame en silencio, si dolida
enséñame a escuchar, si estoy errada
levántame de nuevo, si caída
perdóname si a veces me equivoco
abrázame como un padre a una hija
cobíjame en la sombra de tus alas
porque allí, una vez más, me siento niña.

«Señor, tú lo sabes todo; tú sabes que te amo».[1]

UN POCO DE MI *historia*

ANTES DE EMPEZAR ESTA AVENTURA JUNTAS, ME GUSTARÍA DEDICAR UNAS páginas a contarte un poco de mi historia. Creo que, al conocerla, entenderás mejor no solo el resto de este libro, sino el porqué de mi manera de ver la vida, y cómo te podría ayudar en tu caso personal.

Se ha hablado en incontables ocasiones de esa «mujer virtuosa» que todas anhelamos ser, pero pocas podemos alcanzar. Esa mujer ejemplar, completa, perfecta y exitosa. No obstante, aunque sabemos que la perfección es solo un ideal, muchas mujeres nos esforzamos de tal manera por alcanzar el éxito, que podríamos dejar a un lado aquellas cosas que deberían ser las más importantes en la vida.

Aunque sabemos que la perfección es solo un ideal, muchas mujeres nos esforzamos de tal manera por alcanzar el éxito, que podríamos dejar a un lado aquellas cosas que deberían ser las más importantes en la vida.

En mi caso, durante años intenté trabajar con excelencia para alcanzar esa definición de éxito que la sociedad presenta, pero me olvidé de un elemento esencial: el equilibrio. Más adelante, en uno de los capítulos voy a explicarte en profundidad estos tres elementos tan importantes en la vida de toda mujer. Pero ahora, si me lo permites, quisiera pedirte que tomes un tiempo para conocerme mejor. Después de todo, en el transcurso del tiempo que tardes en leer este libro, me gustaría pensar que vas a llegar a considerarme una amiga. Y por eso, quiero abrirte mi corazón y contarte parte de mi historia.

SUICIDIO PROFESIONAL

«¡Estás a punto de cometer suicidio profesional!», fueron las palabras que escuché cuando presenté mi carta de renuncia. Mis colegas y jefes no podían creer que estuviera a punto de dejar mi puesto como una de las principales conductoras de nuestra cadena televisiva. Algunos, sin pelos en la lengua, expresaron claramente lo que pensaban de mi decisión.

«¡No puedo creer que después de trabajar arduamente por tantos años, vayas a actuar de una manera tan tonta y tirarlo todo por la ventana!».

«Tu posición es muy codiciada, y existen decenas de personas rondando como tiburones, listas para aprovechar la oportunidad tan pronto como esta se presente».

«Cuando en unos años te mires al espejo y veas que ya no estás tan joven ni tan bonita para estar en cámaras, te vas a arrepentir».

Aunque brusca y directa, aquella forma de pensar estaba tal vez justificada desde el punto de vista profesional. El mundo corporativo en las grandes empresas estadounidenses es extremadamente competitivo, y más aún cuando hablamos del área de los medios de comunicación.

Y allí estaba yo. Trabajando codo a codo con excelentes profesionales, y con una moderna oficina en un imponente rascacielos en pleno centro de Chicago. Conociendo diariamente a personalidades del ámbito social, político y a grandes estrellas del espectáculo. Con nominaciones a los premios Emmy por «Logro

«Cuando en unos años te mires al espejo y veas que ya no estás tan joven ni tan bonita para estar en cámaras, te vas a arrepentir».

excepcional por excelencia ante las cámaras» y «Mejor conductora de televisión», y siendo la primera mujer latina en recibir, en mi categoría, un «Silver Dome Award», el más alto galardón de la Illinois Broadcasters Association [Asociación de Comunicadores Profesionales de Illinois]. Recién había renegociado mi contrato por los siguientes años, obteniendo codiciados incentivos y un salario que me parecía inverosímil haber llegado a alcanzar.

Todos me describían como una mujer profesional exitosa.

Pero muchas veces me sentía como el peor de los fracasos.

LA «NIÑA DE LA TELE»

Se podría decir que crecí frente a las cámaras de televisión. Desde muy temprana edad mi vida se desarrolló alrededor de los medios de comunicación y del mundo del espectáculo. Nací en Bolivia, país situado en el corazón de Sudamérica, en la ciudad de La Paz, una vibrante urbe que emerge entre majestuosas montañas y cielos de azul infinito. Sus casi cuatro mil metros sobre el nivel del mar la han coronado como la capital gubernamental más alta del mundo,[1] y recientemente fue distinguida como una de las «Siete ciudades maravillas del planeta» por la Fundación New 7 Wonders.[2]

Creo con sinceridad que la mano de Dios siempre estuvo guiando mi vida y abriéndome puertas de oportunidad que de otra manera hubieran sido imposibles de alcanzar.

Cuando tenía escasos cuatro años, se me dio la oportunidad de formar parte de uno de los programas más vistos en la Televisión Nacional. Siempre impulsada por el incesante apoyo de mi familia, continué con mi trayectoria incursionando también en la música, el teatro, la danza y la poesía. Grabaciones, viajes, conciertos, presentaciones y entrevistas formaban parte de mi rutina habitual, y siempre recuerdo con cariño la orgullosa sonrisa de mi mamá entre las bambalinas.

A medida que la «niña de la tele» crecía, crecían también las oportunidades. Como en ese entonces no existía la inmensa cantidad de opciones radiales y televisivas que ahora inundan el mercado, quienes participábamos en los programas, conciertos y producciones llegamos a ser reconocidos personajes del ámbito público. Muchos de mis antiguos compañeros y amigos todavía están en los medios de mi país, y se han consolidado como respetados periodistas, presentadores y figuras centrales de los medios de comunicación.

Pensando retrospectivamente, creo con sinceridad que la mano de Dios siempre estuvo guiando mi vida y abriéndome puertas de oportunidad que de otra manera hubieran sido imposibles de alcanzar. Estoy segura de que existían muchos otros niños tan talentosos como yo, y nadie en mi familia formaba parte del mundo del espectáculo ni contaba con contactos o amistades que me hubieran hecho el camino fácil.

Al contrario, tuve que lidiar con todos los desafíos y las desventajas sociales, económicas y emocionales que implicaba crecer con la completa ausencia de una figura paterna en mi vida. Por eso y más, estoy agradecida de corazón por los constantes sacrificios y el apoyo incondicional que en mi niñez recibí de mi mamá y mi familia cercana. Pero, sobre todo, agradezco a Dios el haber permitido que mis hijos tengan un buen padre que pone todo de su parte para darles lo que él y yo no tuvimos de niños. Admiro la dedicación y el esfuerzo de mi esposo; no es fácil ser un buen modelo para seguir cuando tampoco él tuvo un buen ejemplo que marcara el camino. Pero comprobamos que el amor puede mostrar la senda y cubrir multitud

> *El amor puede mostrar la senda y cubrir multitud de faltas, y la dedicación, el sacrificio y la entrega siempre son recompensados.*

de faltas, y la dedicación, el sacrificio y la entrega siempre son recompensados. No podría haber pedido un mejor padre para mis dos hijos.

La influencia de un padre en los años formativos es innegable, y las estadísticas demuestran que su ausencia podría determinar las razones por las que muchos jóvenes abandonan sus estudios, experimentan con drogas, son propensos a la promiscuidad, tienen baja autoestima, y lidian con una serie de consecuencias económicas y emocionales por el resto de su vida.[3]

Pero yo decidí que una estadística no iba a definir mi destino.

Me gradué con honores, concluyendo mis estudios un par de años antes que la mayoría de mis compañeros. Aprendí la importancia de prepararme, de trabajar con dedicación y esfuerzo, de hacer las cosas con excelencia, de nunca dejar de aprender, y de siempre mirar al futuro con esperanza.

Tenía la certeza de que no estaba en este mundo por pura casualidad.

NUEVO PAÍS, NUEVOS DESAFÍOS

Años después mi vida tomó un nuevo rumbo. Gracias a una gentil invitación llegué a Chicago, y algún tiempo después las puertas se me abrieron para formar parte del equipo central de una de las cadenas de televisión más importantes en Estados Unidos; para muchos, un sueño hecho realidad. Sin embargo, rápidamente me di cuenta de que, para permanecer vigente en este nuevo mercado, no solo se requería ser altamente competente. Implicaba también sacrificar el tiempo y la atención que, según nuestro sistema de valores, deberían ser dedicados a algunas cosas que son irreemplazables... como nuestra familia. Para entonces, ya estaba felizmente casada con mi esposo, Van Den-Hartog, y nuestro primer hijo, Brandon, tenía un poco más de un año de vida.

Si tú también dejaste tu tierra natal, me imagino que estás de acuerdo conmigo en que decidir vivir en un país que no es el propio implica afrontar un gran número de cambios y retos. La diferencia en el idioma, el clima, la cultura o la comida son solo algunas de las cosas que en un inicio se hacen evidentes, y muchas otras emergen con el paso de los años. Pero a medida que transcurre el tiempo, uno aprende a adaptarse a sus circunstancias y a aceptar el nuevo estilo de vida como propio. Es más, mi apellido de casada me resultaba tan complicado, que durante las primeras semanas después de mi boda todavía tenía que sacar mi identificación de vez en cuando para asegurarme de que lo estaba escribiendo bien.

Por ejemplo, en un inicio me fue un tanto difícil acostumbrarme a las grandes distancias que hay que recorrer para trasladarse de un lugar a otro, y a la variedad extrema en el clima según la época del año. Yo nací en una ciudad relativamente grande, pero nada comparada a los veintiocho mil kilómetros cuadrados que abarca su superficie, y los más de diez millones de habitantes que residen en Chicago y áreas aledañas.[4]

En una urbe de esta magnitud, las distancias se incrementan exponencialmente dependiendo de la severidad del tráfico y el clima. En más de una tarde de invierno me encontré inmovilizada durante horas junto a miles de otros automovilistas en medio de una tormenta de nieve. O en verano, me vi atascada en embotellamientos interminables debidos a la cantidad de turistas, conciertos y eventos al aire libre que son comunes en esta ciudad. En mi afán por alcanzar el éxito, los días se hacían cortos, y el tiempo que pasaba lejos de mi hogar se hacía aún más largo.

> *Si tú también dejaste tu tierra natal, me imagino que estás de acuerdo conmigo en que decidir vivir en un país que no es el propio implica afrontar un gran número de cambios y retos.*

En muchos de nuestros países latinoamericanos todavía es costumbre regresar diariamente a casa a la hora de la comida y disfrutar de un tiempo en familia; así recuerdo los años de mi niñez. La vida se sentía más tranquila, menos estresante, y parecía que siempre había tiempo para las cosas importantes. Pronto me di cuenta de que, si quería continuar escalando los peldaños profesionales, esa no iba a ser mi experiencia.

Mi esposo Van y yo decidimos que la mejor opción para nuestra familia era vivir en una tranquila área residencial lejos del centro de la ciudad. El espacio era más amplio y el costo de vida más bajo, había un gran número de parques y zonas de diversión familiar, excelentes escuelas, y estaba cerca de la oficina de mi esposo. Todo parecía perfecto.

Sin embargo, en nuestra emoción minimizamos el gran impacto que esa decisión iba a tener para mí: casi tres horas al día en el trayecto de ida y vuelta a la oficina, como dije, si el tráfico y el clima colaboraban. Si a eso le añadimos las ocho horas regulares de trabajo, más la hora de almuerzo, una que otra reunión extra y cosas que surgen a último minuto, me parecía que el poco tiempo que me quedaba se escurría como agua entre los dedos. Es más, en un par de ocasiones, cuando el clima no era favorable, opté por quedarme a dormir en un hotel cercano a mi oficina para no desperdiciar tantas horas en la carretera.

Durante años justifiqué ese estilo de vida por las recompensas económicas, sociales y profesionales que ofrecía. Me convencí a mí misma de que todo lo que estaba haciendo era por el bien de mi familia, aunque mi corazón de madre y esposa me decían lo contrario.

> *En muchos de nuestros países latinoamericanos todavía es costumbre regresar diariamente a casa a la hora de la comida y disfrutar de un tiempo en familia; así recuerdo los años de mi niñez. La vida se sentía más tranquila, menos estresante, y parecía que siempre había tiempo para las cosas importantes.*

En circunstancias así, muchas veces decidimos acallar nuestros instintos.

OTRA VEZ MAMÁ

Cuando Dios nos regaló el milagro de la vida por segunda vez, no me atreví a darme el lujo de tomar un tiempo de descanso durante mi embarazo, pese a ciertas complicaciones de salud. Con mi primer hijo pude disfrutar esos mágicos meses y hasta su primer añito en casa, pero en esta segunda ocasión no podía permitir el riesgo de que, en mi ausencia, alguien usurpara la posición por la que había trabajado tanto. Después de todo, uno aprende que en el campo profesional todos somos importantes, pero nadie es imprescindible.

> *Estaba tan gorda que mis amigos bromeaban diciéndome que no se me ocurriera ponerme de perfil ante las cámaras, porque iba a tapar la mitad de la pantalla.*

Trabajé incesantemente hasta casi el final de mi embarazo. Estaba tan gorda que mis amigos bromeaban diciéndome que no se me ocurriera ponerme de perfil ante las cámaras, porque iba a tapar la mitad de la pantalla. Y en esa época tan importante para una pareja y en la vida emocional de una mujer, pasé más tiempo con mis compañeros de trabajo que con mi propio esposo.

Pese al alto nivel de estrés y tensión que generalmente existe en el departamento de noticias de un canal de televisión, agradezco de corazón haber estado rodeada por un grupo de excelentes colegas que se convirtieron en buenos amigos, y con quienes aún mantengo contacto. No menciono nombres por temor a omitir alguno, pero ellos saben quiénes son, y sé que al leer estas líneas van a sentirse identificados. No es común encontrar camaradería sincera en una profesión como la mía.

Las semanas que siguieron al nacimiento de Dylan, nuestro segundo niño, llenaron mi corazón de dicha. Tener tiempo para disfrutar de la bendición de ser nuevamente mamá y poder también participar en todas las actividades de Brandon, nuestro hijo mayor, no tenía precio. Mis prioridades familiares volvieron al lugar correcto.

Pero al cabo del tiempo establecido no me quedó otra opción que regresar a cumplir con mis obligaciones profesionales. Gracias a Dios mi esposo pudo modificar su horario y sus responsabilidades de trabajo para manejarlas en gran parte desde casa, y así ocuparse de nuestros hijos cuando yo estuviera fuera. Fue él quien pudo escuchar sus primeras palabras, ver sus primeros pasitos, reír con sus ocurrencias, y disfrutar la magia de esos primeros añitos. Son recuerdos y anécdotas que yo sacrifiqué por mi trabajo y que nunca podrán formar parte de mis memorias, algo de lo que siempre me voy a arrepentir. Aunque mis hijos estaban en las mejores manos —bajo el cuidado de su propio padre— no podía evitar sentir que cada vez que yo salía a la oficina dejaba con ellos un pedazo de mi corazón.

UN DILEMA COMÚN

Ser una mujer en el campo laboral no es cosa fácil. Y no me refiero solamente al hecho de que, en muchos casos, las oportunidades y los salarios son porcentualmente más bajos que los de los hombres.[5] Creo que además existe un dilema común para quienes somos madres. Un sentimiento de falsa culpa pesa sobre muchas de nosotras al tener que dejar a nuestros hijos bajo el cuidado de otra persona.

Existe un dilema común para quienes somos madres. Un sentimiento de falsa culpa pesa sobre muchas de nosotras al tener que dejar a nuestros hijos bajo el cuidado de otra persona.

Existe una gran diferencia entre las mujeres que tienen que trabajar y aquellas que quieren trabajar. Muchas se ven forzadas a hacerlo cuando los ingresos del esposo no son suficientes para cubrir las necesidades básicas, o cuando deben mantener a sus hijos sin la ayuda de una pareja. Para ellas, mi más profundo respeto y admiración. Sin embargo, muchas veces la decisión de trabajar fuera del hogar responde a otras razones, como tratar de mantener un estatus social o económico más alto, o encontrar la identidad personal en lo que hacemos y no en quienes somos. Creo que ese precisamente era mi caso.

> *Muchas veces la decisión de trabajar fuera del hogar responde a otras razones, como tratar de mantener un estatus social o económico más alto, o encontrar la identidad personal en lo que hacemos y no en quienes somos.*

Finalmente, después de meses de reflexionar y considerar todas mis opciones, tomé la decisión de renunciar. Presté oído a esa voz que me decía que debía evaluar mis prioridades como esposa y madre. Que la base del verdadero éxito en mi vida debería ser una familia estable y unida. Y que mis hijos eran una herencia de Dios. Y lo que me dio el último empujón que necesitaba para tomar esa difícil decisión, llegó de manera imprevista de labios de mi propio hijo. Más adelante en este libro, en el capítulo donde hablo de la importancia de la familia, voy a contarte esa historia.

Las cosas cambiaron radicalmente, y mentiría si dijera que todo fue tan sencillo como lo había imaginado.

ADAPTÁNDONOS AL CAMBIO

Me gustaría poderte decir que de allí en adelante todo fue color de rosa. Pero esa no fue mi realidad. En un principio disfruté enormemente a mis hijos y la libertad que ofrecía el no tener que cumplir con un horario específico, manejar por horas en el tráfico, o ponerme maquillaje y tacones altos todos los días. Sin embargo, no pasó mucho tiempo antes de que sintiera el peso real de mi decisión.

Las responsabilidades diarias de mamá de dos niños pequeños y ama de casa a tiempo completo —veinticuatro horas al día y siete días a la semana— resultaron mucho más difíciles de lo que jamás imaginé. Tuve que aprender a cocinar, limpiar, lavar, planchar y hasta cambiar pañales. Ni bien terminaba de hacer alguna cosa, cuando otra requería nuevamente de mi atención. La dedicación, la energía, la paciencia, el cuidado y la entrega requeridos un solo día en casa, no se comparaban con toda una semana en mi oficina.

Estaba, además, el asunto de mi identidad. Era la primera vez en mi vida que no trabajaba ni ganaba un salario, y descubrí que la manera en la que estaba acostumbrada a definirme a mí misma era a través de mi carrera y mis logros profesionales. Ahora, cuando la gente me preguntaba a qué me dedicaba, respondía un tanto avergonzada: «ama de casa», y en más de una ocasión comprobé en carne propia la poca estima que algunas personas manifiestan hacia mujeres que eligen esta loable labor. La percepción equivocada es que, si una mujer está en casa, es porque no es capaz de ser exitosa en el campo laboral. En la mayoría de los casos, nada está más lejos de la realidad. Si ese es tu caso, siéntete orgullosa. Para ti va mi más profundo respeto y admiración.

> La percepción equivocada es que, si una mujer está en casa, es porque no es capaz de ser exitosa en el campo laboral. En la mayoría de los casos, nada está más lejos de la realidad. Si ese es tu caso, siéntete orgullosa.

Por otra parte estaba la situación económica. Como fui yo quien rescindió mi contrato, salí sin un peso extra en el bolsillo. Con el salario de mi esposo teníamos lo suficiente para nuestras necesidades, pero no para nuestros deseos... ¡y estábamos acostumbrados a tantos! Ya no podíamos contratar a alguien que limpiara la casa, cortara el pasto o atendiera el jardín. No podíamos ordenar comida o salir a un restaurante imprevistamente si la cena no estaba lista. No podíamos concretar nuestras próximas vacaciones. No había dinero extra para gustitos o gastos innecesarios. Y la lista es aún más larga. Fue fácil pensar que sería sencillo acostumbrarnos a un nuevo estilo de vida, pero la realidad era diferente.

Sin embargo, ese tiempo nos enseñó mucho. Fue entonces que aprendimos a confiar en la provisión de Dios y en su promesa de cubrir todas nuestras necesidades. Cualquiera puede estar agradecido cuando todo va de acuerdo a sus expectativas, pero es en medio de las dificultades cuando se comprueba nuestra fe, carácter y compromiso. Cuando el agua empieza a hervir, es cuando se aprecia el verdadero aroma del té.

DUDAS Y ENTREGA

Poco a poco la nueva rutina formó parte diaria de nuestras vidas y descubrimos gozo en la sencillez de las cosas. Pese a todo, debo confesar que de vez en cuando me preguntaba si había tomado la decisión correcta. Me costaba entender por qué desde mi niñez tuve tantas oportunidades, amistades y experiencias poco comunes, para simplemente quedarme en casa. Siempre había pensado que estaba destinada a hacer algo más. Y honestamente te confieso que algunas veces permití que momentos de impaciencia, frustración y angustia nublaran mi razón.

> Cualquiera puede estar agradecido cuando todo va de acuerdo a sus expectativas, pero es en medio de las dificultades cuando se comprueba nuestra fe, carácter y compromiso.

Hasta que llegué a una conclusión: decidí poner a un lado mis dudas y frustraciones de una vez por todas, y disfrutar de esa etapa de mi vida en su plenitud. ¡Es imposible hacer las cosas con excelencia cuando estamos constantemente considerando que alguna otra opción podría ser mejor! Es importante enfocarnos en lo que ahora tenemos en nuestras manos, y trabajar en ello con amor y entusiasmo, pero siempre manteniendo la esperanza viva, la mirada alerta y el corazón abierto para lo que podría venir más adelante.

A partir de ese día, algo se renovó en mi interior.

Decidí poner todo de mi parte para tratar de ser la mejor mamá y esposa que podía ser. Y pensé que, si pese a toda mi experiencia y talento, mi propósito en la vida era simplemente criar a mis hijos y apoyar a mi esposo, iba a asegurarme de que iba a dedicar mi vida para que juntos pudiéramos encauzarlos a ser hombres de carácter e integridad. Y me di cuenta de que las labores diarias del hogar no resultan tan pesadas cuando las hacemos con amor.

> *Es importante enfocarnos en lo que ahora tenemos en nuestras manos, y trabajar en ello con amor y entusiasmo, pero siempre manteniendo la esperanza viva, la mirada alerta y el corazón abierto para lo que podría venir más adelante.*

Un breve tiempo después, comprobé que cuando uno decide hacer las cosas con excelencia y honrar a Dios con sus decisiones, cosechará las recompensas de lo que fue sembrado con fe.

PARADOJAS DEL ÉXITO

Poco a poco, y sin buscarlas, se me fueron presentando oportunidades que abrieron nuevamente espacio a mi vida profesional, pero esta vez, con notables diferencias.

Ahora, formo parte de proyectos con organizaciones de alcance internacional que confían en mí y comparten mis valores, lo que me da la libertad que requiere mi corazón de madre y esposa. Y tengo, además, la insuperable oportunidad de impactar a otros con un mensaje que transforma vidas. Este libro es el ejemplo perfecto.

Cuento también con el privilegio de dirigir el ministerio de mujeres de una de las iglesias de más influencia en mi ciudad, además de continuar participando en producciones de radio, televisión y medios digitales, que llegan a los hogares de millones de personas en todos los países de habla hispana. Y ahora que mis hijos están más grandes y en su camino para emprender su propia aventura en la vida, puedo aceptar invitaciones y viajar por todo el continente para enseñar, contar mi historia y testimonio, dar conferencias, y participar en congresos y eventos especiales. Continúo conociendo a personas fascinantes y forjando amistades que se mantienen pese a la distancia. Y al manejar mi carrera de forma independiente, siempre estoy dispuesta a aceptar nuevos proyectos.

En esta nueva etapa de mi vida, descubrí que el verdadero éxito tiene paradojas que muy pocos deciden comprobar.

Aprendí...

Que ningún triunfo en la vida compensa por el fracaso en el hogar.

Que con nuestros hijos los días son largos, pero los años son cortos.

Que no debemos sacrificar lo trascendental por lo intrascendente.

Que para liderar efectivamente tienes que primero aprender a servir.

Que la identidad no está ligada a lo que haces, sino a quien eres.

Que existen momentos en la vida en los que hay que perder para ganar.

Entendí, además, que había sido creada con un propósito, y que estaba en mis manos descubrirlo. Comprendí que anhelaba marcar una huella, inspirar a otros y forjar un camino. Decidí que quería dejar un legado que perdurara más allá de mi propia existencia.

Supe con certeza que podía vivir una vida apasionante.

UNA NUEVA PARADOJA

Mientras esperaba que se abrieran las puertas del elevador que me conduciría por última vez fuera del imponente edificio donde estaban los estudios, un importante ejecutivo de la cadena de televisión se acercó a mí.

«Escuché que alguien te dijo que estás cometiendo un suicidio profesional», mencionó casualmente. Yo no respondí; solo asentí con la cabeza. Entonces, me miró directamente a los ojos y prosiguió: «Puede que eso sea cierto, o puede que no. Pero, extraoficialmente, y hablándote como esposo y padre, quiero que sepas que admiro profundamente tu decisión. Creo que no te vas a arrepentir».

Nunca lo hice.

Y descubrí una nueva paradoja: mi «suicidio profesional» se convirtió en un nuevo nacimiento.

MI MENSAJE PARA TI

Mi amiga, espero que mi historia te sirva para darte cuenta de que las cosas no siempre son como una se las imagina. Muchas personas suponen que vengo de una familia perfecta y de una posición privilegiada. Nada podría estar más alejado de la realidad.

No importa cuáles sean tus circunstancias, no dejes que una estadística defina tu destino. No podemos elegir de donde venimos, pero sí planear hacia donde vamos.

Conozco y respeto a muchas mujeres que alcanzaron un nivel de popularidad o influencia por asociación; pero a diferencia de ellas, yo no soy la hija o familiar de alguien famoso, ni tengo un apellido que podría haberme abierto puertas o hacerme el camino más fácil. Y aunque mi esposo es un hombre remarcable, a quien amo y respeto, él no es ninguna figura pública cuya fama proyecta la mía, ni un pastor reconocido, ni un alto ejecutivo de alguna compañía millonaria que solventa mi carrera. Es simplemente un hombre común y corriente, que ama al Señor y a su familia, que trabaja con esfuerzo para cubrir nuestras necesidades, y que me apoya con su amor y confianza.

Al igual que tú, he tenido alegrías y tristezas, retos y triunfos, salud y enfermedad, prosperidad y escasez, épocas buenas y otras muy difíciles. Sin embargo, en el transitar de mi vida me he dado cuenta de que la mano de Dios siempre ha estado conmigo, y he aprendido a encontrar en Él lo que mi alma anhela, y a suplir con su amor las carencias que tal vez la vida me negó.

Te digo todo esto para alentarte a que no te desanimes. No importa cuáles sean tus circunstancias, no dejes que una estadística defina tu destino. No podemos elegir de donde venimos, pero sí planear hacia donde vamos.

Aprende del pasado, disfruta tu presente y, con la ayuda de Dios, vislumbra el futuro con ojos de esperanza.

Valora lo que más importa... y vive una vida apasionante.

> Aprende del pasado, disfruta tu presente y, con la ayuda de Dios, vislumbra el futuro con ojos de esperanza.

SEGUNDA *parte*

ANTES DE *empezar*

LOS VERDADEROS CAMBIOS EN NUESTRA VIDA CONLLEVAN UN PROCESO Y requieren tiempo, compromiso y herramientas de apoyo. Pero más que todo, una decisión. Por eso y más, ¡me alegra tanto que tengas este libro entre tus manos! Mi esperanza es que no solamente lo disfrutes, sino que se convierta en una herramienta de transformación.

Te sugiero que, a medida que lo leas, lo hagas tuyo. Márcalo, subráyalo, aprovecha los márgenes en blanco para anotar tus propias observaciones. Responde a las preguntas y reflexiones que te presento. Lee porciones de nuevo. Aplica las sugerencias. Aprende con las lecciones. Ríe con las ocurrencias. Emociónate con las historias. Sueña con los poemas... ¡Disfruta de su contenido! A medida que te sumerjas en sus páginas encontrarás principios que, si los practicas con regularidad, tendrán el potencial de lograr una transformación integral en tu vida, para que dejes de ser una mujer simplemente apasionada y te transformes en una mujer apasionante.

> Los verdaderos cambios en nuestra vida conllevan un proceso y requieren tiempo, compromiso y herramientas de apoyo. Pero más que todo, una decisión.

Habrás notado que esta segunda parte tiene solamente ocho capítulos, y que cada uno lleva el nombre de un color. Mientras los leas te darás cuenta de lo que se trata, y en la conclusión del libro te explico la razón.

Además, vas a encontrar algunas secciones recurrentes, por ejemplo: «¡Manos a la obra!», «Honestamente...» y «Ahora es tu turno», las cuales tienen la intención de ayudarte a interactuar con lo que viste, asimilar mejor lo aprendido, meditar en lo que leíste, y sacar tus propias conclusiones. Por supuesto que también encontrarás algún que otro «Café poético», del cual te hablé en la primera parte de este libro.

Encontrarás principios que, si los practicas con regularidad, tendrán el potencial de lograr una transformación integral en tu vida, para que dejes de ser una mujer simplemente apasionada y te transformes en una mujer apasionante.

También, dejé un espacio al final de cada capítulo para que puedas escribir tus propias notas y pensamientos basados en lo que acabas de leer, o en los vídeos y materiales de apoyo que acompañan este libro y que puedes encontrar en www.mujerapasionante.com.

¡CON AMIGAS ES MEJOR!

En la portada seguramente pudiste ver que, luego del título, está la frase: «Transfórmate en la mujer que siempre soñaste ser». Todas las mujeres tenemos sueños, anhelos y metas por alcanzar. Pero los sueños no se convierten en realidad con solo soñarlos. Son un buen comienzo, pero muchas veces esas ganas de cambiar se quedan simplemente en eso: ganas, porque hay una gran diferencia entre la intención y la acción.

Es por esto que *Mujer apasionante* es un libro ideal para ser usado en grupos.

Por supuesto que puedes leerlo sola, pero si no solamente deseas, sino que decides cambiar, crecer y transformarte en esa «mujer que siempre soñaste ser», va a ser más fácil lograr tus objetivos si lo haces en comunidad, junto a un grupo de amigas que tengan tus mismos deseos y ganas de aprender.

Decidir implementar cambios en nuestra vida a veces puede sentirse intimidante, y el entorno de un grupo puede proveer lo que tú necesitas y darte ánimo para continuar. Ese compromiso de compartir juntas a través de relaciones nos ayuda a mantener un camino de crecimiento personal de una manera práctica y poderosa. Y si por cualquier razón no puedes integrarte a un grupo, por lo menos trata de buscar a una buena amiga que te acompañe en el proceso.

Ya sea que este libro se implemente como una sesión de clases en el ministerio para damas de tu iglesia, o simplemente decidas abrir las puertas de tu casa a algunas amigas para que se tomen un cafecito mientras aprenden de una manera más informal, un grupo saludable y comprometido es una de las formas más efectivas de promover el crecimiento en la vida de las personas. Las relaciones que se forman durante esa experiencia resultan de un modo natural en apoyo, responsabilidad y motivación. Y si todas participan activamente, van a cosechar como resultado ese crecimiento que desean alcanzar.

Como material extra, te invito a visitar www.mujerapasionante.com. Allí vas a encontrar sugerencias, ideas y la mejor manera de implementar los elementos que hemos preparado y tenemos disponibles para complementar este libro, como vídeos de enseñanza, grupos en las redes sociales, artículos y otros materiales de apoyo. Por supuesto que si estás leyendo este libro de forma individual, también puedes tomar ventaja de todos esos materiales.

> *Si no solamente deseas, sino que decides cambiar, crecer y transformarte en esa «mujer que siempre soñaste ser», va a ser más fácil lograr tus objetivos si lo haces en comunidad, junto a un grupo de amigas que tengan tus mismos deseos y ganas de aprender.*

UN ELEMENTO ESENCIAL

A través de estas páginas vamos a hablar de las diferentes áreas de tu vida que pueden ser poco a poco transformadas para que te conviertas en una mujer apasionante. Pero estoy convencida de que cada una de ellas, para ser desarrollada en su plenitud, requiere contar con la gracia y el poder que solo pueden ser derivados de una relación personal con Dios.

> *Estoy convencida de que cada una de ellas, para ser desarrollada en su plenitud, requiere contar con la gracia y el poder que solo pueden ser derivados de una relación personal con Dios.*

Si bien muchas iglesias y organizaciones ya están utilizando este material en sus grupos de damas, te aclaro que este no es un estudio bíblico intensivo. Sin embargo, como podrás comprobar, está lleno de referencias bíblicas y sus principios están basados en la Palabra de Dios. No soy pastora ni teóloga, ni pretendo serlo. Soy solo una mujer que ama a Dios y está agradecida por lo que Él ha hecho y continúa haciendo en su vida, y que quiere dar un poco de lo mucho que recibió.

Curiosamente, mientras escribía estas líneas me di cuenta de que justo hoy estoy de cumpleaños. No me refiero al día en el que llegué a este mundo, sino a aquel en el que nací de nuevo. Un día como hoy, en mi adolescencia, hace ya muchos años, recibí el regalo de la vida... aquella que no termina, sino que perdura por la eternidad. Y digo «regalo», porque no hice nada para ganarla ni merecerla; me fue dada por gracia y amor.

Me gustaría decir que desde ese día todo fue color de rosa. Al contrario; al igual que tú, tuve alegrías y tristezas, épocas buenas y difíciles, triunfos y derrotas, salud y enfermedad, aciertos y errores, prosperidad y escasez... pero Aquel que me creó y que me amó aun antes de que yo naciera nunca me soltó de su mano. Y al pensar que no solo me dio la vida, sino que dio su vida por mí, el corazón se llena más de gratitud y del deseo de vivir con propósito, hacer las cosas con excelencia, inspirar a otros y dejar un legado que perdure más allá de mi propia existencia.

Nuestra vida está pintada de delicados matices e impetuosos contrastes, eso es lo que la hace apasionante... y a medida que pasa el tiempo me doy cuenta de que todo lo que no es eterno podría ser eternamente inútil.

Acompáñame a agradecer a Dios por el regalo de la vida. Espero que tú también puedas celebrarla.

> A medida que pasa el tiempo me doy cuenta de que todo lo que no es eterno podría ser eternamente inútil.

Y ahora, en esta segunda parte, no me resta nada más que darte la bienvenida a una travesía que recorre toda esa variedad de colores que convergen en nuestras vidas... y que forman parte de la infinita complejidad con la que fuimos creadas.

Gracias por hacer de este libro parte de tu vida.

CAPÍTULO 1
Azul

TODAVÍA RECUERDO LA PRIMERA VEZ QUE ESTUVE FRENTE AL MAR.

Era casi una niña, pero su inmensidad cautivó mis sentidos. Ese horizonte de azul infinito que parecía unirse con el cielo, me hablaba de esperanza, futuro, sueños e ilusiones, despertando en mí un deseo de crecer, aprender y descubrir nuevos caminos. Al pasar los años pude comprobar que cuando tenemos la oportunidad de viajar y conocer otros países, idiomas y culturas, la mente se abre a nuevas perspectivas y el alma aprende de nuevas experiencias. No es lo mismo ver una fotografía o imágenes grabadas, que respirar el aire, degustar la comida, o estrechar la mano de alguien que se convertirá en un amigo.

Al salir de nuestra zona de comodidad y aventurarnos a dejar «lo viejo conocido por lo nuevo por conocer» nos damos cuenta de que nuestra percepción de las cosas no siempre es la única realidad, y que a pesar de las distancias geográficas o culturales existen principios, deseos y necesidades afines que nos unen como raza humana. Al hacerlo, los lazos se estrechan y los horizontes se extienden. Las palabras del escritor Mark Twain son muy ciertas, cuando afirmó que «el viajar es fatal para los prejuicios, la intolerancia y la estrechez de mente [...] Un criterio amplio de la gente y la vida nunca será alcanzable si nos sentamos a vegetar en nuestro propio rincón del mundo».[1]

Viajar ha sido siempre parte de mi carrera profesional en los medios de comunicación, y en estos últimos años, en mi faceta de conferencista y escritora, he tenido la oportunidad de llegar a muchos países y ciudades de nuestra querida Iberoamérica y Estados Unidos como invitada para dar conferencias, enseñar en congresos, y hablar en iglesias lo que Dios ha hecho en mi vida. Siempre estoy dispuesta a aceptar invitaciones y conocer nuevos lugares, como el tuyo, así que no dudes en contactarme si quisieras que llevara en persona un mensaje de excelencia, equilibrio, propósito y pasión, como el que te transmito en las páginas de este libro. Una de las cosas que más me llena de alegría es trabajar para ver vidas transformadas, y al retornar a casa siempre traigo conmigo el cariño de la gente, preciosos recuerdos y experiencias, y las amistades forjadas que continúan pese al tiempo y la distancia.

El azul evoca cielo, mar, aire, espacio abierto. Nos habla de esperanza, futuro, planes y progreso. De brazos extendidos. De nuevos horizontes. De un mundo sin límites. De alcanzar nuestros sueños sin importar la edad. De dar sin recibir nada a cambio.

Y de eso y más vamos a hablar en este capítulo.

CAFÉ *poético*

Quiero compartir contigo un poema que precisamente habla de aquellas cosas que a muchas de nosotras nos gustaría encontrar en ese horizonte infinito. A través de estos versos, hablo de un lugar utópico que quizás se encuentre en la distancia. Sin embargo, tal vez está más cerca de lo que imaginas, escondido en los ojos de la persona que amas.

Lontananza

Tiene que haber un lugar
escondido en lontananza
a donde se van los sueños,
ilusiones y esperanzas.
Donde residen intensas
palabras que lleva el viento,
los secretos y experiencias
que nos dejan sin aliento.

Tiene que existir un puerto
donde utopías se anclen
con el eco de las ansias
en senderos impensables.
Donde fábulas dormidas
se refugien en silencio
junto a anhelos impasibles
que jamás se sabrán ciertos.

Una esfera en lo infinito
que capture inobjetable
las miradas encontradas,
la efusión inexplicable,
espejismos que se esfuman,
los suspiros impalpables,
las preguntas sin respuesta,
las dudas que nos invaden,
las melodías de siempre,
poemas incomparables,
las añoranzas de antaño,
las pasiones indomables,
las fantasías traviesas,
recuerdos inconfesables,
las quimeras inconclusas,
los castillos en el aire...

Y si ese lugar no existe,
me conformo con mirarte.

LA IMPORTANCIA DE PLANEAR

Se ha dicho que cada quien es de cierta forma el arquitecto de su propio destino. Sea o no cierto, creo que es importante que aprendamos a ser intencionales en la manera en que definimos nuestros proyectos y proyectamos nuestro futuro.

Uno de los arquitectos que desempeñó un importante papel en el desarrollo de grandes ciudades —entre ellas Chicago, Washington DC y Nueva York— fue Daniel Burnham. Cuando nadie creía que era posible llevar a cabo un proyecto de tal magnitud, él diseñó y puso en acción su plan de construir los primeros rascacielos, impresionantes edificios que rompieron los paradigmas de su época. Además, su trabajo fue trascendental en la reconstrucción de

Chicago después del gran incendio que devastó gran parte de esta ciudad.[2] A él se le atribuye una de esas frases que trasciende el tiempo e inspira a generaciones: «No hagas planes pequeños; no tienen la magia de hacer bullir la sangre y probablemente no se van a convertir en realidad. Planea a lo grande, apunta alto en la esperanza, el trabajo y la excelencia».[3] En su caso, él vivió según sus palabras. Los imponentes edificios que diseñó aún continúan demarcando el horizonte de estas y otras grandes ciudades de Estados Unidos.

> *Es importante que aprendamos a ser intencionales en la manera en que definimos nuestros proyectos y proyectamos nuestro futuro.*

Creo que, por naturaleza, la mayoría de las mujeres tenemos la tendencia de hacer planes. Planeamos cosas relativamente sencillas, como el menú de la semana, la ropa que nos vamos a poner al día siguiente, o cuándo vamos a ir al salón de belleza. Planeamos cosas más relevantes, como el cumpleaños de nuestros hijos, las citas con el doctor, o una sorpresa para nuestra mejor amiga. Planeamos todos los detalles de las vacaciones que vamos a tomar con la familia. Nuestro nuevo corte de cabello. Cuántos kilos vamos a perder con la nueva dieta. Planeamos fiestas, reuniones, aniversarios y fechas especiales, viajes, detalles, familia, futuro...

Parecería que queremos tener un plan para todo.

Pero pocas veces tenemos un plan para nuestra propia vida.

Y sin un plan específico para nuestra vida, comprobamos que el tiempo pasa, pesa y pisa, y vemos que nuestros sueños, proyectos e ilusiones se quedaron simplemente en eso... sueños. Y cuando notamos que los años se nos vinieron encima, nos resignamos a un contexto que podría hacernos sentir desalentadas, frustradas, solitarias y estancadas, preguntándonos qué es lo que hicimos mal.

Pero esa no tiene que ser tu realidad.

Tener un plan para tu vida es el primer paso —y un prerrequisito indispensable— para tomar decisiones inteligentes, vivir intencionalmente y descubrir tu propósito. No es una garantía de que todo va a salir perfectamente bien, ni va a protegerte de los imprevistos o problemas que son parte de estar en esta tierra, pero si no sabes hacia dónde vas, ¿cómo vas a saber cuándo llegaste?

> *Tener un plan para tu vida es el primer paso —y un prerrequisito indispensable— para tomar decisiones inteligentes, vivir intencionalmente y descubrir tu propósito.*

Tener un plan va a contribuir a que te conviertas en una participante activa de tus circunstancias, y no solo en una espectadora.

Va a permitirte diseñar de una manera intencional el futuro que quisieras tener.

Va a ayudarte a valorar lo que más importa y a establecer tus prioridades.

Va a servirte como un mapa que te guíe hacia el destino que deseas alcanzar, que te muestre dónde estás, y te alerte si te saliste de curso.

Y si tener una relación cercana con Dios es importante para ti, va a impulsarte a fortalecer tu comunión diaria con Él y a confiar más en su guía y protección, sabiendo que, al fin y al cabo, Él está en control. En el libro de Proverbios leemos que podemos planear nuestro camino, pero que al final va a ser el Señor quien guíe nuestros pasos.[4] Y recuerda además lo que ha sido prometido: «Pon tu delicia en el SEÑOR, y Él te dará las peticiones de tu corazón. Encomienda al SEÑOR tu camino, confía en Él, que Él actuará».[5]

¡ACTÚA!

Mi amiga, si realmente quieres implementar cambios en cualquier área de tu

> *Si no sabes hacia dónde vas, ¿cómo vas a saber cuándo llegaste?*

vida, recuerda que existe una gran diferencia entre la intención y la acción. Entonces, para ayudarte, me gustaría pedirte que recuerdes una simple palabra: la palabra «ACTÚA».

Ahora, quiero mostrarte un pequeño acróstico nemotécnico que acabo de crear basado en esa palabra. No te intimides; el concepto es mucho más simple que el nombre: en caso que no lo sepas, un acróstico es un pequeño texto en el que las letras iniciales de una palabra dan sentido a otra frase o palabra. Y nemotecnia es simplemente una técnica de memorización que ayuda a recordar algunas cosas con más facilidad, al asociarlas con algo que ya conocemos. Es una de esas técnicas que aprendí hace tiempo y que me ha ayudado incontables veces.

Aquí esta el acróstico:

Analiza tu situación actual y piensa en lo que quieres lograr.
Considera cuáles son los cambios que deberías realizar.
Trabaja en un plan que te lleve a la meta que deseas alcanzar.
Únete a personas que puedan ayudarte o compartan tu visión.
Arranca con tu plan y llévalo a la acción.

Creo que cada frase se explica a sí misma. Más adelante te presentaré una manera práctica en la que puedes aplicar este acróstico en tu vida.

¿ESTÁS PRE-OCUPADA?

Actuar es importante, especialmente cuando hablamos de planificar. Sin embargo, he escuchado en más de una ocasión a personas que dicen que simplemente deberíamos tener fe y no pensar en el futuro, porque Dios está en control. Es cierto que el Señor dijo claramente que no deberíamos

Si realmente quieres implementar cambios en cualquier área de tu vida, recuerda que existe una gran diferencia entre la intención y la acción.

afanarnos por el día de mañana, porque cada día trae sus propios problemas,[6] pero existe una gran diferencia entre afanarnos por el día de mañana y planear para el día de mañana.

Estuve investigando un poco al respecto, y descubrí que la palabra original en griego que fue traducida en algunas versiones como *afán* significa estar ansioso, angustiado o inquieto, y era generalmente utilizada en el contexto de estar aprehensivo por algún peligro o desgracia que podría ocurrir en el futuro.[7] Dicho de otra manera: preocuparse.

Mark Twain, quien era conocido por siempre andar preocupado, dijo alguna vez de manera jocosa que en su vida había pasado por algunas cosas terribles, de las cuales algunas habían ocurrido en realidad.

> Es cierto que el Señor dijo claramente que no deberíamos afanarnos por el día de mañana, porque cada día trae sus propios problemas, pero existe una gran diferencia entre afanarnos por el día de mañana y planear para el día de mañana.

Tanto por su etimología como por su definición, la palabra *preocuparse* es fácil de entender: etimológicamente hablando, proviene del latín *praeoccupare*; y como sabrás, el prefijo *prae* generalmente significa «antes» y *occupare*, obviamente quiere decir «ocupado».[8] Entonces, *preocuparse* significa estar ocupado en algo antes de que ocurra. Es vivir en un futuro que no podemos controlar. El diccionario define la palabra *preocupación* como inquietud, temor o intranquilidad, y también como ofuscación del entendimiento. Pero la definición que me llamó más la atención es la que afirma que es una idea preconcebida, generalmente falsa, que tenemos acerca de una cosa futura.[9]

Si es así, la preocupación infundada es irracional, inefectiva e ilógica. No obstante, muchas mujeres se han convertido en expertas en el arte de pasar gran parte del tiempo ansiosas por un sinfín de cosas que generalmente están fuera de su control.

Mi amiga, ¿eres una de ellas? Me atrevería a decir que tal vez en este mismo momento tienes en la mente algo que te preocupa. Probablemente quieras engañarte a ti misma diciendo que estás solo analizando o pensando en la situación, pero la verdad es que la preocupación es un problema que nos afecta a todos. Y en ocasiones permitimos que situaciones pasadas o posibilidades futuras dominen nuestros pensamientos y nos roben la paz.

La preocupación infundada es irracional, inefectiva e ilógica. No obstante, muchas mujeres se han convertido en expertas en el arte de pasar gran parte del tiempo ansiosas por un sinfín de cosas que generalmente están fuera de su control.

Si te sientes así, no eres la única, pero tienes que aprender a lidiar con este problema. Basándonos en lo aprendido, la manera más lógica de hacerlo debería ser simple: aprende a vivir en el presente. Basta a cada día su propio afán. Precisamente, en el mismo contexto que te mencioné antes podemos leer que el Señor dijo: «¿Quién de ustedes, por mucho que se preocupe, puede añadir una sola hora al curso de su vida? Ya que no pueden hacer algo tan insignificante, ¿por qué se preocupan por lo demás?».[10]

De este tema y otros relacionados vamos a hablar en diferentes partes de este libro, pero por ahora concluyo esta sección con

Aprende a vivir en el presente. Basta a cada día su propio afán.

las palabras del cuarto capítulo de la Epístola a los Filipenses, que en la Nueva Traducción Viviente dicen así: «No se preocupen por nada; en cambio, oren por todo. Díganle a Dios lo que necesitan y denle gracias por todo lo que él ha hecho. Así experimentarán la paz de Dios, que supera todo lo que podemos entender. La paz de Dios cuidará su corazón y su mente».[11]

Sin duda es una promesa que deberíamos tener grabada en el corazón.

Honestamente

1. ¿Eres de las personas que siempre se preocupan?

   Generalmente sí ▣   Generalmente no ▣

2. Haz una lista de las cosas que a veces te preocupan o te quitan el sueño. Te doy algunos ejemplos. Añade los tuyos propios.

   Mi esposo

   Mis hijos

   Mis finanzas

   Mi salud

   Mi futuro

   La economía mundial

   Mi peso

   La capa de ozono

   El final de la telenovela

   _____

   _____

   _____

   _____

   _____

   _____

   _____

3. Ahora, marca o subraya aquellas que puedes cambiar, controlar o solucionar.

   ¿Te diste cuenta de que, en la mayoría de los casos, no hay nada que puedas hacer para controlar o cambiar lo que te preocupa? Y lo de la telenovela, era solo por bromear... ¡espero que una cosa así no te quite el sueño!

4. Entonces, ¿tú crees que la mayoría de tus preocupaciones son generalmente realistas o infundadas?

   Realistas ▇   Infundadas ▇

5. ¿Te es difícil dejar de preocuparte por cosas que no están bajo tu control?

   Sí ▇   No ▇

   Hablamos de la importancia de planear, pero eso no significa que nos deberíamos preocupar. Y para eso, quiero que leas algunos versículos que estoy segura te van a ayudar. Marca los que más te hablen al corazón, y trata de memorizarlos. Pero si no puedes hacerlo, ¡no te preocupes!

   - «Fíate de Jehová de todo tu corazón, y no te apoyes en tu propia prudencia. Reconócelo en todos tus caminos, y él enderezará tus veredas».[12]

   - «Pon en manos del Señor todas tus obras, y tus proyectos se cumplirán».[13]

   - «Porque yo sé muy bien los planes que tengo para ustedes —afirma el Señor—, planes de bienestar y no de calamidad, a fin de darles un futuro y una esperanza».[14]

   - «Cuando siento miedo, pongo en ti mi confianza».[15]

UN DÍA EN LA VIDA DE UNA MUJER

Existen ocasiones en las que parecería que ni el mejor plan del mundo es suficiente para lidiar con circunstancias inesperadas. Por ejemplo, el sinfín de situaciones que se presentan un día común y corriente en la vida de una mujer.

Quiero invitarte a sonreír un poco. Dejé volar mi imaginación para describir algunas de las cosas que podrían ocurrir en un día cualquiera en la vida de una mamá y esposa, y —para este ejemplo— vamos a asumir que también trabaja fuera del hogar.

Si ese es tu caso, tal vez tu día empiece más o menos así:
¡RRRRRING!

Existen ocasiones en las que parecería que ni el mejor plan del mundo es suficiente para lidiar con circunstancias inesperadas. Por ejemplo, el sinfín de situaciones que se presentan un día común y corriente en la vida de una mujer.

Suena el despertador. ¿Cómo es posible que tu esposo no lo haya escuchado? Seguramente es porque sus ronquidos son más fuertes que la alarma. Aprietas el botón de espera solo para que vuelva a sonar insistentemente dentro de un par de minutos. Finalmente, le das un golpe —no a tu esposo, sino al despertador— y te levantas trastabillando.

Despiertas a tu hijo mayor, quien gruñe algo y se cubre la cabeza con las sábanas, y luego a tu hija, quien tan pronto como abre los ojos te recuerda que hoy es un día muy importante, porque van a sacar las fotografías oficiales en la escuela. Pasas por la cuna del bebé. ¡Qué dulce se ve cuando está durmiendo... si parece un angelito! Decides que es mejor dejarlo tranquilo por unos minutos más.

Te diriges al baño con la intención de darte una ducha, pero recuerdas que hoy tienes una reunión importante en el trabajo y tienes que ir más temprano. Además, si tu hija generalmente tarda casi media hora en arreglarse, ¿quién sabe cuánto tiempo tomará el día de hoy? Ni modo, hoy no hay ducha; total, una vez al año no hace daño.

Te miras al espejo, y no sabes si sonreír o llorar. ¿Quién dijo que dormir nos pone más bonitas? ¡Gracias a Dios por quien inventó el maquillaje! Te pones dos pinceladas de lo que puedes, tratando de disimular los círculos oscuros bajo los ojos y alguna que otra arruga. El cabello recogido en una colita siempre te saca de apuros, y lo complementas con unos buenos aretes para que llamen la atención y distraigan a quienes te vean, de modo que no noten tu cara de cansancio.

Abres el ropero y tardas una eternidad tratando de decidir qué ponerte. Al fin, encuentras esos pantalones que pasaron el test de «¿Me veo gorda?» que tu esposo casi siempre falla. Completas todo con una buena blusa y tacones altos. Un poco de perfume, lápiz labial y... ¡ya! Nada mal.

Miras de nuevo el reloj y bajas rápidamente a preparar el desayuno. Anuncias que está listo, pero como nadie responde vas al cuarto de tu hijo y tratas de despertarlo nuevamente, esta vez de una manera un poco más firme. En el pasillo te tropiezas con el perro, y notas que tu hija está a punto de perder los estribos tratando de arreglarse el cabello sin mucho éxito, así que la ayudas y la dejas tan linda como puedes. Regresas al cuarto de tu adolescente, y como todavía te ignora, le quitas las cobijas y las tiras al suelo.

Para entonces tu esposo —mágicamente peinado, vestido, perfumado y listo para salir— ya está terminando de desayunar. Pone su plato en el fregadero, te da un beso, se despide de tus hijos y se va a trabajar. Mientras te preguntas cómo hacen estos hombres para ir de la cama a la calle en diez minutos, escuchas en el monitor que tu bebé ya despertó, y por sus gritos, parece que está bastante hambriento. Calientas un biberón de leche tan pronto como puedes y corres hacia su cuna, pero un aroma peculiar te anuncia que no está llorando porque tiene hambre, sino porque necesita un cambio de pañal. ¿Por qué no se despertó cuando tu esposo todavía estaba en casa? Parecería que últimamente tu bebito intuye el momento en el que no está su papá para hacer de las suyas y armar un berrinche. Ni modo. A sacarse la blusa nueva —por si acaso— y también los aretes, porque la última vez, al jugar, el bebé te jaló la oreja tan fuerte que casi te la rompe.

Y ahora, llegó el momento de cambiar, limpiar, secar, empolvar, poner el nuevo

> *Para entonces tu esposo —mágicamente peinado, vestido, perfumado y listo para salir— ya está terminando de desayunar.*

pañal, hacer cosquillas, besar ruidosamente la barriguita, sonreír y perderte en los ojos de ese regalito de Dios... hasta que el reloj marca la hora y te das cuenta de que estás retrasada.

Vistes a tu bebé con lo primero que encuentras en el cajón y llevas el biberón de leche para el camino. Te pones de nuevo la blusa, los tacones, los aretes, y te aplicas una vez más lápiz labial, porque quedó todo embadurnado en la barriguita de tu bebé. Mientras buscas tu abrigo les gritas a tus hijos para que se apresuren, y les recuerdas que no se olviden de llevar sus meriendas que están en la mesa, las cuales dejaste preparadas desde la noche anterior.

Manejando de camino a la escuela, tus hijos no paran de discutir por tonterías. Al voltear la cabeza para pedirles que se callen te das cuenta de que tu bebé escupió la mitad de su leche; que el vestido que tu hija escogió para su fotografía está más arrugado que una pasa; y que, por el cabello despeinado de tu hijo, parecería que recién se levantó de la cama... y eso es exactamente lo que ocurrió.

Dejas a tus niños en la escuela y al bebé en la guardería. ¡Al fin, un poco de paz y tranquilidad! Sabes que tus hijos son un regalo de Dios y los quieres con todo tu corazón, ¡pero a veces sientes que los quieres... lejos! Bueno, por lo menos por unas horas. Piensas si eso será normal o si te hace una mala mamá.

Para distraerte prendes la radio. ¡Qué bien! Están tocando tu canción preferida. Ya era hora de que algo bueno ocurriera esta mañana. Mientras la escuchas, te imaginas que estás en algún paraíso tropical tomándote una limonada bien fría y paseando por la playa de la mano de tu esposo, quien tiene veinte libras menos de peso y se parece al galán de tu telenovela favorita.

> *Sabes que tus hijos son un regalo de Dios y los quieres con todo tu corazón, ¡pero a veces sientes que los quieres... lejos! Bueno, por lo menos por unas horas. Piensas si eso será normal o si te hace una mala mamá.*

La fuerte bocina de un camión te trae de vuelta a la realidad; el tráfico está más pesado que nunca, y para hacer las cosas peor, ¡está lloviendo a cántaros! Te das cuenta de que deberías dejar de soñar despierta, prestar atención, y aprovechar este tiempo a fin de planificar mentalmente tu agenda para el resto de la semana. Tienes que decidir qué vas a cocinar para la cena, hacer la cita con el dentista, recordarle a tu esposo que pague las cuentas, comprar pan y leche, devolverle la llamada a tu comadre, reunirte con la maestra de tu hijo, y un millón de cosas más. Y para colmo, recuerdas que esta mañana se te olvidó sacar a pasear al perro, así que vas a tener que limpiar el «regalito» que tu mascota seguramente ya dejó en el suelo de la cocina.

Te imaginas que estás en algún paraíso tropical tomándote una limonada bien fría y paseando por la playa de la mano de tu esposo, quien tiene veinte libras menos de peso y se parece al galán de tu telenovela favorita.

Finalmente, después de dar varias vueltas a la manzana para encontrar un estacionamiento y correr bajo la lluvia porque no trajiste un paraguas, llegas a tu lugar de trabajo... cansada, molesta, estresada y frustrada. Es difícil concentrarse cuando uno se siente así, pero finges una sonrisa y haces lo mejor que puedes. Las horas parecen eternas, y lo único que quieres hacer es regresar a casa, meterte a la cama, taparte la cabeza con las cobijas y volver a dormir... ¡y recién son las diez de la mañana!

Si somos honestas, creo que casi todas las mujeres, especialmente quienes somos mamás y esposas, podemos relacionarnos de vez en cuando con algunas de estas situaciones.

ESCOGE TUS BATALLAS

¿Te sentiste identificada al leer esta historia? Si es así, ¡bienvenida al club! Si somos honestas, creo que casi todas las mujeres, especialmente quienes somos mamás y esposas, podemos relacionarnos de vez en cuando con algunas de estas situaciones. Tal vez pienses que exageré un poquito, porque no siempre ocurre que todas las cosas salgan mal al mismo tiempo. Puede que sí, pero de que pasan, ¡pasan!, y aunque no lo creas, algunas personas experimentan algo similar casi todos los días.

Sea o no tu caso, quiero que prestes atención a un detalle interesante: ¿te diste cuenta de que la mayoría de los inconvenientes que menciono en la historia podrían ser evitados simplemente con un poco de planificación?

En nuestra rutina diaria hay cosas que están fuera de nuestro control, como el clima o el tráfico, pero otras pueden ser manejadas de una mejor manera si las planificamos con anticipación. Por ejemplo, si siempre estás en apuros por las mañanas y generalmente llegas tarde a la escuela o al trabajo, la solución práctica es tan simple como adelantar el despertador y levantarte más temprano. De esa manera, no solo vas a tener tiempo para ti misma, sino también para ayudar a tus niños o lidiar con cualquier imprevisto. O si tardas mucho en decidir qué ropa usar, simplemente escógela la noche anterior y deja la ropa lista en una silla. Eso es lo que siempre hago y enseñé a mis hijos, y esa pequeña estrategia me ha ahorrado muchos dolores de cabeza.

La mayoría de los problemas simples tienen también simples soluciones. Pero muchas veces, especialmente cuando nuestro nivel de estrés está elevado o estamos cansadas, desanimadas o frustradas, hacemos una tormenta en un vaso de agua.

¿Viste? La mayoría de los problemas simples tienen también simples soluciones. Pero muchas veces, especialmente cuando nuestro nivel de estrés está elevado o estamos cansadas, desanimadas o frustradas, hacemos una tormenta en un vaso de agua, ya sea en la casa, el trabajo o la iglesia, y reaccionamos de una manera que afecta negativamente nuestro día y el de quienes nos rodean. Y peor todavía, en ocasiones les echamos la culpa a las hermanas, cuando tal vez las culpables eran nuestras hormonas.

Como mujeres, madres, esposas o amigas es importante aprender a escoger nuestras batallas. Sin embargo, muchas veces son las cosas más tontas las que nos hacen perder el control y convierten nuestro entorno en un campo de guerra. Mi amiga, ¿de qué te sirve perder los estribos porque tu niña no arregló su cama perfectamente, tu hijo fue al colegio despeinado, o tu esposo dejó los platos sucios en la mesa? ¿O golpear la computadora de tu oficina porque todavía no la arreglaron? ¿O enojarte porque alguien del grupo de damas de tu iglesia llegó tarde a la reunión, o no te devolvió la llamada cuando te lo prometió?

> *En ocasiones les echamos la culpa a las hermanas, cuando tal vez las culpables eran nuestras hormonas.*

¡Cuidado! No estoy diciendo que deberías ignorar la falta de responsabilidad, y por supuesto creo firmemente que todos en una familia o en una comunidad deberían poner de su parte; para esto, hay que hablar claramente y plantear nuestras expectativas con calma, respeto y sabiduría. Sin embargo, repito: pese a nuestras mejores intenciones, algunas veces las cosas no van a salir exactamente como las habíamos planeado, ni las personas van a reaccionar como esperamos. Podemos sugerir, pero no demandar, y mucho menos tratar de controlar; es más, creo que la única persona a quien deberíamos tratar de controlar es a nosotras mismas.

> *Piensa que si escoges tus batallas sabiamente y decides no pelear por cosas que no son tan relevantes, podrás ser más efectiva en ganar aquellas que en realidad valen la pena luchar.*

Como mujeres es importante reconocer que la gran mayoría de las cosas no son lo suficiente relevantes para dejar que nos afecten tanto, y que estas pueden ser simplemente ignoradas o solucionadas de una manera más pacífica y efectiva. Cada día de nuestra vida está lleno de oportunidades para poner en práctica estos principios. Piensa que si escoges tus batallas sabiamente y decides no pelear por cosas que no son tan relevantes, podrás ser más efectiva en ganar aquellas que en realidad valen la pena luchar.

AHORA ES TU *turno*

1. Menciona cinco cosas que ocurren en tu rutina diaria, las cuales te frustran o elevan tu nivel de estrés. Pueden ser muchas más, pero quiero que te enfoques en las más relevantes; no necesariamente debes ponerlas en orden de importancia.

   1. _____
   2. _____
   3. _____
   4. _____
   5. _____

2. Escribe una solución práctica que podría ayudarte a evitar cada una de las situaciones que mencionaste. Te di algunos ejemplos, como levantarte más temprano o decidir el día anterior lo que te vas a poner. Hazlo según el orden en que las escribiste en la sección anterior. ¡Vas a darte cuenta de que la mayoría son simples!

   1. _____
   _____
   _____
   _____
   _____

   2. _____
   _____
   _____
   _____

   3. _____
   _____
   _____
   _____

4. _____
    _____
    _____
    _____

5. _____
    _____
    _____

3.   Hay una gran diferencia entre la intención y la acción. ¿Recuerdas el acróstico con la palabra ACTÚA? Escríbelo a continuación:

A _____

C _____

T _____

Ú _____

A _____

Entonces, basándote en ese plan —**A**naliza, **C**onsidera, **T**rabaja, **Ú**nete y **A**rranca— es tiempo de poner manos a la obra: decide que a partir de hoy vas a tratar de implementar cada semana por lo menos un cambio de los que mencionaste. ¡No te compliques la vida tratando de que todo sea diferente de la noche a la mañana! Intenta un simple cambio a la vez, el que te parezca más sencillo, y cuando ya sea parte de tu rutina, pasa al siguiente. Poco a poco vas a ver una transformación positiva en tu rutina diaria que podría convertirse en una mejor manera de disfrutar la vida.

Y si estás leyendo este libro con un grupo de amigas, cada semana comenta tus triunfos, celebra tus aciertos y aprende de tus derrotas. Dicen que la persona inteligente aprende de sus propios errores, pero la persona sabia también aprende de los errores de los demás. Por eso una de las palabras clave del acróstico es *Únete*. Mi amiga, la carga es más liviana cuando es compartida.

LA EDAD ES SOLO UN NÚMERO

Hasta ahora hemos hablado bastante de la rutina diaria. Lamentablemente, a veces nuestra vida se transforma en eso: rutina. Pero todos tuvimos alguna vez algo que hacía vibrar nuestra alma o nos hacía soñar despiertos. ¿Cuáles eran tus sueños, tus ideales, tus anhelos? Tal vez no puedas dedicarte a ellos a tiempo completo, pero simplemente invitarlos a formar parte de tu vida puede traer una sonrisa a tu corazón.

> ¿Cuáles eran tus sueños, tus ideales, tus anhelos? Tal vez no puedas dedicarte a ellos a tiempo completo, pero simplemente invitarlos a formar parte de tu vida puede traer una sonrisa a tu corazón.

Nunca es tarde para empezar. Existen incontables ejemplos de quienes lograron hacerlo muchos años después de lo que es tradicional. Ya fuera terminar tus estudios; aprender a pintar, bordar, bailar o tocar algún instrumento; inventar algo; escribir un libro o correr en un maratón. Esos sueños de juventud podrían alegrar tus días y ayudarte a afrontar el resto de tus responsabilidades con más entusiasmo. Muchas veces, aquello que te apasiona puede impulsar una idea que podría transformarse en un estilo de vida. Y en otras, sin importar tu edad, ayudarte a ver tus circunstancias con más optimismo y alegría, y así endulzar un poco la vida de los demás.

Déjame contarte lo que me ocurrió durante uno de mis últimos viajes, cuando decidí descansar brevemente del ajetreo del día mientras disfrutaba un cafecito. Entre el bullicio y el movimiento común en un restaurante como aquel en el que me encontraba —donde la mayoría de las personas estaban sumergidas en su propio mundo, apresurado, impersonal y electrónico— me llamó la atención una mesa en la esquina del lugar. Se oían risas, se hacían bromas, se destilaba alegría. Era un grupo de mujeres que interactuaban animadamente la una con la otra, conocían a los meseros por nombre, contaban sus anécdotas, hablaban de sus sueños, deseos, planes... de un futuro que se pintaba tan alegre y promisorio como su conversación. Pero lo que más me sorprendió es que en esa mesa la persona más joven del grupo tendría aproximadamente unos setenta años.

Dicen que la mejor edad para una mujer es cuando deja de cumplir años y empieza a cumplir sus sueños.

No obstante, sin importar nuestra edad, creo que todos tenemos ciertas sensibilidades que tocan las fibras de nuestra alma de una manera especial. Por ejemplo, a algunas personas les encantan los niños, propios y ajenos; parecería que tienen una devoción total y una paciencia infinita para lidiar con ellos, no importa lo que se les venga encima. A otras, les fascinan los perritos, gatos o las mascotas en general, o algún otro grupo que necesita cuidado o atención.

> Dicen que la mejor edad para una mujer es cuando deja de cumplir años y empieza a cumplir sus sueños.

En mi caso, no es lo uno ni lo otro. No es que no me gusten los niños; me gustan... pero me gustan más cuando son obedientes y educados. Cuando comen todo lo que se les pone en el plato. Cuando no necesitan un cambio de pañal. O cuando no están llorando ni haciendo un berrinche. Y también me gustan las mascotas, siempre y cuando no dejen pelos por todos lados. O avisen cuando necesitan salir y no dejen «sorpresas» en la alfombra de la casa. O no destruyan a mordiscos mis zapatos favoritos. Pero como todo eso es casi imposible de evitar, te confieso que me alegra que mis hijos ya estén grandes, y que las únicas mascotas que tengamos en casa sean un par de periquitos muy fáciles de cuidar.

Sin embargo, el hecho de que no me guste mucho que se diga estar por horas con niños o animalitos, no significa que no existan otras cosas que me inspiren dulzura y estén cercanas a mi corazón. Y por alguna razón, uno de esos lugares especiales está reservado justamente para los ancianitos.

Creo que ese afecto nació desde mi juventud, cuando junto a un grupo de amigos músicos y artistas íbamos continuamente a visitar asilos y hospitales, llevando música y un poquito de alegría. Desde entonces, decidí que siempre que viera a un acianito o ancianita iba a hacer lo posible por tratarlos con dignidad y respeto. Espero que tú también lo hagas y que enseñes con tu ejemplo, especialmente a tus hijos. Recuérdales que, como dice un proverbio: «El orgullo de los jóvenes está en su fuerza; la honra de los ancianos, en sus canas».[16] Ayúdalos a darse cuenta de que hace algunos años, esa viejita de manos frágiles o ese viejito encorvado también respiraban juventud y estaban llenos de vigor, sueños e ilusiones. Y hazlo especialmente porque algún día, si el Señor te regala una larga vida, estoy segura de que también te gustaría que te traten con el mismo respeto, paciencia y dignidad.

> *Algún día, si el Señor te regala una larga vida, estoy segura de que también te gustaría que te traten con el mismo respeto, paciencia y dignidad.*

Desde esas primeras experiencias, me di cuenta de que disfruto enormemente pasando tiempo con personas de edad avanzada. Me parecen una inagotable fuente de historias, recuerdos, conocimiento y sabiduría. ¡Incluso tengo una gran paciencia cuando algunas veces se ponen de mal humor! Puedo escucharles repetir los mismos relatos una y otra vez, aunque ya me los conozca de memoria. Me gusta hacer lo posible para que se sientan respetados, apreciados y escuchados, y asegurarles que sus mejores años no están detrás de ellos, sino que todavía hay mucho camino por recorrer.

Permíteme hablarte de un par de personas que, aunque ya no están con nosotros, dejaron una huella en mi corazón.

Grandma Betty

Con más de noventa años, la abuelita de mi esposo tuvo una larga carrera por la vida. Desde la primera vez que me vio, hace ya más de dos décadas, me trató como si me hubiera conocido desde siempre, pese a la gran diferencia de edad, lenguaje y costumbres culturales. A medida que trascurría el tiempo, no me cansaba de escucharla repetir una y otra vez cautivadoras historias que parecerían sacadas de un libro. De una increíble infancia sobreviviendo los difíciles años de la Gran Depresión en Estados Unidos... De un reencuentro después de décadas con uno de sus hermanos que dejó el hogar en su juventud para pelear en la guerra... De cómo encontró fortaleza en su fe pese a haber perdido a una hija (refiriéndose a mi suegra, quien falleció muy joven)... De sus últimos años de vida, en los que se dedicó a ayudar a los más necesitados.

Cuando íbamos a visitarla, pude ver con mis propios ojos cómo invertía horas cada día haciendo coloridas frazadas y edredones con sus propias manos —esas manos torcidas por la artritis, pero que aún manejaban la máquina de coser con gran destreza— y preparándolos para ser distribuidos entre personas sin hogar o que no tenían lo suficiente para las frías noches de invierno. Tal vez recordaba aquellas noches de infancia en las que ella y sus hermanitos tampoco tenían más que el calor de su mutua compañía y la esperanza de un futuro mejor.

Sin duda, Grandma Betty vivió una vida plena.

Don Romancito

Uno de los recuerdos más agradables de mis años de trabajo en Telemundo y NBC, y que no está directamente relacionado con los afanes diarios de laborar en un medio de comunicación, es el haber conocido a un dulce y optimista caballero. Tenía los ojos cansados pero la mirada tierna, cabellos de plata que denotaban el peso de los años, y un alma tan joven como el amanecer de un nuevo día.

Román Gonzáles Grova, o «Don Romancito», como nos gustaba llamarlo, trabajaba con nosotros en los estudios centrales de televisión. Tenía varias asignaciones, que pese a su edad todavía desempeñaba sin dificultad. De vez en cuando, me gustaba darme un respiro del diario ajetreo para visitarlo y simplemente escucharlo hablar. ¡Parecía una enciclopedia musical andante! Aunque a veces no podía acordarse de lo que había pasado recientemente, tenía una memoria prodigiosa que recordaba sin hesitar las letras, melodías e historias de ritmos y canciones que formaron parte de la época de oro de la música latinoamericana, y en especial de su amada Cuba. Mambos, boleros, baladas, sonetos, rumba, cha-cha-cha... sabía de todo. Y, además, siempre tenía el oído atento para escuchar nuestras quejas y una palabra de aliento para animarnos a continuar el día. Sentarse a escucharlo era un remanso que renovaba el alma y alegraba el espíritu.

Hace un tiempo me llegó la noticia de su partida, y me puse a recordar con añoranza esos momentos. Pensé que ya nadie podría disfrutar del delicioso «cafecito cubano» que preparaba orgullosamente todas las tardes, ni ver cómo se iluminaban sus ojos al desempolvar los tesoros más codiciados del baúl de sus recuerdos musicales. Su sueño de retornar a la amada isla que lo vio nacer para visitar esos lugares de los que hablaba con tanto amor y nostalgia no se cumplió.

Sin embargo, el legado que dejó, perdura. A través de su vida, demostró que la pasión es contagiosa, que la vida tiene melodía, que sí se puede vivir de los buenos recuerdos, que es posible decidir ser feliz sin importar las circunstancias, que a pesar de la edad podemos seguir haciendo lo que nos gusta, que ese color blanco que el tiempo le confiere al cabello es también símbolo de sabiduría, que podemos dejar un legado de esperanza, y que la edad es solo un número... la juventud está en el alma.

¡MANOS A LA *obra!*

1. Piensa en algunas personas de edad avanzada que conozcas o que formen parte de tu vida. Puede ser familia, amigos o simplemente alguien que conozcas o veas de vez en cuando. Anota sus nombres a continuación, y si no los sabes, pon alguna referencia, por ejemplo: la hermanita que se sienta delante de mí en la iglesia, o la abuelita de mi amigo.

_____

_____

_____

_____

_____

_____

_____

_____

2. Escribe algunas ideas de cosas simples pero significativas que podrías hacer por alguno de ellos. Si los conoces, podrías preguntarles qué es lo que necesitan, o mejor, sorpréndelos. Te doy algunos ejemplos:

- Darles flores, una tarjeta o algún regalito sin que sea una ocasión especial.
- Llevarlos de paseo a algún lugar.
- Visitarlos en su casa y ayudarlos con algunas cosas simples.
- Pedirles que te cuenten alguna historia de su juventud (¡aunque ya lo hayan hecho cinco veces!).

- _____

- _____

- _____
- _____
- _____
- _____

Aquí te presento otro par de ideas que tal vez necesiten un poco más de tiempo y planificación, pero te aseguro que valen la pena. Espero que también pienses en algunas otras:

- Si te es posible, planifica algún evento especial en tu iglesia o con un grupo de amigos para honrar a las personas de la tercera edad. Muchos centros de fe tienen ministerios específicos para ellos; podrías trabajar en conjunto y ofrecer tu tiempo y tus ideas.
- Separa unas horas y visita un asilo u hospital. Llévales un poquito de alegría. Escúchalos, acompáñalos, anímalos... hazles sentir que todavía son importantes. Quién sabe, si esperas mucho y dependiendo de la edad, tal vez podría ser demasiado tarde. Y si incluyes a tus hijos o a un grupo de amigas en el proyecto, vas a ver que la satisfacción va a ser aún mayor.

HAZ EL BIEN SIN MIRAR A QUIÉN

Hablando de personas de edad avanzada, te cuento que frente a mi casa vive una linda pareja de ancianitos. En el área donde vivo, casi todos los inviernos tenemos fuertes tormentas que dejan una gran acumulación de nieve. Cuando finalmente pasan, viene la faena de quitar la nieve de las calles y las entradas a las viviendas y garajes, y es común ver a los vecinos trabajando arduamente para lograrlo.

Una mañana en la que la nieve estaba particularmente alta, mi esposo y otros vecinos se pusieron de acuerdo para quitarla de enfrente de la casa de esta pareja. Mostraron tanto entusiasmo que hasta yo misma decidí ayudar, de modo que me puse un abrigo, botas y guantes y me integré al grupo. Trabajamos lo más rápido que pudimos para lograr que fuera una sorpresa cuando se asomaran. La cara de asombro que pusieron al abrir la puerta y ver todo completamente limpio de nieve y hielo fue la mejor recompensa que pudimos recibir, aunque las ricas galletas recién horneadas que nos regalaron al día siguiente no estuvieron nada mal.

Desde entonces, es común en mi cuadra ver a vecinos ocupándose de la propiedad de otros, porque saben que cuando ellos mismos necesiten una mano, podrán contar con ella. Ese día empezamos en nuestro barrio la tradición de «hoy por ti, mañana por mí».

De igual manera, una de mis hermanas me contó algo muy bonito que les ocurrió a sus hijos. El pasado día de las madres mi sobrino quiso sorprenderla con un regalo, así que él y su hermanita fueron a la tienda de la esquina de su casa con una bolsa llena de monedas, donde estaban todos sus ahorros. Al momento de pagar por las flores y el osito de peluche que habían elegido, se dieron cuenta apenados de que el dinero que tenían no era suficiente. Estaban a punto de devolver uno de los regalos cuando la persona que estaba detrás de ellos, un perfecto desconocido, se ofreció no solo a aportar el resto del dinero que les faltaba, ¡sino a pagar completamente el costo de la compra! Al volver a casa y contarle a su mamá lo ocurrido, la historia que complementó al regalo hizo que ese fuera un día de las madres muy especial.

> *Es cierto que a todos nos gusta recibir algo; es parte de la naturaleza humana. Pero creo que pocas cosas son más reconfortantes que brindar ayuda desinteresada.*

Es cierto que a todos nos gusta recibir algo; es parte de la naturaleza humana. Pero creo que pocas cosas son más reconfortantes que brindar ayuda desinteresada. Hace unos años escuché de una organización que se dedica precisamente a promover este tipo de actitud.[17] Se llama Random Acts of Kindness, expresión que se puede traducir de varias maneras al español. Cuando pregunté a mis amigos bilingües cuál sería la frase que describiría mejor este concepto, se armó un interesante debate en mi página de Facebook y recibí decenas de respuestas. Entre ellas: actos espontáneos de bondad, actos de bondad al azar, actos desinteresados de caridad y acciones inesperadas de amabilidad. La lista de respuestas es más larga, pero creo que todas explican la esencia de este concepto: hacer algo bueno o amable por otra persona, de una manera espontánea y sin esperar nada a cambio. En palabras populares: «Haz el bien sin mirar a quién».

Estas historias son solo algunos ejemplos de casos que he podido comprobar personalmente, y que han marcado el inicio de una cadena de eventos con un resultado que llena el corazón de gratitud y satisfacción, tanto de quien da como de quien recibe. Pero ser amables y bondadosos tiene beneficios no solo emocionales, sino también físicos. Según estudios médicos, ser bondadoso regulariza la presión, ayuda a una mejor circulación sanguínea, produce estabilidad química en el cerebro, disminuye inflamaciones y contrarresta radicales libres, haciendo que el proceso de envejecimiento sea más lento.[18] ¿Te diste cuenta de que, muchas veces, aquellas personas que están siempre con una sonrisa y dispuestas a ayudar parecen más jóvenes de lo que realmente son, y quienes tienen una mala actitud y viven con el ceño fruncido aparentan tener más años que su edad real? Tal vez esta sea una de las razones.

> *¿Te diste cuenta de que, muchas veces, aquellas personas que están siempre con una sonrisa y dispuestas a ayudar parecen más jóvenes de lo que realmente son?*

Entonces mi amiga, si quieres verte más joven, simplemente... ¡sé amable!

AHORA ES TU *turno*

1. Hace unos días observé cómo una persona entró delante de otra a un edificio y dejó que la puerta se cerrara en sus narices, aunque la vio llevando varios paquetes en las manos. ¿Alguna vez te ocurrió que la falta de consideración o la ruda reacción de alguien te han arruinado el resto del día? Relata brevemente tu experiencia, ¡pero no dejes que te ponga de mal humor!

    _____

    _____

    _____

    _____

    _____

2. Te dije que no dejes que te afecte de una forma negativa. Pero a veces no lo podemos evitar. Sinceramente, ¿cómo te sientes recordando esa experiencia?

    Frustrada

    Enojada

    Molesta

    Indiferente

    Malhumorada

    _____

    _____

    _____

    ¿Qué podrías hacer para evitar sentirte mal cada vez que piensas en lo que te ocurrió? La solución lógica sería simplemente: ¡olvídalo! En otras palabras, decide no pensar más al respecto. Pero si de vez en cuando no puedes evitar que vuelva a tu memoria, recuerda una frase de Martín Lutero. Él dijo alguna vez que no podía evitar que las aves revolotearan sobre su cabeza, pero que sí podía impedirles que construyeran un nido en su cabello.

Mi amiga, no podemos hacer nada para controlar las circunstancias que nos rodean. Pero sí podemos —y debemos— controlar cómo reaccionamos ante estas situaciones.

3. Entonces, te repito la pregunta: ¿qué podrías hacer para evitar que una mala experiencia te afecte en el futuro? Escribe algunas cosas que podrías hacer de ahora en adelante cada vez que pienses en lo que te ocurrió, o en alguna nueva situación que se presente.

_____

_____

_____

_____

_____

4. Por otro lado, un simple acto amable puede ayudarnos a reducir el estrés y afrontar los retos en nuestra jornada con mejor ánimo. ¿Recuerdas alguna vez que alguien hizo algo por ti desinteresadamente?

_____

_____

_____

_____

5. ¿Cómo te hace sentir recordar esa experiencia?

_____

_____

_____

_____

¡MANOS A LA *obra!*

Tengo una buena amiga que varias veces a la semana, sin falta, me manda mensajitos o frases que me alegran el día. ¡Qué bien se siente uno al recibir algo inesperadamente! ¿No crees? Pero como te dije, realmente el sentimiento es mejor cuando uno da sin esperar recibir. Tengo entonces un reto para ti: que te comprometas contigo misma a practicar de vez en cuando un «acto de amabilidad al azar». Me refiero a encontrar alguna manera en la que puedas hacer que la vida de alguien sea un poquito más fácil o más feliz.

6. Te menciono varias ideas. Verás que algunas son simples, y otras tal vez requieran un poco más de tiempo o dedicación. Añade al final algunas otras.

   - Ceder tu asiento en el autobús.
   - Dejar limpia el área de trabajo que otros van a utilizar.
   - Sostener la puerta para que pase alguien más.
   - Poner monedas extra en un parquímetro.
   - Dejar que alguien vaya delante de ti en la línea de espera.
   - Recoger la basura que alguien tiró en el camino.
   - Donar algo de tu tiempo como voluntaria a alguna organización de ayuda social.
   - Visitar enfermos en el hospital.
   - Comprarle algo de comer a un desamparado.
   - Limpiar la casa o cocinar para una persona que está enferma.
   - Dar un regalito o mandar un mensaje sin que necesariamente sea una fecha especial.
   - Ofrecerte a cuidar los niños de una amiga.
   - _____
   - _____

- _____
- _____
- _____

Y ahora, ¡manos a la obra! Pero ten en cuenta que en algunas ocasiones tal vez no puedas ver el efecto de tus actos; por eso la clave está en recordar que es ayuda desinteresada. En otras, las reacciones y la gratitud van a ser tu mejor recompensa.

Mi amiga, ser amable cuesta poco y vale mucho. Decide actuar con amabilidad y cortesía, alégrale el día a alguien, y cosecha en tu propia vida las recompensas de dar sin esperar recibir.

> *Ser amable cuesta poco y vale mucho. Decide actuar con amabilidad y cortesía, alégrale el día a alguien y cosecha en tu propia vida las recompensas de dar sin esperar recibir.*

MIS *notas* Y *pensamientos...*

CAPÍTULO 2
Morado

MORADO, VIOLETA, LILA, PÚRPURA... NO IMPORTA CÓMO LO LLAMES. ESTE es un color peculiar. No solamente es conocido por diferentes nombres —que generalmente derivan de coloridas flores o deliciosos frutos— sino que presenta una diversa gama de tonalidades, como índigo, magenta, malva o fucsia. Además, se caracteriza por ser una combinación de dos colores que contrastan por naturaleza: la calidez del rojo se combina con la frialdad del azul. Pero al contrario de lo que se podría esperar de una mezcla como esta, el resultado no es brusco ni desagradable; al contrario, como te mencioné, da lugar a una linda variedad de tonos y matices.

A través de los siglos, esta gama de colores generalmente ha sido asociada con elegancia, belleza, femineidad y balance. Y el balance, o equilibrio, además de la excelencia, son dos de los factores fundamentales que pueden ayudarte a impulsar tu proceso de transformación y alcanzar el éxito en cualquier área de tu vida.

Y de esto y más vamos a hablar en este capítulo.

> *El balance, o equilibrio, además de la excelencia, son dos de los factores fundamentales que pueden ayudarte a impulsar tu proceso de transformación y alcanzar el éxito en cualquier área de tu vida.*

VACAS MORADAS

En varias ocasiones he contado algo que me ocurrió hace algunos años, cuando asistí a una importante convención internacional para líderes y comunicadores que se llevó a cabo en la ciudad

Lo que en un inicio fue motivo de interés y admiración, pronto se convirtió en algo monótono y aburrido.

argentina de Mar del Plata. Los asistentes llegamos de diferentes países, y para muchos de nosotros el itinerario empezó en Buenos Aires. Como no había prisa, y para conocer el paisaje y disfrutar de la conversación, decidimos no abordar un avión, sino tomar un bus.

Mientras algunos de los pasajeros leían y otros intentaban tomar una siesta, unos pocos estábamos sumergidos en una amena charla. De pronto, se escuchó una voz desde la parte posterior que exclamaba asombrada: «¿Qué son esas manchas esparcidas en el campo? ¡Son cientos de ellas!».

Al asomarnos a la ventana, vimos centenares de pequeños puntitos dispersos en la verde llanura. Puntitos que, a medida que nos acercábamos, se fueron transformando nada más y nada menos que… ¡en vacas! Y dependiendo del país de donde venían, a algunas personas les llamó la atención la gran cantidad de ganado vacuno que existe en las pampas argentinas. No es por nada que un buen asado argentino está entre los platos favoritos de millares de personas, y me incluyo en la lista.

Por un buen rato, las vacas se convirtieron en el tema central de la conversación.

Hasta que llegó un momento en el que dejamos de hablar de ellas.

El viaje resultó ser más largo de lo esperado, y las vacas eran tantas y tan parecidas, que perdieron su atractivo. Lo

Quisiera hacerte una pregunta que probablemente nunca nadie te haya hecho antes. ¿Lista? Aquí va: ¿eres una vaca morada?

que en un inicio fue motivo de interés y admiración, pronto se convirtió en algo monótono y aburrido.

Curiosamente, leí que algo muy parecido le ocurrió a un señor llamado Seth Godin, mientras manejaba con su familia en un viaje de vacaciones por el campo. Después de un tiempo de ver tantas vacas, todos también se aburrieron de ellas. Entonces, a Seth se le ocurrió decir que para llamar la atención entre tantas otras, ¡una vaca tendría que ser de color morado! Esta simple idea lo inspiró a escribir uno de sus libros más populares,[1] el cual fue en un éxito de ventas y lo convirtió en un acaudalado autor. Siempre que lo recuerdo, pienso: *Caramba, ¿cómo eso no se me ocurrió a mí?*

> *Si bien es cierto que podemos, y debemos, aprender de los demás, no deberías ser una copia de nadie. Existe algo en ti, algo intrínseco y personal, que te hace única.*

Aunque este concepto fue utilizado originalmente en el área de producción y mercadeo, creo que también se puede aplicar a otras áreas de nuestra vida. Por eso, quisiera hacerte una pregunta que probablemente nunca nadie te haya hecho antes. ¿Lista? Aquí va: ¿eres una vaca morada?

¡No te ofendas! No estoy hablando de que si tienes o no unas libritas de más, o si te gusta ponerte ropa de color morado. Me refiero a lo siguiente: ¿sabes qué es aquello que te hace diferente? ¿Conoces cuáles son las cualidades, talentos, dones, deseos o pasiones que Dios ha puesto en tu corazón? ¿Estás dispuesta a descubrirlos, desarrollarlos y ponerlos en acción?

Entonces, estás yendo por buen camino.

> *Y estás en el proceso de descubrirlo.*

Si bien es cierto que podemos, y debemos, aprender de los demás, no deberías ser una copia de nadie. Existe algo en ti, algo intrínseco y personal, que te hace única.

Y estás en el proceso de descubrirlo.

AHORA ES TU *turno*

Uno de mis salmos favoritos, de esos que me hablan al corazón como un precioso poema, es el salmo 139. Al leerlo podrás comprobar que cada uno de tus detalles íntimos fue creado con amor y propósito. Que donde sea que te encuentres, el Señor está contigo. Que Él te formó y preparó para dejar un legado en esta vida. Y que te ama con amor eterno. Te invito a que encuentres un tiempo para que puedas buscarlo en tu Biblia, leerlo por completo y dejar que también te hable al corazón.

> *Entender que fuiste creada con un propósito puede convertirte en una mujer apasionante.*

Mi amiga, entender que fuiste creada con un propósito puede convertirte en una mujer apasionante.

EQUILIBRIO: LA BICICLETA DE EINSTEIN

¿Recuerdas cuando aprendiste a montar una bicicleta? Tal vez ya pasaron muchos años, pero estoy segura de que no conseguiste mantener el balance la primera vez que lo intentaste. Quizás todavía tienes la vívida memoria de rodillas y codos magullados, o tal vez de las risas de los niños del vecindario. Pero al fin, seguramente lo lograste.

Ahora piensa en qué es lo que te impulsó a intentarlo una y otra vez.

Tal vez...

Te imaginabas la sensación del viento en tu cara, y la orgullosa sonrisa de tus padres y amigos.

Te veías descubriendo nuevos senderos y caminos aún no recorridos.

Te emocionabas al pensar en la libertad que seguramente se siente al manejar sin prisas ni preocupaciones.

Piensa: ¿qué otros deseos te motivaban?

Tus deseos son el combustible que impulsa el motor de tu persistencia.

Aunque en el proceso probablemente caíste muchas veces, lo importante es que no te quedaste en el suelo. Te levantaste una y otra vez y seguiste pedaleando. Pusiste tu mirada en el resultado final. ¿Te imaginas lo que podrías alcanzar si decidieras aplicar ese empeño, persistencia y determinación en tu vida?

Tus deseos son el combustible que impulsa el motor de tu persistencia.

Justamente, el conocido físico Albert Einstein dijo alguna vez que la vida era como andar en bicicleta y que para mantener el equilibrio debíamos permanecer en movimiento. Cuando hablamos de este genio generalmente lo imaginamos enseñando o leyendo, siempre con la mirada pensativa o el ceño un tanto fruncido. Pero hace un tiempo encontré una fotografía que precisamente lo muestra... ¡montando una bicicleta! Nunca me lo hubiera imaginado divirtiéndose de una manera tan simple. La imagen lo muestra pedaleando, despreocupado y contento, y con una genuina sonrisa. Al verla, uno de mis hijos me dijo: «¡Con razón Einstein siempre tenía el cabello despeinado!».

Para poder lograr equilibrio en tu vida es esencial que constantemente examines tus prioridades y elijas las más importantes, según tus principios, valores y convicciones.

Hablemos un poquito más seriamente. Mi amiga, no sé cuáles sean tus circunstancias presentes, pero quiero animarte a que sigas adelante sin importar cuántas veces caigas, y que te enfoques en el resultado más que en el proceso. Recuerda que una vida apasionante es una vida estable, firme y equilibrada.

Pero para poder lograr equilibrio en tu vida es esencial que constantemente examines tus prioridades y elijas las más importantes, según tus principios, valores y convicciones. No deberías permitir que las demandas de tus responsabilidades consuman tu tiempo, drenen tu energía y afecten las cosas que deberían ser las más importantes, como tu vida espiritual, tu tranquilad emocional, la armonía familiar y tus relaciones de amistad. Quien tiene muchas prioridades, en realidad no tiene ninguna.

Una prioridad es simplemente aquello que tú consideras o tratas como algo primordial. Examínate y saca tus conclusiones personales; es bueno de vez en cuando ser introspectivos y decidir cambiar lo que está fuera de curso. No sacrifiques lo trascendental por lo intrascendente, porque ningún triunfo en la vida compensa por un posible fracaso en tu hogar. A partir de hoy, trabaja para lograr que el centro de tus decisiones se fundamente en algo inamovible, comprobado y demostrado, es decir, en principios y no en percepciones.

> *No sacrifiques lo trascendental por lo intrascendente, porque ningún triunfo en la vida compensa por un posible fracaso en tu hogar.*

Recuerda que las percepciones cambian, pero los principios permanecen.

Honestamente...

1. En tu propia vida, ¿crees que tus prioridades están fuera de orden?

   Sí ■   No ■   Más o menos ■

2. ¿Estás sacrificando lo trascendental por lo intrascendente?

   Sí ■   No ■   Algunas veces ■

3. ¿Cómo te sientes al respecto?

   _____

   _____

   _____

   _____

   _____

4. Haz una lista de cinco a diez personas, cosas o actividades que consideras las más importantes en tu vida. Por ejemplo: tu relación con Dios, familia, trabajo, diversión, amigos, descanso, iglesia, etc.

   1. _____
   2. _____
   3. _____
   4. _____
   5. _____
   6. _____
   7. _____
   8. _____
   9. _____
   10. _____

5. Ahora, haz una lista de las cosas en las que —honestamente— inviertes más tu tiempo o esfuerzo.

    1. _____
    2. _____
    3. _____
    4. _____
    5. _____
    6. _____
    7. _____
    8. _____
    9. _____
    10. _____

6. Compara ambas listas. ¿Son similares? ¿Tienen el mismo orden?

    Sí ▮   No ▮

    Si la respuesta es «no», te reto a que pienses un poco y escribas a continuación algunas cosas que podrías hacer para solucionar esa discrepancia. Pero sé específica. Y si estás leyendo este libro con un grupo de amigas, comenta tu situación y tus ideas. Puedes usar una hoja extra si es que este espacio no es suficiente.

    Por ejemplo, si te diste cuenta de que estás pasando más tiempo viendo televisión que jugando con tus hijos, podrías poner algo como: «Esta semana voy a llevar a mis hijos al parque en vez de ver la novela». O si te diste cuenta de que no estás desarrollando tu vida espiritual o intelectual, puedes poner algo como: «A partir de mañana voy a levantarme media hora más temprano para orar o leer». Estas son simplemente ideas.

    Ahora te toca a ti.

    1. _____
       _____

    2. _____
       _____

3. _____

4. _____

5. _____

Recuerda: quien tiene muchas prioridades, en realidad no tiene ninguna.

Decide cuáles son tus prioridades y cuánto tiempo vas a invertir en ellas.

Si no lo haces, alguien más decidirá por ti.

CAFÉ *poético*

¿Viste alguna vez a una pareja bailando un vals? No me refiero simplemente a esos interesantes o cómicos intentos que se ven en las bodas y fiestas de quince años, sino a una pareja de bailarines profesionales. Personalmente, me encanta verlos y disfrutar el espectáculo y las melodías. Mi amor por la música clásica nació gracias a mi inolvidable tía Nancy. Voy a contarte un poquito más sobre ella en uno de los últimos capítulos cuando hablemos del legado que todos podemos dejar sin importar nuestras circunstancias. Pero una de las muchas cosas que ella sembró en mi corazón es que debemos ser sensibles al arte que nos rodea. Recuerdo que le encantaban los valses vieneses; «El Danubio azul», el «Vals del emperador» y otras obras de Johann Strauss sonaban constantemente en la sala de mi casa desde un antiguo tocadiscos, haciendo volar mi imaginación y esparciendo sus notas en perfecta armonía.

Precisamente, la armonía y el balance que logran una pareja de bailarines profesionales al interpretar con su talento una pieza musical, fue mi inspiración para este poema.

Vals

Con sutiles movimientos se deslizan las parejas
dando vueltas incesantes en el centro del salón
derrochando garbo y gracia su elegancia se refleja
olvidándose del mundo en fugaz fascinación.

No son solo sus miradas las que están entrelazadas
contemplándose anhelantes, sonriendo sin temor

es también su dulce abrazo, con tendencia acompasada
que trasluce en su conjunto una estela de pasión.

Pareciera que en el ritmo de vibrante consonancia
dan pisadas en el aire, van flotando en el lugar
ni muy cerca, ni muy lejos, manteniendo las distancias
pero al mismo tiempo unidos en sus ansias de volar.

El movimiento es variado, al igual que su cadencia
de repente se hace lento, más sosegado y gentil
o de pronto recupera un matiz vertiginoso
y da paso a la locura de un entusiasmo febril.

Aunque parezca difícil concuasar la melodía
en sincronía perfecta con cada paso del son,
el secreto que revela esta impecable armonía
es el bailar al unísono, como un solo corazón.

Ven y mírame a los ojos, tómame de la cintura
demos vueltas incesantes en el centro del salón
ni muy cerca, ni muy lejos, pero siempre con ternura
trasluciendo en nuestro idilio una estela de pasión.

Sea tranquila o impetuosa la variada melodía,
demos pasos en el aire, sin volver la vista atrás
y logremos que este baile dure el resto de los días...
Disfrutemos este ensueño, que la vida es como un vals.

EXCELENCIA: EL GRADO EXTRA

Recientemente vi un interesante documental sobre la revolución
industrial y la evolución de los diferentes medios de transporte

masivo. Las máquinas que me llamaron más la atención fueron las locomotoras a vapor. Imponentes maquinarias que recorrían el continente dejando una estela blanca, con potencia y energía suficientes para llevar cientos de pasajeros, o transportar miles de kilos en carga... ¡y estaban impulsadas por agua![2]

Todos sabemos que el agua tiene tres estados principales: sólido, líquido y gaseoso. Ahora, presta atención:

A los noventa y nueve grados, el agua está caliente.

A los cien grados, el agua hierve.

El agua hirviendo genera vapor.

¡Y el vapor puede impulsar hasta un tren![3]

¿Te diste cuenta de que un solo grado de temperatura marca la diferencia entre algo que está simplemente caliente y algo que tiene la fuerza suficiente para impulsar una máquina? Este ejemplo nos habla de alcanzar ese punto de ebullición. De ir la milla extra. De dar más de lo esperado. De trabajar arduamente.

De hacer las cosas con excelencia.

> *Un solo grado de temperatura marca la diferencia entre algo que está simplemente caliente y algo que tiene la fuerza suficiente para impulsar una máquina.*

Aplicar ese «grado extra» tiene el potencial de abrirte puertas, generar oportunidades, y permitirte alcanzar tus objetivos. Recuerda que el principal enemigo del éxito no es el fracaso; es la mediocridad.

Pero antes de continuar quisiera que hagamos una distinción importante: *excelencia* no es *exigencia*.

Creo que, como mujeres, muchas veces tenemos tendencia a ser exigentes y esperar que todas las cosas salgan perfectamente bien. Pero no sé si te diste cuenta de un pequeño detalle: ¡tú no eres perfecta! Y tampoco las personas que te acompañan, o las circunstancias que te rodean. Muchas veces, pese a tus mejores intenciones, las cosas no van a salir exactamente como las habías planeado. Si confundes estos conceptos —excelencia con exigencia— te arriesgas a vivir constantemente frustrada con los demás o, incluso peor, contigo misma, y a veces hasta podrías desanimarte y darte por vencida.

Si te sientes identificada, no estás sola. ¡Pero no tienes que vivir frustrada solo por tu deseo de que las cosas salgan bien! Entonces, es importante establecer esa diferencia y redefinir lo que estas palabras significan para ti. Veamos: el diccionario define *excelencia* como «gran bondad de una persona o calidad superior de una cosa que las hace dignas de estima y aprecio»; y *exigencia* como «pretensión caprichosa o excesiva». ¿Te das cuenta del contraste?[4]

> Como mujeres, muchas veces tenemos tendencia a ser exigentes y esperar que todas las cosas salgan perfectamente bien. Pero no sé si te diste cuenta de un pequeño detalle: ¡tú no eres perfecta!

Así que si hablamos de planes o proyectos, mi definición personal de excelencia es muy simple: es hacer lo mejor que puedas, con los mejores recursos que tengas, esperando los mejores resultados.

Si los resultados son perfectos, ¡qué bueno! Disfruta del producto de tu esfuerzo, celebra tus triunfos, y si haces una fiesta...

> Si hablamos de planes o proyectos, mi definición personal de excelencia es muy simple: es hacer lo mejor que puedas, con los mejores recursos que tengas, esperando los mejores resultados.

¡me invitas! Pero si las cosas no salieron tan bien como esperabas, simplemente pregúntate: «¿Hice lo mejor que pude con los recursos que tuve en mis manos?». Si la respuesta es afirmativa, entonces no tienes por qué sentirte fracasada. Analiza la situación, busca una solución a los problemas, y trata de planear con nuevos recursos o de una manera diferente para la próxima vez. No te desanimes.

Si somos sinceras, cuando las cosas no salen bien deberíamos admitir que algunas veces lo que nos duele más es el ego, o lo que principalmente nos preocupa es «el qué dirán». Pero mi amiga, trabajar con excelencia no debería estar impulsado por lo que otros piensen de ti, ni debería tener como objetivo que tus esfuerzos sean reconocidos. Ser excelente debería ser una cuestión de satisfacción personal. La excelencia es el resultado de tu carácter como persona, de quién realmente eres cuando nadie te ve. Muchas veces tal vez nadie esté presente para agradecerte o apreciar tus esfuerzos, pero recuerda que Dios siempre está al tanto de todo lo que haces. Esta seguridad te dará el incentivo necesario para seguir delante. Como dice uno de mis versículos favoritos: «Todo lo que hagáis, hacedlo de todo corazón, como para el Señor y no para los hombres, sabiendo que del Señor recibiréis la recompensa de la herencia».[5]

Si somos sinceras, cuando las cosas no salen bien, deberíamos admitir que algunas veces lo que nos duele más es el ego, o lo que principalmente nos preocupa es «el qué dirán».

Para resumir, te presento algo que puse alguna vez en mi muro de Facebook, y que generó una gran cantidad de comentarios positivos. Espero que también sea de beneficio para ti:

Excelencia no es exigencia.
Es hacer lo mejor que puedas,
con los mejores recursos que tengas,
esperando los mejores resultados.
La excelencia abre puertas,
genera oportunidades,
da credibilidad
y permite alcanzar objetivos;
ayuda a valorar lo que más importa
y a vivir una vida apasionante.

La excelencia es el resultado de tu carácter como persona, de quién realmente eres cuando nadie te ve. Muchas veces tal vez nadie esté presente para agradecerte o apreciar tus esfuerzos, pero recuerda que Dios siempre está al tanto de todo lo que haces.

AHORA ES TU *turno*

Estas son algunas diferencias entre una persona exigente y una excelente. ¿Puedes nombrar otras? Piensa en personas que conoces o en tu experiencia personal.

EXIGENTE	EXCELENTE
Es perfeccionista	Es detallista
Es controladora	Sabe delegar
Le preocupa el «que dirán»	Trabaja por satisfacción personal
Se frustra por sus errores	Aprende de sus errores
Provoca estrés	Inspira confianza
_____	_____
_____	_____
_____	_____
_____	_____

1. ¿Cuál de las dos eres tú?

   Exigente ■   Excelente ■   No estoy segura ■

   Si respondiste «no estoy segura», ¡simplemente pregúntale a tu esposo, a tus hijos o a tus amigos cercanos!

2. Llena los espacios en blanco sobre la base de lo que aprendimos:

   Excelencia no es _____ .

   Es hacer lo _____ que puedas,

   con los _____ que tengas,

   esperando los _____ .

3. ¿Estás de acuerdo?

   Sí ■   No ■

4. Si tu respuesta es «no», escribe tu propia definición. Y si es «sí»
   añade tus comentarios.

_____

_____

_____

_____

5. Te mencioné algunos beneficios de aplicar ese grado extra y
   hacer las cosas con excelencia, como tener una buena reputación o generar mejores oportunidades. ¿Puedes sugerir otros?

_____

_____

_____

_____

LO QUE EL ÉXITO NO ES

Hacer las cosas con equilibrio y excelencia generalmente da como resultado una vida exitosa. Pero, ¿qué es el verdadero éxito? Curiosamente, si escribes esta palabra en un buscador de Internet, inmediatamente vas a tener decenas de listas de pasos y sugerencias que debes seguir para lograr alcanzar ese efímero concepto, o hasta ofertas de «cómo hacerte rico en una semana». Parecería que siempre está asociado con tener más dinero, ser reconocido en tu campo, o tener una plataforma pública.

Sin embargo, en este proceso de transformarte en una mujer apasionante, es trascendental que entiendas que el verdadero éxito no debería ser definido como poder, posición o prestigio, ni por el estándar que impone la sociedad o las personas que te rodean.

El éxito es algo tan intrínseco y personal como tu ADN. Es subjetivo, propio y único. Lo que es éxito para unos no necesariamente lo es para otros. Debería estar basado en tus propios valores, tus circunstancias, tus convicciones y tus prioridades, y —como seguramente te diste cuenta— estos son muy diferentes a los de los demás. No existen dos personas con situaciones, talentos, experiencias, sueños e ilusiones completamente iguales. Parecidas, tal vez, pero idénticas, no.

> *El éxito es algo tan intrínseco y personal como tu ADN. Es subjetivo, propio y único. Lo que es éxito para unos no necesariamente lo es para otros.*

Tú, mi amiga, eres única.

Y es por eso que únicamente tú puedes definir qué es el éxito para ti.

Pero, más que todo, debería estar determinado por tu deseo de ver la voluntad de Dios reflejada en tu vida.

Seguramente tú misma has podido comprobar que en cada caso particular el éxito puede ser definido de una manera diferente. Como te dije, muchos creen que el éxito está en ser reconocidos por sus logros profesionales, su reputación, o la cantidad de bienes que acumulan. Pero en la mayoría de los casos, las personas que al llegar al final de sus días se definen a sí mismas como exitosas no son aquellas que amasaron grandes fortunas o alcanzaron fama, poder o prestigio. Son aquellas que saben que dejaron un legado de amor. Aquellas que pusieron las necesidades de los demás antes de las propias. Aquellas que, con esfuerzo y sacrificio, lograron que este mundo fuera un poquito mejor.

> *Tú, mi amiga, eres única.*
> *Y es por eso que únicamente tú puedes definir qué es el éxito para ti.*
> *Pero, más que todo, debería estar determinado por tu deseo de ver la voluntad de Dios reflejada en tu vida.*

Mi amiga, no todos tenemos una plataforma pública, pero todos tenemos un círculo de influencia. Y es ese círculo, el más cercano a tu corazón, el que debería ayudarte a definir qué es para ti el verdadero éxito.

En mi caso —como te cuento en uno de los capítulos iniciales en el cual relaté una importante época de mi vida— descubrí que para mí el éxito no estaba ligado a mis triunfos profesionales, sino a vivir basada en mis convicciones y prioridades, en fortalecer la relación con mi esposo, en ser una influencia constante en la vida de mis hijos para lograr que sean hombres de integridad y propósito, y en trabajar con amor para el Señor, a fin de ayudar a otros y dejar un legado que perdure más allá de mi paso por esta vida. Es así como realmente me siento exitosa. ¿Sabes?, me di cuenta de que los premios, el dinero y las satisfacciones profesionales vienen y van, y que en mi trabajo yo era importante y necesaria...

No todos tenemos una plataforma pública, pero todos tenemos un círculo de influencia.

pero en mi hogar soy irreemplazable e imprescindible. Un par de días después de que renuncié, ya tenían otra persona que ocupó mi posición en la empresa. Pero mis hijos no tienen otra mamá, ni mi esposo otra esposa. ¡Más le vale!

AHORA ES TU *turno*

1. ¿Para quién —o quiénes— eres irreemplazable e imprescindible?

   _____

   _____

   _____

   _____

   _____

   _____

2. ¿Cómo es definido el éxito por nuestra sociedad?

   _____

   _____

   _____

   _____

   _____

3. ¿Cuál es tu propia definición de éxito?

   _____

   _____

   _____

   _____

4. ¿Tu definición es parecida a la que la sociedad determina?

   Sí ■   No ■   Más o menos ■

   Piensa en tus prioridades. Las cosas que consideras más importantes en tu vida. Puedes basarte en la lista que escribiste hace unos párrafos atrás.

5. Ahora, escribe tu nombre y una nueva definición personal y única de lo que es el «éxito» para tu vida.

Para mí, _____ , el éxito es:
(nombre)

_____

_____

_____

_____

6. Escribe algunas ideas, sueños o anhelos que vienen a tu corazón, o pasos que deberías seguir para vivir de una manera que esté basada en tu nueva definición de éxito. Si estás leyendo este libro con un grupo de amigas, exponlos y escucha a las demás. Y al final, si así lo desean, pueden orar juntas para poner esos deseos en las manos de Dios, teniendo en cuenta lo que dice Proverbios 3: «Confía en el Señor de todo corazón, y no en tu propia inteligencia. Reconócelo en todos tus caminos, y él allanará tus sendas. No seas sabio en tu propia opinión; más bien, teme al Señor y huye del mal».[6]

_____

_____

_____

_____

_____

EN BOCA CERRADA...

Vamos a dar un giro completo. Hablando del color morado —que es el título de este capítulo— recordé una divertida historia que me parece muy adecuada para dar paso a los siguientes puntos que quiero presentarte.

Resulta que un hombre iba manejando por la carretera junto a su esposa y su suegra, en un automóvil pintado precisamente de este color. Como el morado no es un color común para un vehículo, llamó la atención de un par de oficiales de la policía que patrullaban el área. La patrulla los siguió por un buen tiempo, hasta que al final decidieron detenerlos.

—¡Buenos días! —les saludó el oficial—. No sé si se habrán dado cuenta, pero los hemos estado siguiendo desde hace algunos kilómetros atrás. Sin embargo, hemos observado con agrado que usted respeta todas las normas, se detiene en todos los semáforos, no rebasa el límite de velocidad y conduce de una manera ejemplar. Queríamos hacerle saber que nuestro municipio ofrece mensualmente un premio al mejor conductor, y en esta ocasión se lo queremos dar a usted. ¡Felicidades! Necesito verificar su nombre. ¿Puede mostrarme su licencia, por favor?

—Discúlpeme, oficial —respondió el conductor—, ¡pero la verdad es que yo no tengo una licencia de conducir!

Inmediatamente, para tratar de ayudarlo, su mujer interrumpe diciendo:

—No le haga caso, señor policía. Mi marido recién se tomó unos buenos tragos, así que no sabe lo que dice.

A lo que, desde el asiento de atrás, la suegra grita enojada:

—¡Te dije que si querías pintar el coche que te robaste, no deberías haber escogido el color morado!

Supongo que ya te imaginas de lo que vamos a hablar a continuación: de la importancia de refrenar nuestra lengua.

Las mujeres tenemos la mala reputación de hablar mucho. Aunque no siempre sea el caso, este es un estereotipo que se nos ha adjudicado desde tiempo inmemorial. A lo largo de los años se han dado muchas razones y explicaciones de por qué esto ocurre. Por ejemplo, leí que, como las cuerdas vocales de las mujeres son más cortas que las de los hombres, nosotras podemos hablar con menos esfuerzo que ellos. Mientras más cortas son, requieren menos aire para que vibren, haciendo posible que hablemos más usando menos energía. Si bien el tamaño de las cuerdas vocales juega un papel importante en el tono de nuestra voz, la verdad es que no estoy segura de si esta es una buena explicación. ¡Me suena más como una excusa!

Sin embargo, otros estudios afirman que podría existir una razón biológica por la que parecería que las mujeres hablamos más que los hombres. En uno de ellos se menciona que las mujeres verbalizamos un promedio de veinte mil palabras al día, contra siete mil pronunciadas por los hombres. La razón, según los expertos, es que nuestros cerebros registran una cantidad más alta de una proteína conocida como «foxp-2», que es esencial en el desarrollo y la expresión del lenguaje hablado. Como tal vez sabes, las células cerebrales se comunican la una con la otra a través de neurotransmisores, los cuales están compuestos de aminoácidos, los pilares de las proteínas.[7] En este caso, la proteína es conocida como «la proteína del lenguaje». En el estudio se examinó a un grupo de niños y niñas de cuatro a cinco años de edad, y se descubrió que la cantidad de esta proteína era treinta por ciento más alta en las niñas que en los varones.[8] Así que ya tienes una «excusa científica» para explicársela a tu esposo cuando te diga: «¡Pero cómo hablas, mujer!».

> Las mujeres tenemos la mala reputación de hablar mucho. Aunque no siempre sea el caso, este es un estereotipo que se nos ha adjudicado desde tiempo inmemorial.

Como seguramente comprobaste, esto no siempre significa que las mujeres seamos las que hablamos más. Existen muchos hombres «comunicativos» que a veces hablan hasta por los codos, pero no tienen mucho que comunicar. Estoy segura de que puedes nombrar a algunos amigos, familiares o compañeros de trabajo que parecería que nunca cierran la boca. En mi caso, por ejemplo, mi esposo generalmente es hombre de pocas palabras, a no ser que estemos hablando de un tema específico. Pero uno de mis hijos, y no voy a decir cuál, a veces habla e interrumpe tanto que me dan ganas de quitarle las pilas.

Lo cierto es que todos deberíamos darnos cuenta de la importancia de cuidar lo que decimos. Son muchas las frases populares que hablan al respecto, como: «En boca cerrada no entran moscas» y «El pez muere por la boca». O una de mis favoritas: «Dos orejas y una boca tenemos, para oír más y hablar menos». Más importante aún, existen decenas de versículos relacionados. Uno de los que repito constantemente, lo que te sugiero también hacer antes de decir algo que no deberías, está en el salmo 141, que dice: «Señor, pon guarda a mi boca; vigila la puerta de mis labios».[9] Más adelante voy a darte una lista de otros que están llenos de sabiduría, para que puedas leerlos con calma y meditar en ellos. Pero por ahora quiero dejarte con el siguiente, que puedes encontrar en el libro de Santiago: «Y lo mismo pasa con nuestra lengua. Es una de las partes más pequeñas de nuestro cuerpo, pero es capaz de hacer grandes cosas. ¡Es una llama pequeña que puede incendiar todo un bosque! Las palabras que decimos con nuestra lengua son como el fuego. Nuestra lengua tiene mucho poder para hacer el mal. Puede echar a perder toda nuestra vida».[10]

> Ya tienes una «excusa científica» para explicársela a tu esposo cuando te diga: «¡Pero cómo hablas, mujer!».

Mi amiga: ¡no causes un incendio!

Honestamente...

1. ¿Conoces a alguna persona que habla «hasta por los codos»?
    Sí ■   No ■

2. ¿Cómo te sientes al escucharla?
    Aburrida
    Frustrada
    Indiferente
    Interesada

    _____

    _____

    _____

    _____

3. ¿Y tú? ¿Hablas mucho o poco?
    Mucho ■   Poco ■   Depende de la situación ■

4. Si escogiste «poco», ¿tú crees que las personas que te conocen bien opinen lo mismo?
    Sí ■   No ■

5. ¿Alguna vez dijiste algo que te metió en problemas? Cuenta alguna historia o anécdota.

    _____

    _____

    _____

    _____

6. Si pudieras volver a ese momento, ¿qué es lo que hubieras hecho o dicho diferente?

_____

_____

_____

_____

_____

7. Estos son algunos refranes, frases y proverbios relacionados con este tema. Subraya los que te parecen más interesantes:

- Uno es dueño de lo que calla y esclavo de lo que habla.
- De la abundancia del corazón habla la boca.[11]
- El que mucho habla, mucho yerra; el que es sabio refrena su lengua.[12]
- El que tiene boca se equivoca.
- En la lengua hay poder de vida y muerte; quienes la aman comerán de su fruto.[13]
- El que refrena su lengua protege su vida, pero el ligero de labios provoca su ruina.[14]

8. ¿Puedes mencionar algunos otros?

- _____
- _____
- _____
- _____

¡QUÉ FEO ES TENER MAL ALIENTO!

Una vez, en una recepción social, me quedé estancada con una persona que recién acababa de conocer y que no paraba de hablar. Para colmo, ¡tenía un mal aliento terrible! Como el lugar era algo ruidoso, se acercaba tanto a mi rostro mientras me hablaba, que tuve miedo de caer desmayada... ¡y no iba a ser de emoción! Para alejarme un poco di un medio pasito hacia atrás. Luego, otro. Y al dar el tercero no me percaté de que estaba al borde de una grada y me di un buen susto al perder el equilibrio. Lo bueno es que me libré de la tortura, porque me excusé para ir a componerme. ¡Qué incomodidad!

¿Te ocurrió alguna vez que la persona con la que estabas hablando tenía mal aliento? Creo que pocas cosas son tan incómodas como hablar de cerca con alguien que no se da cuenta del «interesante» aroma que proviene de su boca, ¿no crees? ¡Y parecería que justamente son aquellas personas a quienes les gusta acercarse más! Si es un amigo, podríamos decírselo con confianza, o sugerirle con delicadeza que mastique un chicle de menta. Pero generalmente, como me ocurrió, si es alguien a quien no conocemos bien, lo único que una quiere es buscar una excusa para escapar sutilmente y salir a buscar aire fresco.

Seguramente estás de acuerdo conmigo en que a nadie le gusta estar cerca de alguien que tiene mal olor. ¿Cierto? Entonces, quisiera pedirte que prestes atención a esta frase: quejarse es como tener mal aliento. Lo notamos cuando viene de alguien más, ¡pero no cuando proviene de nosotros!

¿Cómo? ¿Será que cuando te quejas, las personas alrededor están buscando una excusa para escapar y «oler», o escuchar, algo más placentero?

Precisamente, esa es la frase bandera de un innovador concepto creado por Will Bowen. Este hombre dio a conocer su misión de lograr reducir la cantidad de veces que las personas se quejan, y así lograr una vida más productiva y feliz. Este experimento, que empezó con un grupo de doscientas personas que asistieron a sus charlas y conferencias, se transformó en un éxito de librería y luego en

> *Quejarse es como tener mal aliento. Lo notamos cuando viene de alguien más, ¡pero no cuando proviene de nosotros!*

un movimiento que afirma haberles transformado la vida a millones de hombres y mujeres en más de cien países.[15]

El desafío era muy simple. Sobre la base de la teoría que sugiere que se necesitan veintiún días para cambiar un hábito, él retó a los participantes a dejar de quejarse por el transcurso de ese tiempo. Para ayudarles en el intento, distribuyó a cada uno una manilla o pulsera de goma, precisamente de color morado, con las palabras: «Un mundo sin quejas». Cada vez que la persona se quejara de algo, debería cambiar la manilla de una mano a la otra, y regresar el conteo a cero; vale decir, empezar los veintiún días de nuevo.

Como me gustan los desafíos, decidí sumarme a la causa y convencí a mi esposo de intentarlo juntos, segura de que lo lograríamos. *Total*, pensé, *no somos de las personas que se quejan mucho y dejar de hacerlo no es tan difícil. ¿O sí?*

Basta decir que en el transcurso del experimento, la manillita morada de mi esposo se rompió debido a la gran cantidad de veces que tuvo que estirarla para cambiársela de una muñeca a la otra. Yo, por supuesto, no tuve ese problema... ¡pero no por la ausencia de quejas, sino solo porque tengo las manos más pequeñas!

Lo que pasa es que cuando empiezas a prestar atención a lo que dices, en un par de días te darás cuenta de la increíble cantidad de quejas y palabras negativas que salen de tus labios. Y probablemente la gran mayoría son sobre cosas triviales. ¿Dudas de lo que digo? Entonces te reto a que intentes participar en este programa. Si logras completarlo en los primeros veintiún días —y tienes testigos que lo comprueben— seguramente tu nombre entrará en algún libro de récords, porque hasta ahora nadie lo pudo hacer.

> *Cuando empiezas a prestar atención a lo que dices, en un par de días te darás cuenta de la increíble cantidad de quejas y palabras negativas que salen de tus labios. Y probablemente la gran mayoría son sobre cosas triviales.*

Utilizar un brazalete o cualquier otro recordatorio visual para que tomes conciencia de algo que quieres eliminar en tu vida es una excelente idea, y ciertamente ayuda a lidiar con esas pequeñas o grandes cosas que hacemos habitualmente y sabemos que deberíamos cambiar. Muchas veces estas son el resultado de diferentes factores, como la manera en la que nos criaron, las costumbres del país del cual provenimos, o la influencia de quienes nos rodean. Otras, son el producto de nuestras propias decisiones. Pero de una u otra manera, ¡lo importante es intentar!

> *Utilizar un brazalete o cualquier otro recordatorio visual para que tomes conciencia de algo que quieres eliminar en tu vida es una excelente idea.*

Honestamente...

1. ¿Tienes «mal aliento»? Me refiero a que si te consideras una persona negativa o que se queja constantemente.

    Sí ▓   No ▓

2. ¿Cuáles son las principales cosas por las que te quejas?

    Mi esposo ▓

    Los hombres en general ▓

    El clima ▓

    Mi peso ▓

    El costo de las cosas ▓

    _____

    _____

    _____

    _____

    _____

¿Te animarías a aceptar el reto de veintiún días sin quejas? Si te animas, te sugiero que lo hagas junto a alguien más; eso va a alentarte a continuar motivada. Puedes usar una manilla o cualquier otro recordatorio visual para ayudarte. Si estás leyendo este libro con un grupo de amigas, decidan empezar el día de hoy, ¡y la siguiente vez que se reúnan comenten los resultados!

CINCO RAZONES INTERESANTES

Hay que admitirlo: todos nos quejamos.

Unos más que otros, según nuestra personalidad, humor o circunstancias, ya sea por cosas triviales o importantes. Y la verdad es que generalmente nosotras las mujeres verbalizamos más aquellas cosas que nos molestan. Nos quejamos del clima, el tráfico, nuestra salud, nuestro peso, el gobierno, las noticias, los precios, nuestro jefe, nuestro esposo, los vecinos o la nueva arruga que descubrimos al mirarnos en el espejo.

Muchas veces queremos justificar nuestra actitud diciendo que no es una queja, sino simplemente un comentario. Pero quiero pedirte que prestes atención: un comentario es mencionar o explicar algo que ocurrió, y tal vez dar nuestra opinión al respecto, pero quejarse es expresar nuestro descontento por algo que nos molesta, disgusta o afecta, sin el objetivo de encontrar una solución. ¿Ves la diferencia?

> Quejarse es expresar nuestro descontento por algo que nos molesta, disgusta o afecta, sin el objetivo de encontrar una solución.

Quiero mencionarte cinco interesantes razones por las cuales todos nos hemos quejado alguna vez, y que tal vez nunca consideraste:

1. Para llamar la atención:

    «¡Otra vez se me rompió una uña!».

    «Este dolor de cabeza me está volviendo loca».

    «Claro, ya sabía que esto no iba a funcionar. ¿Y ahora qué hago?».

2. Para causar lástima:

    «¿Por qué siempre me pasan estas cosas? ¡No sé qué voy a hacer con tantos problemas!».

    «¡Nunca puedo encontrar un vestido que me quede bien!».

    «Las dietas nunca me funcionan, seguro mi esposo piensa que estoy gorda y fea».

3. Para justificar anticipadamente tu bajo rendimiento:

   «Tengo terribles alergias. Me tomé una pastilla, así que hoy no me puedo concentrar».

   «¡La tormenta de anoche fue tan ruidosa! No dormí bien, así que no esperes mucho de mí».

   «El tráfico en esta área es horrible. Seguro que mañana voy a llegar tarde otra vez».

4. Para presumir:

   «Esta computadora de mi oficina es muy lenta, no se compara con la que tengo en casa».

   «La comida que ordenamos no estuvo buena, yo cocino mucho mejor».

   «¡Qué feo canta ese concursante! Deberían escuchar a mi hija, es toda una estrella».

5. Para empezar una conversación:

   «Qué día más feo y nublado, ¿no? Este clima me aburre».

   «¡Las líneas de espera en esta tienda son siempre tan largas! No saben cómo atender al cliente».

   «Qué difícil es encontrar un taxi, ¿no es cierto? ¡El transporte es terrible en esta ciudad!».

Recuerda: los hechos son neutrales; las quejas, emocionales. Cuando te quejas, te enfocas en el problema y no en la solución. Si bien es cierto que en ocasiones es importante hablar de un problema con alguien de confianza, existe una gran diferencia entre buscar un consejo y mencionar las circunstancias para tratar de resolverlas, o simplemente quejarte de ellas.

Si recuerdas estos principios antes de hablar, va a resultarte más fácil decidir si realmente vale la pena escuchar lo que vas a decir, o si es preferible callar.

Si consideras que algunas de estas no son quejas, te repito el concepto inicial: mencionar nuestro descontento sin el objetivo de encontrar una solución. Y no solo es lo que digas, sino cómo lo digas. Si recuerdas estos principios antes de hablar, va a resultarte más fácil decidir si realmente vale la pena escuchar lo que vas a decir, o si es preferible callar. Y si alguien te dice que es mejor guardar silencio... ¡no te vayas a quejar!

¿EN MI IGLESIA... ?, ¡NUNCA!

El concepto de quejarnos no solo se limita a hablar de algo que tiene que ver con nosotras mismas. Existen dos palabras que empiezan con la letra C que también podrían ser consideradas quejas: la crítica y el chisme.

Cuando criticamos a otra persona, también nos estamos refiriendo a algo que no nos gusta o no aprobamos. Y aunque a veces podríamos proponer un cambio o solución, por lo general esta sugerencia está basada simplemente en nuestra opinión, porque con frecuencia las personas que critican más, ni siquiera se dan el tiempo para escuchar o entender a las otras. Recuerda que existen maneras de expresar nuestra opinión sin lastimar u ofender.

Por otra parte, si criticamos a una persona a espaldas suyas, esa queja tiene un nombre: se llama chisme. Y ese chisme podría causar un daño irreparable, especialmente si no tiene fundamento, o si alguien te ha confiado algo y tú decides divulgarlo.

Mi amiga, hay una gran diferencia entre meter nuestra nariz en la vida de otros, y poner nuestro corazón en sus problemas. La crítica y el chisme, si no son controlados y eliminados, pueden dar paso a un espíritu altivo y orgulloso, a creer que tenemos el derecho de apuntar

> *Hay una gran diferencia entre meter nuestra nariz en la vida de otros, y poner nuestro corazón en sus problemas*

con el dedo a los demás, o a juzgar sin conocer. Ten mucho cuidado con no caer en estas trampas. Recuerda la frase que dice que las mentes brillantes hablan de ideas, las mentes promedio hablan de eventos, y las mentes pequeñas hablan de los demás.

Pero más aún, en algunas de nuestras iglesias, esos chismes y críticas a veces toman un nombre muy interesante: «petición de oración». Yo sé que a ti probablemente nunca te ocurrió porque todas tus amigas son perfectas, pero me dijeron que en algunos lugares se puede escuchar de vez en cuando algo como esto:

—Mi hermana, tenemos que orar por fulanita de tal (nombre y apellido) para que deje de vestirse tan provocativamente. ¿Ya la vio con esos zapatos de tacón que se le ven tan sexys?

—Amén hermana —contesta la otra mujer y continúa—, y ya que estamos en esas, deberíamos también pedir para que su esposo ya no la engañe. ¡Y para que el hombre deje de tomar!

—¿Pero cómo? —se asombra la primera—. ¡Ay bendito! ¡No sabía que eso estaba ocurriendo!

—La verdad es que ella no se lo dijo a nadie todavía, pero «aquí entre nos», ¿cómo se explica entonces que fulanita casi siempre esté sola y se quede hasta tan tarde después del servicio? Dice que es para ayudar a limpiar el salón, pero seguro que él está de parranda y ella quiere evitar una pelea.

—Tiene razón... Y las pocas veces que él viene, siempre tiene los ojos rojos y está todo cansado. ¡Hasta se duerme en el servicio! Yo sé que nuestro pastor habla mucho y cansa a la gente, pero no es para tanto, ¿no? Seguro el hombre ese está durmiendo la borrachera de la noche anterior, cuando salió de fiesta con alguna de sus otras mujeres.

Pero más aún, en algunas de nuestras iglesias, esos chismes y críticas a veces toman un nombre muy interesante: «petición de oración».

—¿Otras mujeres? ¡Ay santo! ¿O sea que no es una sola? Pobrecita... seguramente eso le pasa a fulanita, porque está muy flaca y afligida... ¡si parece un palito y siempre anda con la cara larga! ¿No será que tiene problemas de anorexia? Oremos por eso también por si acaso.

—Amén mi hermana, oremos. Y de paso, pidamos por el pastor, para que no sea tan aburrido...

Aunque mi interpretación te haya parecido divertida, te sorprendería saber cuántas veces ocurre algo similar. Y en la vida real, esto no tiene nada de cómico. Lo que estas dos «hermanitas» no saben es que tal vez la persona a la que están haciendo pedazos con sus lenguas usa esos tacones porque son los únicos zapatos nuevos que tiene, y no quiere ir a la iglesia con un hoyo en el calzado. O que está tan delgada y triste porque tiene un serio problema de salud. O que su esposo no puede ir seguido a la iglesia con ella y siempre está cansado, porque trabaja doble turno para mantener a su familia y pagar las cuentas del doctor.

Puede ser muy fácil sacar falsas conclusiones, juzgar sin conocer y dar paso a críticas y chismes, especialmente si los disfrazamos de algo espiritual, ¿no crees?

Además, toma en cuenta que si los chismes, las críticas, las quejas y los rumores son repetidos y difundidos, se pueden convertir en calumnias y murmuración. Estas situaciones son más dañinas y capaces de carcomer los cimientos de cualquier relación, familia o institución, y de dañar reputaciones y lastimar corazones. Ha sucedido muchas veces. No dejes que ocurra a tu alrededor.

Yo tengo una regla que trato de aplicar en mi vida y que siempre repito: nunca digas a espaldas de alguien algo que no te atreverías a decirle en la cara. Te aconsejo

> *Nunca digas a espaldas de alguien algo que no te atreverías a decirle en la cara. Te aconsejo que recuerdes esta regla antes de que tus palabras te metan en problemas.*

que recuerdes esta regla antes de que tus palabras te metan en problemas. También te sugiero que hagas lo posible por alejarte de aquellas personas que siempre están en el medio de chismes y rumores. Recuerda un par de los consejos más claros de Proverbios: «El chismoso anda por ahí ventilando secretos, así que no andes con los que hablan de más»[16] y «Sin leña se apaga el fuego, y donde no hay chismoso, cesa la contienda».[17]

AHORA ES TU *turno*

1. Escribe la definición de *queja* que te di con anterioridad.

    _____

    _____

    _____

    _____

    _____

2. Como ya viste las diferentes razones por las que nos quejamos, y teniendo en cuenta que el chisme y la crítica también son quejas, te repito la pregunta: ¿alguna vez tuviste «mal aliento»?

    Sí ▨   Sí ▨   (¿Ves que no puse la opción de marcar «no»?)

Honestamente...

No voy a animarme a preguntarte si conoces en tu iglesia a alguna persona que siempre anda difundiendo rumores o «peticiones de oración», o menos aún pedirte que menciones sus nombres. Además, si estás leyendo este libro junto a un grupo de amigas, no me gustaría crear una situación incómoda o incluso causar algo peor: ¡dar lugar a críticas o chismes!

Solo te pido que actúes con sabiduría con aquellas personas que conoces y que tal vez encajen en esta definición. Y más importante, que analices tu corazón para ver si tal vez, solo tal vez... tú eres una de ellas.

TRIPLE FILTRO

En la vida real, el mal aliento es una manifestación externa de una situación interna. A veces se presenta simplemente porque esa persona no se cepilló los dientes después de comerse un platillo con una rica salsa hecha con cebollas y ajos, y solucionarlo es tan fácil como una simple higiene bucal. Pero cuando esa halitosis es causada por algún problema más serio, como un diente infectado, existen dos maneras de lidiar con la situación: se puede tratar de cubrirla, o se puede ir a la raíz del problema. Obviamente, si tu problema es serio, aunque te acabes dos paquetes de chicles de menta al día, o tengas siempre a la mano una botellita de enjuague bucal para cubrir el mal olor, tarde o temprano va a salir nuevamente a la superficie. Hasta que, si no lo solucionas, podría llegar el día en el que las consecuencias de ocultarlo sean profundas y dolorosas. Ese diente debería haber sido arrancado de raíz.

En tu caso personal, ¿crees que tu problema de «mal aliento» es superficial, o sea, que ocurre de vez en cuando y puede solucionarse fácilmente? ¿O crees que se trata de algo más profundo y que deberías arrancar de raíz? Si es así, ¿qué vas a hacer para solucionarlo? A fin de ayudarte, quiero concluir contándote una historia que escuché alguna vez. Cuentan que en la antigua Grecia, Sócrates, quien fue famoso por su sabiduría y conocido por el gran respeto que profesaba a todos, se encontró un día con uno de sus antiguos discípulos. Mientras caminaban hacia la ciudad, el hombre le dijo:

—¿Sabe, maestro? Escuché algo acerca de uno de sus amigos. Resulta que...

—Espera un minuto —replicó Sócrates—. Antes de decirme nada quisiera que pasaras una pequeña prueba. Yo la llamo la prueba del triple filtro.

—¿Triple filtro?

—Correcto —continuó Sócrates—. Antes de que me hables sobre mi amigo, puede ser una buena idea filtrar tres veces lo que vas a decir. El primer filtro es la verdad. ¿Estás totalmente seguro de que lo que vas a decirme es cierto?

—No —dijo el hombre—, solo escuché sobre eso y...

—Bien —dijo Sócrates—. Entonces realmente no sabes si es cierto o no. Ahora permíteme aplicar el segundo filtro, el filtro de la bondad. ¿Lo que vas a decirme de mi amigo es algo bueno?

—No, por el contrario...

—Entonces, deseas decirme algo malo sobre él, pero ni siquiera estás seguro de que sea cierto. No obstante, tal vez podría querer escucharlo, porque queda un último filtro: el filtro de la utilidad. ¿Me servirá de algo saber lo que vas a decirme de mi amigo?

—No, la verdad es que no.

—Bien —concluyó el filósofo—. Si lo que deseas decirme no es cierto, ni es bueno, ni es útil, ¿entonces para qué querría saberlo?

Mi amiga, te sugiero que tomes en cuenta esta historia y apliques ese triple filtro antes de repetir o escuchar algo que tenga que ver con los demás. Recuerda que «el que guarda su boca y su lengua, su alma guarda de angustias».[18]

Para concluir, quisiera que leyeras uno de mis versículos favoritos, que memoricé hace muchos años y enseñé a mis hijos desde muy pequeños. Es dulce comprobar que aun ahora que están grandes lo repiten cuando oramos juntos antes de dormir: «Que las palabras de mi boca y la meditación de mi corazón sean de tu agrado, oh SEÑOR, mi roca y mi redentor».[19] Espero que esta oración también se haga realidad en tu vida.

> *Te sugiero que tomes en cuenta esta historia y apliques ese triple filtro antes de repetir o escuchar algo que tenga que ver con los demás. Recuerda que «el que guarda su boca y su lengua, su alma guarda de angustias».*

MIS *notas* Y *pensamientos...*

CAPÍTULO 3

Rojo

¡Ay, amado mío, cómo deseo que me beses!
Prefiero tus caricias más que el vino;
prefiero disfrutar del aroma de tus perfumes.
Y eso eres tú: ¡perfume agradable! [...]
¡Vamos, date prisa y llévame contigo!
¡Llévame ya a tus habitaciones, rey de mi vida! [...]
Nos olvidaremos del vino y disfrutaré de tus caricias [...]
Mientras [te recuestas], mi perfume esparce su fragancia.
Mi amado es para mí como el saquito perfumado que llevo
    entre mis pechos [...]
Tú eres hermoso, amado mío. ¡Eres un hombre encantador!
La verde hierba será nuestro lecho de bodas,
Y a la sombra de los cedros pondremos nuestro nido de amor.[1]

PARECE QUE PRONTO LAS COSAS SE VAN A PONER AL ROJO VIVO. SENSUALES, directas, románticas y tentadoras. Palabras como estas tienen el poder de despertar la imaginación de cualquiera, y si te sonrojas al leerlas, te aseguro que no eres la única. Pero estas provocativas frases no salieron de ninguna película romántica ni de una telenovela barata. Son algunos versículos variados que entresaqué de un antiguo libro poético, que forma parte, nada más y nada menos, de la Biblia. Tal vez no los reconociste o tengan un tono más contemporáneo porque pertenecen a una versión traducida al lenguaje actual, pero están allí, en el Antiguo Testamento. Y si te animas a leer lo que su autor escribió en los siguientes párrafos, ¡vas a darte cuenta de que esto no es nada! Es solo el inicio de una noche de pasión.

El color rojo nos transmite precisamente amor, deseo, romance y pasión. Es el color de la sangre, de rosas perfumadas y frutos tentadores. Es un color intenso que despierta profundas emociones y sensaciones; dicen que aumenta el ritmo respiratorio y eleva la presión sanguínea. El rojo también nos habla de peligro y pasiones peligrosas. Y de la necesidad de siempre mantener viva la llama del romance y el gusto del amor.

Y de todo esto, y más, vamos a hablar en este capítulo.

Antes de continuar, quisiera prevenirte de que en los siguientes párrafos voy a hablarte de frente y sin tapujos, y no es mi intención ofender la sensibilidad de nadie. Así que si este es un asunto delicado para ti, no te sientas en la obligación de interactuar en relación con este tema. Y si eres una mujer soltera, tengo algo especialmente para ti casi al final del capítulo.

> *El rojo también nos habla de peligro y pasiones peligrosas. Y de la necesidad de siempre mantener viva la llama del romance y el gusto del amor.*

DE ESO NO SE HABLA EN CASA

Desde que somos niñas es difícil evitar ilusionarnos con un futuro similar al que leímos en los cuentos de hadas y las novelas de amor. ¡Y no me refiero a las telenovelas! Esas producciones melodramáticas —que por algo son conocidas en algunos países como «culebrones»— están llenas de tragedias, gritos, engaños, mentiras, peleas y escándalos que lamentablemente distorsionan la manera en la que las situaciones se deberían resolver —de una forma madura, calmada y sensata— y crean una percepción equivocada de la realidad. Me parece muy triste que millones de mujeres llenen diariamente su mente y corazón con algo que muchos consideran basura. Espero que tú no seas una de ellas, y especialmente si tienes hijos en casa; piensa en el terrible ejemplo que dan producciones como esas, y la influencia negativa que provocan en sus vidas y tal vez también en la tuya.

Sin embargo, ya sea que hablemos de telenovelas baratas o de cuentos inmortales, cuando somos pequeñas casi todas soñamos con vivir una historia de amor eterno y un romance perpetuo, con un príncipe azul, hermosos castillos, vestidos de gala, zapatos de cristal y elegantes carruajes, donde todo es color de rosa y al final todos viven por siempre felices comiendo perdices. Pero cuando los años pasan y vemos nuestra realidad, nos damos cuenta de que el castillo tiene goteras, el carruaje es simplemente una carretilla, los zapatos de cristal se rompieron, ese vestido de gala no nos queda bien porque estamos gorditas, y nuestro príncipe azul se convirtió en un sapo.

> *Cuando somos pequeñas casi todas soñamos con vivir una historia de amor eterno y un romance perpetuo, con un príncipe azul.*

Me parece que parte del problema radica en la falta de información realista, precisamente porque una gran mayoría de nosotras crecimos viendo esas novelas, cuentos e historias de amor que son imposibles de alcanzar en la vida real. Y más aún, la situación se complica debido a la falta de comunicación clara desde una temprana edad. ¡Es que en muchas de las familias latinoamericanas el sexo es un tema tabú! Se ve como algo sucio, malo y peligroso.

> *¡En muchas de las familias latinoamericanas el sexo es un tema tabú! Se ve como algo sucio, malo y peligroso.*

Pocas son las personas que sintieron la libertad de preguntar y hablar abiertamente sobre este asunto en casa. En la mayoría de los casos, cuando somos jóvenes nuestros padres se ponen incómodos y evitan a toda costa hablar al respecto; o si lo hacen, nos dan «la charla de las abejitas y las flores» de una manera tan genérica y enredada que termina confundiéndonos todavía más. O peor aún, nunca se nos dice absolutamente nada, logrando que nos sintamos culpables por tener curiosidades, deseos o inclinaciones que son perfectamente normales y saludables, y parte de nuestro despertar a la vida adulta.

Nuestras hormonas nos vuelven locas. Nuestro cuerpo cambia. Notamos que los chicos nos miran de una manera diferente.

> *Nuestras hormonas nos vuelven locas. Nuestro cuerpo cambia. Notamos que los chicos nos miran de una manera diferente. Tenemos cientos de dudas y preguntas.*

Tenemos cientos de dudas y preguntas, pero como «de eso no se habla en casa», lo que aprendemos sobre el sexo y las relaciones entre un hombre y una mujer es el producto de películas, novelas, libros, clases de anatomía, conversaciones con las amigas, o experiencias propias que muchas veces nos dejan el alma confundida y el corazón lastimado.

SEXY Y SANTO

Sin importar cuál haya sido tu situación o tu experiencia personal, quisiera decirte algo clara y directamente.

El sexo es algo bueno.

Y rico.

Y divertido.

Como mujer, creo que existen pocas cosas mejores que poder disfrutar completamente de la intimidad con un hombre, sin después tener que arrepentirnos o sentirnos culpables o utilizadas. Y aunque algunos dirán que soy anticuada, estoy convencida de que eso solamente puede alcanzarse en una relación monógama y comprometida, dentro de los confines del matrimonio. ¡De esta manera, hacer el amor con tu esposo se convierte en algo sexy y santo! Creo que es uno de los mejores regalos que Dios nos ha podido dar para que disfrutemos como pareja. No por gusto, en su infinita sabiduría, dedicó un libro entero para hablar al respecto. Y aunque algunos han interpretado el Cantar de los Cantares como una simbología de la relación de Dios con su pueblo, yo creo que simplemente describe cuán emocionante, íntimo y apasionado puede ser, y debería ser, un encuentro de amor entre una esposa y su esposo.

> *¡De esta manera, hacer el amor con tu esposo se convierte en algo sexy y santo! Creo que es uno de los mejores regalos que Dios nos ha podido dar para que disfrutemos como pareja.*

Las palabras tienen un inmenso poder. Lo que le dices a tu esposo en relación con tu vida íntima tiene el poder de despertar su imaginación y provocar intensas emociones. Y si se lo susurras sensualmente al oído, el efecto va a ser aún mayor. No me refiero a frases vulgares o indecentes; al contrario, te hablo de sugerencias dulces y apasionadas. Te hablo de abrir tu corazón y revelar detalles que nadie más en esta tierra debería conocer. Te hablo de sentirte lo suficientemente segura para revelarle tus más íntimos deseos.

> *Las palabras tienen un inmenso poder. Lo que le dices a tu esposo en relación con tu vida íntima tiene el poder de despertar su imaginación y provocar intensas emociones. Y si se lo susurras sensualmente al oído, el efecto va a ser aún mayor.*

Si lees nuevamente los versos que aparecen al inicio de este capítulo, tal vez notes algo interesante: ¿te diste cuenta de que justamente empiezan con la mujer, ¡sí, la mujer!, hablando sobre los deseos que su esposo despierta en ella? «¡Oh! ¡Si él me besara con besos de su boca! Porque mejores son sus amores que el vino...». «Hazme del todo tuya ¡date prisa! Llévame amado a tu alcoba». ¡Vaya! Ella habla directa y claramente de sus deseos y sensaciones, y de todo lo que le gustaría que él hiciera con ella cuando estén juntos en la quietud de su habitación. Y esas palabras sensuales no solo están confinadas a estos versos, sino que los que siguen son aún más candentes. Hablan del aroma de su piel, del aliento de su boca, de la sensación de sus caricias... ¡Y ni siquiera te menciono las analogías que usa él para describir a su esposa!

Algunas personas se admiran de que este tipo de lenguaje sensual y provocativo forme parte de un libro como la Biblia. Muchas de sus frases suenan como el diálogo que se podría encontrar en una de esas historias de fantasías románticas que tal vez te gustaría ver o leer, pero no te atreves a hacerlo porque sabes que podrían llevar tu imaginación a lugares equivocados, o por temor a que alguien te descubra. Sin embargo, me han dicho que algunas mujeres —no tú, estoy segura— esconden esas novelas rosa debajo de la almohada, o se quedan engatusadas ante una película que despierta esas sensaciones dormidas. Pero mi amiga, una vida llena de pasión y romance no tiene que ser algo que viva solamente en tu imaginación.

> Algunas personas se admiran de que este tipo de lenguaje sensual y provocativo forme parte de un libro como la Biblia. Muchas de sus frases suenan como el diálogo que se podría encontrar en una de esas historias de fantasías románticas.

Voy a ser cándida contigo. Pese a que ya pasaron más de veinte años desde que mi esposo y yo contrajimos matrimonio, todavía él me hace temblar de emoción y provoca sensaciones tan profundas como cuando estábamos recién casados. Y te aseguro que él también puede decir lo mismo sobre mí. No es que cada encuentro vaya a ser mágico; es más, quienes somos padres y tenemos todavía a nuestros hijos viviendo en casa sabemos que, algunas veces, solo va a ser eso: sexo. ¡Y a veces, rapidito! Y eso no tiene nada de malo. Pero otras, parecería que todo el éxtasis descrito en el Cantar de los Cantares y en las novelas de amor se plasma en el tiempo que pasamos juntos.

CAFÉ *poético*

Precisamente esa intimidad me inspiró a escribir el poema «Despíntame», que habla de los muchos matices, contrastes y colores que tenemos dibujados en el alma. Es uno de mis favoritos y voy a incluirlo casi al final de este libro, donde también te explicaré la razón por la que cada uno de los capítulos tiene el nombre de un color. Cuando te acerques a esa sección te invito a buscarlo y a leerlo dos veces. Primero, en relación con el tema del capítulo donde lo vas a encontrar. Y luego, hazlo una vez más. Pero esta vez con nuevos ojos, pensando en un encuentro de amor, como una flor que es poco a poco deshojada, hasta revelar su más íntima esencia y candor.

Pero ahora, te muestro otro poema. Para que lo leas de la manera en que intencionalmente lo escribí, te aclaro que al igual que el anterior, muchas palabras están escritas como se pronuncian en el estilo coloquial de varios países latinoamericanos, con acento en la penúltima sílaba; por ejemplo: «navegame», «sentime» o «explorame» (no «navégame», «siénteme» o «explórame»). Creo que eso lo hace más personal, porque así me nació del corazón. Se titula simplemente «Soy».

Soy

Yo soy tu mar... *navegame*
si soy tu aurora... *admirame*
si soy calma... *recibime*
si soy tu paz... *disfrutame*

si soy tu lluvia... sentime
si soy tu noche... soñame
si soy diamante... pulime
si soy tu selva... explorame

si soy tu joya... lucime
si soy bocado... probame
soy tu placer... repetime
soy aire... necesitame

soy tu palabra... imprimime
soy tu universo... observame
soy tu horizonte... exhibime
si soy tu espejo... mirame

si soy recuerdo... evocame
si soy capullo... regame
soy tu imposible... deseame
soy paisaje... contemplame

soy misterio... resolveme
si soy enigma... estudiame
si acertijo... desciframe
si soy secreto... guardame

si estoy vacía... llename
si estoy perdida... encontrame
si estoy sola... acompañame
si cansada... reposame

si soy tu ruta... seguime
soy tu estanque... desbordame
si soy tesoro... elegime
si soy piel... acariciame

soy tu brisa... percibime
soy tu sueño... imaginame
soy tu desierto... poblame
soy tu manjar... saboreame

soy castillo... construíme
soy batalla... conquistame
soy llanura... recorreme
soy tu silencio... escuchame

si soy tu fuente... bebeme
soy sendero... caminame
soy tu alegría... reíme
soy tu nostalgia... llorame

si soy realidad... vivime
si soy concepto... pensame
si soy presente... tomame
si soy futuro... esperame

soy tu ilusión... fantaseame
soy tu locura... admitime
soy tu cómplice... aceptame
soy tu niña... consentime

soy siempre tuya... amame.

Y tú, ¿cómo eres? ¿Eres ilusión, locura, manjar y deseo? ¿Eres esa fuente que ofrece agua fresca, esa llanura que invita a ser recorrida, esa piel que anhela ser tocada? Mi amiga, todos somos seres sexuales. Así nos ha creado Dios. ¡Después de todo, el sexo es su idea! Y al contrario de lo que algunos opinan, yo creo que no solamente fue diseñado con el objetivo de procrear, o como una «obligación matrimonial» que tenemos que cumplir a regañadientes.

Y tú, ¿cómo eres?
¿Eres ilusión, locura,
manjar y deseo?
¿Eres esa fuente que
ofrece agua fresca,
esa llanura que invita
a ser recorrida, esa
piel que anhela ser
tocada?

Al contrario.

Fue pensado para darnos la posibilidad de disfrutar de una comunión íntima, personal y profunda como ninguna otra cosa puede lograr entre un hombre y una mujer.

Fue diseñado para hacerte sentir amada, deseada, completa, liberada...

Fue creado para que sientas que eres una mujer apasionante.

Me gustaría ayudarte a descubrir que tú puedes ser todo lo que describo en el poema que acabas de leer, y aún más. De eso y más se trata este libro y esta experiencia que espero estés disfrutando, ya sea sola o con un grupo de amigas. De impulsarte a que te transformes en la mujer que siempre soñaste ser, y puedas convertirte en una mujer apasionante en todas las áreas de tu vida. ¿Y qué área está más relacionada con la pasión que el sexo?

No soy psicóloga ni sexóloga profesional, ni pretendo en este capítulo tocar todas las ramificaciones de este tema. No voy a hablarte de estadísticas, estudios, ni historias de éxito o fracaso. Quiero enfocarme en ti. En tus deseos, necesidades y anhelos. Si bien poseo entrenamiento profesional en consejería y he tenido la oportunidad de ayudar y asesorar a muchas personas, en esta ocasión te hablo simplemente como mujer y esposa. Tal vez alguno de mis próximos libros esté dedicado a explorar este tema en profundidad, y lo titule simplemente *Matrimonio apasionante*. ¿Te gusta la idea?

EL SEXO Y TU FELICIDAD

Si hablamos de sexo, romance y pasión, todas las mujeres tenemos diferentes conceptos y puntos de vista. Esto se debe principalmente a que cada una de nosotras tuvimos diferentes influencias, crianza, creencias y experiencias personales. Pero quisiera pedirte que prestes atención a tres puntos que considero importantes:

Primero, el concepto que tú tengas sobre el sexo está directamente relacionado con la manera en la que reaccionas al respecto.

Por ejemplo, si crees que es algo malo, sucio o indecente, vas a sentirte incómoda y evitar el tema a toda costa. Pero si piensas que es algo bueno y atractivo, no vas a tener ningún problema en hablar al respecto, hacer preguntas o conversar de tus experiencias de una forma respetuosa.

En segundo lugar, la manera en la que reaccionas está relacionada con cómo te comportas en esta área.

Por ejemplo, si te hace sentir incómoda, no vas a ser intencional en aprender más sobre este tema y vas a cerrar la puerta a cualquier discusión. No vas a invertir tiempo ni esfuerzo en ponerte más atractiva, ni en descubrir maneras de complacer a tu esposo. O peor aún, tal vez lo uses como un arma de negociación o castigo contra tu pareja. Por otra parte, si no tienes problemas en hablar al respecto, vas a sentirte con la libertad de dialogar abiertamente con tu esposo, tratar de verte más sexy para él, o explorar esas cositas que solo tú deberías saber que lo vuelven loco.

Y por último, la manera en la que te comportas está relacionada con tu felicidad y contentamiento dentro de tu relación de pareja. No los determina, pero sí influye.

Por ejemplo, si no inviertes tiempo ni esfuerzo en lucir bien para tu esposo, él podría estar menos atraído físicamente hacia ti, o ser más propenso a caer en tentaciones. Si no te interesa saber cómo complacerlo, si actúas como si el sexo solamente fuera tu obligación matrimonial, o haces que te ruegue para conseguirlo, podría dar como resultado que él no se sienta amado, deseado o, peor aún, que crea que no es bueno en la cama, lo cual está íntimamente ligado a su autoestima como hombre.[2]

Pero, por otra parte, si sientes la libertad de dialogar abiertamente con tu esposo y decirle claramente qué es lo que te gusta o no te gusta, vas a lograr que él perciba que sabe complacerte,

Si actúas como si el sexo solamente fuera tu obligación matrimonial, o haces que te ruegue para conseguirlo, podría dar como resultado que él no se sienta amado, deseado o, peor aún, creer que no es bueno en la cama.

y por ende, se sentirá mejor consigo mismo y se desempeñará mejor en otras áreas de su vida. Sin importar tu edad, vas a experimentar una conexión emocional más profunda, plena y apasionada, vas a estar más contenta y agradecida por tu esposo, vas a tener un matrimonio más feliz, y hasta —dicen los expertos— te vas a sentir y ver más joven.[3]

¿Te das cuenta de la importancia de tu actitud en relación con este vital tema?

Entonces, te resumo los tres puntos que te acabo de plantear para asegurarme de que se queden grabados en tu memoria. Pero esta vez, me gustaría que los leas y apliques de una manera personal, por eso los escribí en primera persona.

- El concepto que tengo sobre el sexo está directamente relacionado con la manera en la que reacciono al respecto.
- La manera en la que reacciono al respecto está directamente relacionada con mi comportamiento en esta área.
- Y la manera en la que me comporto en esta área está directamente relacionada con mi contentamiento y felicidad dentro de mi relación de pareja.

Todos sabemos que una relación matrimonial plena está salpicada de una apasionada, continua y profunda intimidad sexual entre esposo y esposa, en la cual ambos se sientan amados, deseados, respetados y satisfechos.

Para hacerlo más sencillo:

concepto •———————► comportamiento •———————► contentamiento

Fíjate que no estoy diciendo que esta es la única cosa importante en tu matrimonio; existen muchos otros elementos esenciales. Pero todos sabemos que una relación matrimonial plena
está salpicada de una apasionada, continua y profunda intimidad sexual entre esposo y esposa, en la cual ambos se sientan
amados, deseados, respetados y satisfechos. Tal vez no sea el
único elemento principal, pero te aseguro que es muy, muy
importante. ¡Y si lo dudas, pregúntaselo a tu esposo!

Honestamente...

Mi amiga, si este es un tema que te incomoda, pero reconoces que es importante y necesitas abordarlo, quiero pedirte que salgas de tu zona de comodidad y respondas a estas y a las otras preguntas que te planteo en este capítulo.

Si estás siguiendo este libro con un grupo de amigas, no voy a pedirte que compartas tus respuestas si no te resulta sencillo, pero si quieres hacerlo, te pido que lo hagas con respeto, y en una forma moderada y ordenada. Es bueno reír, sincerarse, preguntar y compartir, pero estoy segura de que sabes que se puede hablar cándidamente sin necesidad de ser vulgar o entrar en detalles.

Responde entonces sinceramente a estas preguntas:

1. ¿Cuál es tu concepto del sexo? Subraya las frases con las que estás de acuerdo y añade otras propias.

   Es algo sucio o peligroso.

   Es una «obligación matrimonial».

   Fue creado solo para tener hijos.

   Es un regalo de Dios.

   Es aburrido.

   Es divertido.

   Es un buen ejercicio.

   _____

   _____

   _____

   _____

   _____

2. ¿Por qué crees que tienes esos conceptos? ¿Qué situaciones, recuerdos o experiencias influyeron en tu opinión?

_____

_____

_____

_____

3. ¿Cómo te sientes cuando se menciona el tema del sexo?
Incómoda
Indiferente
Emocionada
Curiosa

_____

_____

_____

_____

Te invito a que leas más del Cantar de los Cantares, y poco a poco dejes que sus palabras te den la confianza para entender que el sexo es un regalo de Dios.

Esposa, amiga, amante

Creo que todo hombre necesita una esposa, una amiga y una amante. ¡No te alarmes! No me refiero a tres personas diferentes, sino a que esas son algunas de las cualidades que deberíamos tratar de demostrar para mantener una relación plena, feliz y equilibrada.

4. Me gustaría preguntarte entonces con cuáles palabras te referirías a ti misma en relación con tu esposo. Marca las que te describen mejor, y añade otras personales:

> *Creo que todo hombre necesita una esposa, una amiga y una amante.*

Esposa ■

Madre de sus hijos ■

Compañera ■

Amiga ■

Amante ■

Cocinera ■

Empleada ■

Lavandera ■

_____

_____

_____

_____

_____

_____

5. Ahora, marca las palabras que expresen cómo lo describirías a él:

Esposo ■

Padre de mis hijos ■

Proveedor ■

Protector ■

Amigo ■

Amante ■

Mecánico ■

Compañero de cuarto ■

Invitado a la cena ■

_____

_____

_____

_____

_____

Como viste, existen muchas maneras en las que podemos describirnos a nosotras mismas o a nuestros esposos en nuestra relación de pareja; algunas de ellas, cómicas, y otras, ciertas. Aunque tal vez no marcaste todas las palabras, creo que una gran cantidad de mujeres nos identificamos con la mayoría. Sabemos que somos esposas, amigas y compañeras, y si somos honestas, muchas veces nos hemos sentido simplemente como cocineras o empleadas domésticas. ¿Pero te diste cuenta de que rara vez nos describimos como «amantes»?

Tal vez no nos gusta referirnos a nosotras mismas de esa manera, porque esa palabra tiene una connotación negativa. Generalmente se asocia con «la otra»; con esa mujer que quiere usurpar el lugar de una esposa. Pero mi amiga, ¿qué mejor manera de mantener el fuego en tu relación, que describiéndote y actuando como la amante de tu esposo?

No estoy hablando de nada indecente, ni te estoy sugiriendo que actúes de un modo que vaya en contra de tus principios. Al contrario, sencillamente piensa en el significado mismo de la palabra: *amante* significa simplemente

> *Cuando te sugiero que te conviertas en la amante de tu esposo, hablo de ser una mujer afectuosa, sensible, tierna y apasionada.*

«que ama».[4] También busqué algunos sinónimos, y esto es lo que encontré: «amoroso, afectuoso, sensible, tierno, apasionado, galán, enamorado».[5] Entonces, cuando te sugiero que te conviertas en la amante de tu esposo, hablo de ser una mujer afectuosa, sensible, tierna y apasionada. ¡Existen tantas maneras en las que puedes hacerlo! Espéralo cada día con una sonrisa. Preocúpate por tu apariencia personal. O mejor aún, cómprate algún perfume nuevo y alguna ropa interior sexy, contrata a una niñera o deja a tus hijos con la suegra, y sorpréndelo con una cena romántica en casa... con postre incluido. Y cuando digo «postre», no me refiero al helado de chocolate.

Una situación común que tal vez también te afecta a ti es que no te sientes muy cómoda con tu apariencia o estás algo insegura de ti misma en esa área. Eso puede ocurrir por diferentes motivos, pero me parece que en gran parte se debe al constante bombardeo de imágenes que vemos en revistas, películas, novelas y diversos medios que muestran a esa «mujer ideal». Esa es, sin duda, un área relevante para toda mujer, y por eso le dediqué gran parte de un capítulo. De ese tema y otros relacionados voy a hablarte más en profundidad en el capítulo titulado «Amarillo». Pero por ahora, solo quiero que tomes en cuenta lo siguiente:

> *¡Tienes que actuar sexy para sentirte sexy! Debes aprender a sentirte contenta con el cuerpo que tienes, pero hacer lo posible por alcanzar el cuerpo que quieres.*

En primer lugar, no deberías compararte con nadie; tú eres única.

Y en segundo lugar, la mujer ideal no existe. Es simplemente eso: un ideal.

Mi amiga, ¡tienes que actuar sexy para sentirte sexy! Debes aprender a sentirte contenta con el cuerpo que tienes, pero hacer lo posible por alcanzar el cuerpo que quieres. Tal vez nunca seamos como esas modelos de pasarela, pero te aseguro que para tu esposo no hay nada mejor que verte, tocarte y recorrerte, y que tú lo hagas sentir que llena todas tus expectativas.

En mi caso, cuando pienso en mi esposo, el término *amante* siempre viene a mi mente, porque él es el único hombre en mi vida y mi intimidad. Espero que, cuando pienses en el tuyo, también esa sea tu realidad.

¡MANOS A LA *obra!*

1. Imagina que tu mejor amiga te pide que le des tres ideas para sorprender a su esposo de una manera romántica y apasionada. ¿Qué consejos le darías? Sé práctica, pero deja volar tu imaginación. ¡Y no hay necesidad de entrar en detalles acerca de lo que debería ocurrir después de la sorpresa inicial!

    1. _____

       _____

    2. _____

       _____

    3. _____

       _____

    Ahora, escoge y marca la idea o situación que más te gusta.

    Y por último, ¡decide ponerla en práctica en tu propia vida!

    ¿Te diste cuenta de que a veces es mucho más fácil ser creativos cuando se trata de otra persona? Entonces, si estos son consejos que diste con la mejor intención para tu mejor amiga, me imagino que van a ser también excelentes para ti. ¡Tienes una semana para hacerlo! Te aseguro que no te vas a arrepentir.

    Si estás leyendo este libro con un grupo de amigas, pueden intercambiar o sugerir algunas ideas. Y la próxima semana, si se animan, pueden hablar de los resultados.

¡NO TIRES LA TOALLA!

Al leer todo lo que presentamos hasta ahora en este capítulo, tal vez algunas personas estén pensando algo como: *Todo suena lindo y romántico, pero ¿qué pasa si mi relación con mi esposo no está donde debería? ¿Cómo puedo disfrutar de la intimidad cuando las cosas están tan frías que haría falta un incendio para calentarlas?*

No es que me guste el boxeo, pero hay veces en que algunas relaciones entre esposa y esposo se han convertido en una pelea peor que las que se llevan a cabo en un cuadrilátero. O por otra parte, la relación se torna fría e indiferente. Existe una expresión que precisamente nace de esa disciplina deportiva. Cuando un boxeador está al límite de su resistencia y parecería que no se encuentra en condiciones físicas de continuar, su entrenador tiene la opción de arrojar una toalla al aire, que debe caer dentro del cuadrilátero, como símbolo de rendición.

> *Todo suena lindo y romántico, pero ¿qué pasa si mi relación con mi esposo no está donde debería? ¿Cómo puedo disfrutar de la intimidad cuando las cosas están tan frías que haría falta un incendio para calentarlas?*

La película *Fireproof* o *A prueba de fuego* cuenta la historia de una pareja —un capitán de bomberos y una administradora de hospital— que después de varios años de matrimonio estaba precisamente a punto de tirar la toalla y terminar su relación. Cuando se encontraban al borde del divorcio, el esposo recibió un regalo especial de su padre, que le daría la esperanza de salvar su matrimonio. No voy a entrar en detalles, pero el corazón de esta película se centra en la increíble diferencia que puede lograr que alguien sea amable, atento, considerado y hasta cariñoso con su pareja aunque no se lo merezca, y muchas veces en contra de lo que la lógica o el sentido común le dijeran.

Además, lo que claramente demuestra es lo siguiente: tus sentimientos generalmente van a seguir a tus acciones. En otras palabras, la manera en la que decidas tratar a tu esposo va a influir en lo que sientas por él. Hace muchos años ese concepto se hizo realidad en mi vida, y llegué a la conclusión de que el amor no es solo un sentimiento; es una decisión.

Piensa en esto: el Señor nos dijo que deberíamos amarnos los unos a los otros, e inclusive amar a nuestros enemigos. Como es obvio, tú y yo sabemos que no es una reacción natural humana que sintamos sinceramente amor por aquellos que nos han hecho daño. Creo que eso demuestra que es una decisión, porque de otra manera me parece que no tendría sentido que se nos comande a sentir algo. Por supuesto que estoy convencida de que Dios puede darnos las fuerzas que necesitamos para orar por los que nos persiguen, bendecir a quienes nos maldicen, hacer bien a quienes nos aborrecen y orar por quienes nos ultrajan y persiguen,[6] pero la decisión de hacerlo es nuestra.

> *Tus sentimientos generalmente van a seguir a tus acciones. En otras palabras, la manera en la que tú decidas tratar a tu esposo va a influir en lo que sientas por él.*

Mi amiga, si tú también te sientes a veces a punto de «tirar la toalla» o crees que ya no sientes nada por tu esposo, no te des por vencida. Si tienes problemas que requieran consejo o ayuda, ¡pídela! Estoy segura de que en tu iglesia vas a encontrar el apoyo y la guía que necesitas; y si son problemas más complicados, existen centros profesionales de apoyo a la familia y organizaciones sin fines de lucro que pueden ayudarte. Pero si simplemente es que las cosas se enfriaron y la rutina tomó el control de tu vida, tú puedes decidir hacer algo para cambiar las circunstancias.

Retomemos el tema de la película. El protagonista principal es el actor Kirk Cameron, quien desde su juventud se convirtió en una de las figuras más reconocidas en Hollywood como parte del elenco de populares series y programas de televisión.[7] Tengo el gusto de conocerlo personalmente y de trabajar con él en varios proyectos. Además, desarrollé una buena amistad con varios miembros de una de las organizaciones que él apoya:

> *Si tú también te sientes a veces a punto de «tirar la toalla» o crees que ya no sientes nada por tu esposo, no te des por vencida.*

Living Waters, y su ministerio en español: Aguas Vivientes, cuya visión es inspirar y equipar a los cristianos para cumplir la Gran Comisión y enseñarlos a hablar de nuestra fe de una manera simple, efectiva y bíblica.[8]

Pese a su fama y éxito, te cuento que Kirk es una persona muy agradable y sencilla. Hace un tiempo estuvimos en California grabando juntos una serie de vídeos. Mientras descansábamos tomándonos un café, me contó justamente algunas experiencias relacionadas con la filmación de la película *Fireproof*. Si no la viste, te sugiero hacerlo y participar en las actividades y los grupos relacionados, que continúan transformando vidas con su desafío de amor. Este filme se convirtió en una de las películas cristianas independientes más taquilleras, recaudando más de treinta millones de dólares durante las primeras semanas de su estreno.[9]

Quiero pasarte un «chisme santo», es una de las interesantes anécdotas que Kirk me contó y que me llamó la atención. Si viste la película, recordarás que en la escena final, el personaje que él interpreta abraza a su esposa, y ambos sellan su reconciliación con un dulce y apasionado beso de amor. Pero lo interesante del caso es que cuando llegó el momento de filmar esta escena, la persona a la que Kirk le dio ese romántico beso no fue la actriz que interpretaba el papel de su mujer, ¡sino su propia esposa! Ellos están tan comprometidos con la fidelidad y la honra de su relación matrimonial, que les pidieron a los productores que su esposa en la vida real fuera quien filmara esa escena. Le tuvieron que poner una peluca para igualar el color del cabello con el de la actriz original, y si te das cuenta, mientras la besa, la cámara no la enfoca de frente para evitar mostrar que se trata de una persona diferente. Tal

Este tipo de historias demuestran la influencia del consejo sabio y que, con la ayuda de Dios, siempre hay esperanza.

vez lograron esconder su rostro para la audiencia, pero estoy segura de que, al grabar esta escena, a su esposa le resultó difícil esconder una sonrisa de satisfacción.

En conclusión, creo que situaciones como esta son un ejemplo perfecto de la honra y el respeto que debemos demostrar hacia nuestro cónyuge. Este tipo de historias demuestran la influencia del consejo sabio y que, con la ayuda de Dios, siempre hay esperanza aunque todo parezca perdido. Pero también nos enseñan que los sentimientos siguen a nuestras acciones. Y que está en nuestras manos salir al rescate del romance.

AL RESCATE DEL ROMANCE

Una amiga me contaba que la música fue siempre parte importante de la relación que tiene con su esposo. Durante la etapa de su noviazgo, su canción favorita era «El día que me quieras». En los primeros años de casados, «Bésame mucho». Mientras esperaba que él regresara del trabajo, cantaba «Reloj no marques las horas». Pero ahora, me dijo que a veces le dan ganas de cantarle esa canción titulada «Rata de dos patas». Estoy segura de que estaba bromeando, ¡por lo menos eso espero!

Mi amiga, como bien sabes los años pasan, las cosas cambian, la rutina llega y a veces la chispa se apaga, pero es importante mantener ese ambiente de amor y respeto en nuestro hogar. Al igual que en la película que te mencioné, depende de ti reavivar esa llama de amor y romance. ¡No siempre esperes que lo haga tu esposo! Ya hablamos antes de algunas ideas que espero pongas en práctica. Déjale notitas, recuerda qué hacían antes para divertirse, pide que alguien te cuide a los niños y sorpréndelo con una velada romántica...

> *Los años pasan, las cosas cambian, la rutina llega y a veces la chispa se apaga, pero es importante mantener ese ambiente de amor y respeto en nuestro hogar.*

hay infinidad de cosas que no cuestan tanto pero valen mucho, y que pueden poco a poco reavivar el fuego.

Me contaron la historia de una mujer que acompañó a su marido al hospital porque él no se sentía bien. Después de la consulta, el doctor pidió hablar con ella por separado:

«Señora», le dijo, en un tono muy serio, «su esposo tiene un problema cardiaco combinado con un estrés tremendo. Las cosas tienen que cambiar radicalmente para él en la casa.

»Esta es la lista de las cosas que usted debe hacer todos los días sin falta:

»Prepárele un desayuno, almuerzo y cena completos y saludables.

»Sea siempre amable y asegúrese de que esté de buen humor.

»No lo agobie con tareas ni le pida ayuda en las labores de la casa.

»No discuta con él ni se queje por sus problemas.

»Anímelo a que vea deportes en la televisión.

»No lo regañe cuando salga con sus amigos.

»Intente que se relaje por las noches dándole un masaje... lo que ocurra después, se lo dejo a usted.

»Si puede hacer esto todos los días durante los próximos doce meses», concluyó el doctor, «estoy seguro de que su esposo recuperará su salud completamente. De lo contrario, podría tener un serio ataque al corazón en menos de un mes».

Más tarde, de camino a casa, el marido le preguntó a su mujer:

—Y... ¿qué te dijo el médico?

Ella le contestó:

—Ay mi amor, no sé cómo decirte esto, ¡pero parece que en un mes te vas a morir!

Por si no te diste cuenta ese fue solo un chiste, pero por favor, ¡no seas como esta mujer! Es importarte hacer lo posible por el bien de la otra persona. No me refiero a que sigas las instrucciones que le dio el doctor al pie de la letra y permitas que tu esposo sea un zángano, porque creo que ambas partes deberían compartir las responsabilidades del hogar en un matrimonio. Pero son ese tipo de detalles los que van a avivar el fuego en tu relación y ayudarte a salir al rescate del romance, especialmente si le das ese masaje en la noche usando un atuendo sexy y tu perfume favorito. Y como dijo el doctor: lo que ocurra después, te lo dejo a ti. Date permiso para ser romántica, peligrosa, apasionada... ¡pero también dale permiso a él!

> *Son ese tipo de detalles los que van a avivar el fuego en tu relación y ayudarte a salir al rescate del romance.*

CAFÉ *poético*

Una de estas noches podrías poner en práctica alguna de las sugerencias que leíste a lo largo de este capítulo. Ten todo preparado, y léele este poema a tu esposo.

Y después, apaga la luz.

Te doy permiso

Te doy permiso a pensarme, a dibujarme en tu mente,
a construir fantasías, a imaginar libremente.
Te doy permiso a soñarme en tus noches de añoranza,
a desear que esté contigo, a desdeñar la distancia.

Te doy permiso a escribirme, a revelar tus nostalgias
a compartir tus secretos, a germinar esperanzas.
Te doy permiso a extrañarme, a verme en las azucenas,
a escucharme en una copla, a leerme en un poema.

Te doy permiso a mirarme, ver mis ojos penetrantes,
a descubrirme en silencio, a contemplarme anhelante.
Te doy permiso a quererme, dar rienda suelta a tus ansias,
a revelar tus instintos, a olvidar las circunstancias.

Te doy permiso a tocarme, a tomarme de la mano,
a acariciarme en secreto, a sentir que eres humano.
Te doy permiso a rozarme suavemente con tus labios,
a quemarme con un beso que se nos quede impregnado.

De verdad, te doy permiso. Te doy permiso a pensarme,
a mirarme con ternura, a escribirme y a soñarme,
a rozarme dulcemente, a quererme y a extrañarme...
A lo que no te doy permiso es que puedas olvidarme.

¡SOLTERITA Y SIN APURO!

Todo lo que hablamos está muy romántico y provocativo, y como dije al inicio de este capítulo, destinado principalmente a las mujeres que están dentro de una relación matrimonial. Pero no quisiera concluir sin dirigirme brevemente a aquellas mujeres que no están casadas. No me refiero en esta ocasión a las mamás que no tienen un esposo; si ese es tu caso, tengo una sección completa para ti en el capítulo titulado «Anaranjado». Me refiero principalmente a aquellas mujeres que no son madres y que nunca se casaron.

Mi amiga, si eres soltera, quiero alentarte a que aprendas a disfrutar tu soltería.

En algunos sectores de nuestra cultura latina se supone que una mujer tiene que estar casada —y a veces desde muy joven— para poder ser feliz o sentirse realizada. Pero en muchas ocasiones no hay nada más alejado de la realidad. ¡Así que no le hagas caso a los estereotipos! Si estás soltera, sin importar tu edad, no te apresures por casarte, a no ser que estés segura de que es lo mejor para ti, y no solamente porque crees que «se te va a ir el tren». Y no dejes que te moleste que alguien te describa como «solterona»; gente así no sabe lo que dice. Aprende a definirte a ti misma como «solterita y sin apuro».

> *En algunos sectores de nuestra cultura latina se supone que una mujer tiene que estar casada —y a veces desde muy joven— para poder ser feliz o sentirse realizada. Pero en muchas ocasiones no hay nada más alejado de la realidad.*

Quisiera que leyeras unos versos selectos de la primera carta de Pablo a los corintios, de una de las traducciones al lenguaje actual. Me parece que hablan muy claramente al respecto:

Para los solteros y las solteras, no tengo ninguna orden del Señor Jesucristo. Sólo les doy mi opinión, y pueden confiar en mí, gracias al amor con que Dios me ha tratado. Me parece que los que están casados no deben separarse, y que si están solteros no deben casarse. Estamos viviendo momentos difíciles. Por eso creo que es mejor que cada uno se quede como está. Sin embargo, quien se casa no comete ningún pecado. Y si una mujer soltera se casa, tampoco peca. Pero los casados van a tener problemas, y me gustaría evitárselos [...]

Yo quisiera no verlos preocupados. Los solteros se preocupan de las cosas de Dios y de cómo agradarle [...] las casadas, lo mismo que las jóvenes comprometidas, se preocupan por las cosas de este mundo y por agradar a su propio esposo. Por eso tienen que pensar en distintas cosas a la vez.

No les digo todo esto para complicarles la vida, sino para ayudarlos a vivir correctamente y para que amen a Dios por encima de todo.[10]

Mi amiga, piensa que, como mujer sola, tienes muchas ventajas que nosotras las casadas no podemos disfrutar y que probablemente nos gustaría tener de vez en cuando. Por ejemplo, tú puedes tomar decisiones sin consultar a nadie, o sin la aprobación de otra persona. No me refiero a que no deberías pedir el consejo o la opinión de amigos o personas de confianza, pero al final de cuentas, la decisión es tuya. Tienes la libertad de elegir y decidir en todos los aspectos de tu vida, ya sean cosas relativamente sencillas, como a cuál restaurante vas a ir a comer esta noche, o de qué color vas a teñirte el cabello. Así como en cosas más importantes, ya sea en qué vas a invertir tu dinero, qué modelo de automóvil quieres comprar, o si vas a dedicar tus vacaciones para irte en algún viaje misionero. O hasta cosas tan trascendentales como darle un cambio radical a tu vida, conseguir un nuevo trabajo, o mudarte a algún otro lugar. Y mejor aún: ¡no tienes que lidiar con ninguna suegra!

Yo conozco personalmente a varias mujeres bellas e inteligentes que son solteras y felices. Por ejemplo, viene a mi mente una buena amiga y colega, con preciosos ojos verdes y una belleza tanto exterior como interior y cuyo nombre no menciono por razones obvias, pero a quien aprecio y admiro por su excelencia en todo lo que

> *Piensa que, como mujer sola, tienes muchas ventajas que nosotras las casadas no podemos disfrutar y que probablemente nos gustaría tener de vez en cuando.*

hace, por su eterno optimismo y su manera de ver la vida. No es que mujeres como ella no estén abiertas a la posibilidad de una relación y a tener una familia en un futuro, pero han llegado a la conclusión de que, si por cualquier motivo esto no ocurre y tienen que pasar el resto de su vida sin estar casadas, van a ser intencionales en la forma en la que viven, servir de influencia para otros y verter su corazón en causas que valgan la pena. Y sobre todo, aprendieron a rodearse de buenos amigos y a decidir que tal vez estén solas, pero que nunca van a sentirse solitarias.

UN INSTANTE DE PASIÓN

Ahora quisiera hablarte de algo un poco más delicado, y aunque no voy a entrar en profundidad en este tema, me imagino que estás de acuerdo conmigo en que ser soltera y vivir de acuerdo con tus principios morales cada vez es más difícil.

El estándar con el que se aborda el asunto del sexo y las relaciones de pareja varía grandemente entre culturas y generaciones, y a veces parecería normal no ejercer control si es que nos arrebata un instante de pasión. En este «mundo moderno» se considera común y corriente irse a la cama con cualquier persona que nos parezca atractiva, sin ningún compromiso previo o posterior, o a veces hasta sin conocer su nombre. Es innegable que esta situación no es nueva y que se ha presentado en varias culturas y generaciones, pero ahora esta forma de vida es celebrada y difundida a través de incontables películas, series, novelas, canciones y producciones en los medios masivos de comunicación.

El estándar con el que se aborda el asunto del sexo y las relaciones de pareja varía grandemente entre culturas y generaciones, y a veces parecería normal no ejercer control si es que nos arrebata un instante de pasión.

También es común la práctica ya ampliamente aceptada de que una mujer se vaya a vivir con el novio antes de casarse y sin establecer ningún compromiso, sin tomar en cuenta todas las consecuencias negativas que esto podría causar, especialmente si hay hijos en la mezcla. Y si alguien no está de acuerdo con esta y otras prácticas, se le tilda de «anticuado».

Por otra parte, y especialmente en nuestra cultura latina, es tradicional tener un doble estándar entre los hombres y las mujeres. En algunos lados es común escuchar frases como: «Cuiden a sus gallinas, porque mi gallito anda suelto», como si fuera un motivo de orgullo perpetuar el falso concepto de que para ser «hombrecito» un varón debería tener muchas mujeres al mismo tiempo, o que tiene que andar siempre al acecho buscando a alguien que caiga ante sus encantos. Y me asombra e indigna comprobar que muchas veces no son solamente los padres, sino las propias madres, quienes condonan y promueven este tipo de actitudes.

Especialmente en nuestra cultura latina, es tradicional tener un doble estándar entre los hombres y las mujeres. En algunos lados es común escuchar frases como: «Cuiden a sus gallinas, porque mi gallito anda suelto», como si fuera un motivo de orgullo.

De manera opuesta, se espera que las mujeres sean inocentes, castas y puras, y que no muestren ni el tobillo, porque de lo contrario son acusadas de ser unas chicas fáciles. Esta parece ser una situación que data desde tiempo inmemorial; ya lo decía Sor Juana Inés de la Cruz —una de las figuras literarias más importantes de México y América Latina— en uno de sus más conocidos versos que datan del siglo diecisiete. Aquí te muestro algunas estrofas selectas:

> *Se espera que las mujeres sean inocentes, castas y puras, y que no muestren ni el tobillo, porque de lo contrario son acusadas de ser unas chicas fáciles.*

> *Hombres necios que acusáis*
> *a la mujer sin razón,*
> *sin ver que sois la ocasión*
> *de lo mismo que culpáis.*

> *Si con ansia sin igual*
> *solicitáis su desdén,*
> *¿por qué queréis que obren bien*
> *si las incitáis al mal? [...]*

> *Opinión ninguna gana,*
> *pues la que más se recata,*
> *si no os admite, es ingrata*
> *y si os admite, es liviana.*[11]

Aunque datan de hace más de trescientos años, parecería que estos versos fueron escritos ayer, ¿no te parece? Esta situación continúa siendo perpetuada por costumbre o ignorancia. Creo que esta es una de las razones por la que muchas mujeres piensan que es normal ser usadas y desechadas, y simplemente intentan llenar con cualquier relación el vacío que sienten, sin importar abusos o infidelidades. O tratan de suplir su necesidad de amor entregándose a quien les haga sentir deseadas, aun sabiendo que después van a ser reemplazadas por un modelo mejor.

> *Tú eres preciosa a los ojos de Dios. ¡No regales aquello que debería pertenecer solamente a una persona! Y si cometiste un error, o muchos, recuerda que Dios perdona, sana, restaura y puede darte una esperanza y un futuro.*

Mi amiga querida, tú eres preciosa a los ojos de Dios. ¡No regales aquello que debería pertenecer solamente a una persona! Y si cometiste un error, o muchos, recuerda que Dios perdona, sana, restaura, y puede darte una esperanza y un futuro. Nunca es tarde para volver a empezar.

Tu integridad vale mucho más que un instante de pasión.

No planeo poner preguntas interactivas en esta sección, porque me parece que este es un tema muy íntimo y delicado. Pero si necesitas abrir tu corazón, estoy segura de que en tu iglesia o comunidad de fe es posible encontrar amigas de verdad, el consejo sabio de tus pastores, y por sobre todo, la sabiduría y el perdón que solo pueden provenir del Señor. Él te ama con amor eterno, y tiene el poder de restaurar tu corazón.

PASIONES DESORDENADAS

Sin embargo, no todas las mujeres son inocentes palomitas. Algunas de ellas, después de ser lastimadas, actúan por despecho y tratan de devolver el daño recibido, pagando a sus parejas con infidelidades, abuso y abandono, o utilizando el sexo o inclusive a sus propios hijos como un arma de batalla. Del mismo modo, muchas otras decidieron dejar de ser presa para convertirse en cazador.

> *Tu integridad vale mucho más que un instante de pasión.*

El color rojo, que es el título de este capítulo, también es una señal de peligro. Guiada por sus pasiones desordenadas, la mujer de la siguiente historia, no lo vio.

Era una tarde como cualquier otra. José estaba ocupándose de sus responsabilidades en la opulenta casa donde trabajaba. Desde que había sido contratado se había esforzado por demostrar que era un joven talentoso y responsable, hasta lograr que el dueño de la casa se diera cuenta de su potencial y lo convirtiera en su asistente personal.

José trataba de hacerlo todo con excelencia: se encargaba de los otros empleados, se aseguraba de que la cena fuera preparada a tiempo, que los jardines estuvieran atendidos y que la casa se mantuviera siempre limpia y en orden. Trataba a cada uno con respeto, y todos estaban contentos con él. También manejaba las cuentas de la casa, y lo hacía con tanto cuidado que nunca había faltado un centavo. Se ganó de tal manera la confianza de su patrón que tenía acceso a cualquier cosa que quería; era como si todo también le perteneciera a él.

No obstante, había algo que claramente no le pertenecía: la esposa del dueño. Una dama algo más joven que su esposo, todavía atractiva, rica y solitaria... muy solitaria. Su marido viajaba constantemente por negocios, y aunque ella hubiera podido tener todo lo que el dinero podía comprar, fijó sus ojos en el joven administrador de los bienes de su casa. ¡Es que José era muy guapo! Alto, fornido, con una sonrisa magnética, siempre respetuoso y servicial.

Y ella estaba sola.

Y hastiada.

Y aburrida.

Es cierto que el dinero no compra la felicidad.

«¿Qué puedo hacer para que se fije en mí?», se preguntaba día tras día. Nada parecía producir resultados. Vestidos seductores, cautivantes perfumes, un nuevo estilo de peinado... nada. Los ojos de José jamás se posaban en ella de manera irrespetuosa.

Él era un hombre con integridad.

Hasta que un día, los deseos de la mujer pudieron más que su razón. Lo calculó todo muy bien: se aseguró de que el resto de los empleados estuviera fuera de casa, se puso uno de sus vestidos más tentadores, bebió una copa de vino para darse valor y se acercó al muchacho. La propuesta que le dijo al oído no puede ser repetida en voz alta.

> *Bebió una copa de vino para darse valor y se acercó al muchacho. La propuesta que le dijo al oído no puede ser repetida en voz alta.*

José dio un paso atrás. La miró a los ojos y con una madurez poco típica de su edad, le respondió: «Señora, su esposo ha confiado en mis manos absolutamente todo en esta casa. No hay nadie que tenga más autoridad que yo ni hay nada que él me haya prohibido, con excepción de usted, que es su esposa. ¿Cómo podría hacer algo semejante? Sería un traidor ante su esposo, y un pecador ante Dios».

Ella no tomó un no por respuesta. Embriagada por su pasión desordenada más que por el vino, se aferró a la ropa de José e intentó una vez más seducirlo. El joven trató de escapar y, mientras se liberaba de su abrazo, ella se quedó con su camisa en las manos.

José salió huyendo de la habitación. Había sido rechazada.

Inmediatamente una tormenta de emociones se agolpó en su confundida mente. «¿Quién se cree ese pobre diablo para decirme que no? ¿No se habrá dado cuenta de que conmigo no se juega?».

> *En esta vida, muchas veces hay que estar dispuesto a pagar las consecuencias por actuar con integridad.*

José habría de comprobar muy pronto en carne propia de lo que una mujer despechada podría ser capaz.

Un grito desgarrador se oyó proviniendo del interior de la casa: «¡Socorro! ¡Que alguien me ayude! ¡Fui atacada!». Los empleados corrieron alarmados a la habitación. Allí encontraron a la mujer llorando desconsoladamente, aferrada a la camisa de José.

Nadie dudó de la veracidad de sus palabras. La acusación fue creída; el juicio, rápido; la sentencia, severa. José se vio pronto entre las cuatro paredes de una celda.

Aunque esta historia parece sacada de una telenovela, tal vez ya te diste cuenta de que este caso no es el producto de la creatividad de algún escritor moderno. No ocurrió recientemente, sino hace cientos de años, en Egipto, y forma parte de los anales de la historia del pueblo hebreo. Aunque dejé volar mi imaginación mientras la relataba, el fundamento no cambia: en esta vida, muchas veces hay que estar dispuesto a pagar las consecuencias por actuar con integridad.

Una conciencia limpia no tiene precio.

Si continúas leyendo la historia original —que puede ser encontrada en la Biblia, en el capítulo 39 de Génesis— verás que todas las desventuras de José tenían un propósito. Sirvieron para probarlo, formar su carácter, y al final pusieron en marcha las circunstancias perfectas para ayudar a su familia, su pueblo y toda una nación.

> *Una conciencia limpia no tiene precio.*

Al igual que José, todos nos vemos confrontados por tentaciones, y la mayoría de las veces son mucho más sutiles que la esposa del mercader.

Ya sea que estés casada o soltera, te repito lo que dije: recuerda que tu integridad vale más que un instante de pasión.

CAFÉ *poético*

Para concluir, encontremos un remanso. ¡No un «re-menso»! A esos no hay que encontrarlos, porque llegan solos. Me refiero a una pausa en nuestro día, evocando tal vez algún área tranquila donde quien se acerca pueda reposar. Voy a hablarte más al respecto en la conclusión de este libro, pero por ahora, quiero invitarte a leer este poema. Y si estás casada, espero que puedas ofrecerle ese descanso a aquel hombre que Dios te regaló.

Remanso

*Con la alforja repleta de retazos de estrellas
de paisajes errantes, del polvo del camino,
con batallas peleadas y dejando su huella
transita el caminante buscando su destino.*

*Mas a veces el tramo se presenta yaciente
la aridez del sendero repercute en el alma
hace falta un remanso que renueve la mente
que refresque el aliento, que restaure la calma.*

*Descansa en mi remanso, absorbe su perfume
empápate en la esencia que ofrece su solaz
aférrate a este instante, no dejes que se esfume
degusta su dulzura, imprégnate de paz.*

*Olvídate del mundo, refúgiate en mis ojos
aunque sea un momento, sublima tu verdad*

confiésame tus cuitas, descarga tus enojos
dale alas a tus sueños, siembra tu libertad.

Reposa en mi ribera, bebe luz a tu antojo
escucha tu silencio, renueva tu pasión
deshoja tus recuerdos, deshecha los rastrojos
despinta frustraciones, cosecha tu ilusión.

Disfruta este remanso que el corazón esmalta
sumérgete en mi orilla, inúndate de mí...
solo pido que el día en que a mí me haga falta
pueda en tu amor hallarlo y refugiarme en ti.

«¡Qué difícil es hallar una esposa extraordinaria! ¡Hallarla es como encontrar una joya muy valiosa! [...] El corazón de su marido está en ella complacido».[12]

MIS *notas* Y *pensamientos...*

CAPÍTULO 4
Anaranjado

P<small>OCAS COSAS SON MÁS REFRESCANTES QUE EL JUGO DE UNA NARANJA RECIÉN</small> exprimida. No solo es la compañía perfecta para una cálida tarde de verano, sino también para quienes somos mamás y siempre estamos tratando de que nuestros hijos crezcan saludables y se alimenten apropiadamente. Como algunas veces no lo logramos, creo que es bueno tratar de complementar la dieta con alimentos naturales, y un rico jugo, o zumo, de fruta es siempre una buena opción. Justamente hoy me encuentro trabajando desde casa, disfrutando de un precioso día sentada en una cómoda silla en mi jardín mientras escribo este capítulo, y tomándome un juguito.

Hablando de naranjas, al escribir este capítulo me vino a la memoria una de las primeras canciones que aprendí a tocar en charango y guitarra cuando era muy pequeña, y que precisamente se titulaba «Naranjita». Para quienes no lo conozcan, el charango es un instrumento de cuerda, típico del folclore de varios países sudamericanos, entre ellos el mío. Su sonido peculiar y agudo caracteriza principalmente las canciones de las áreas andinas, pero ha sido utilizado en muchos otros géneros musicales.[1] Todavía guardo en casa el primer charango que me regalaron de niña, construido como lo hacían tradicionalmente, del caparazón de un armadillo, y aunque estoy un poco fuera de práctica, aún puedo arrancarle algunas melodías.

Me acabo de dar cuenta de que este último párrafo demuestra cómo funciona a veces el cerebro de una mujer. ¡En ocasiones somos expertas en salirnos del tema y asociarlo con otros similares! Eso sin duda vuelve locas a algunas personas, especialmente a los hombres, que siempre quieren ir al punto. Pero como estamos entre amigas, espero que no te moleste.

Entonces, volvamos al tema. El color anaranjado, o naranja, combina la pasión y energía del rojo con la alegría y el optimismo que inspira el amarillo. Nos recuerda la frescura de una fruta en verano, y un atardecer de primavera. Es un color dulce, fresco y natural; transmite entusiasmo, ánimo, creatividad y energía, palabras que muchos asocian con la alegría de los niños y una familia vibrante. Y, por ende, con el milagro de ser mamá.

Y de eso y más vamos a hablar en este capítulo.

Mi amiga, antes de continuar, si tú no tienes hijos, quiero pedirte que no dejes de leer este capítulo; tengo algo especialmente para ti entre sus párrafos, y estoy segura de que va a hablarte al corazón.

Me gustaría ahora invitarte a leer una divertida carta de una madre a sus hijos que alguien me enseñó y que ha estado circulando desde hace varios años. Existen muchas versiones de esta; yo traté de buscar al autor original, pero no pude encontrarlo. Es una de esas cartas de dominio público que poco a poco van recibiendo aportes y cambios de quienes la reciben, así que me tomé la libertad de modificar, quitar y añadir algunas cosas. Cuando la leo en algunas de mis conferencias para damas, todas ríen, aplauden y asienten con la cabeza, muchas me piden una copia, y quienes somos mamás nos sentimos identificadas. ¡Espero que tú también la disfrutes!

> *Es un color dulce, fresco y natural; transmite entusiasmo, ánimo, creatividad y energía, palabras que muchos asocian con la alegría de los niños y una familia vibrante. Y, por ende, con el milagro de ser mamá.*

MAMÁS EN LA VIDA REAL

Cuando en los comerciales de la televisión se habla de las mamás, generalmente se muestran mujeres sonrientes y cariñosas, sin una pizca de cansancio, espléndidamente maquilladas, con niños que nunca lloran, esposos que parecen galanes de telenovela, casas perfectamente organizadas y una familia perfecta.

¡Pero sabemos que la realidad es muy diferente!

La verdad es que las mamás no siempre somos esas abnegadas amantes del sacrifico y valientes guerreras que todo lo pueden.

Las mamás lloramos abrazadas a la almohada cuando nadie nos ve, pedimos la epidural en el parto y a veces maldecimos en siete idiomas cuando tenemos que levantarnos de la cama y salir a las dos de la mañana para recoger a alguno de ustedes de un *pijama party* que no le gustó.

Cuando les decimos que no se peleen con ese compañerito que les dice «fea», «enano» o «cuatro ojos», y les damos toda clase de explicaciones conciliatorias, en realidad querríamos tener el cogote del pequeño verdugo entre nuestras manos. Y también quisiéramos decirle un par de cosas a la maestra de matemáticas cuando les hace sentir mal o les baja la nota porque no saben cuál es la raíz cuadrada de cincuenta y siete que, al final, ¿a quién le importa? Pero no podemos confesarles a ustedes esas y otras cosas que pasan por nuestra mente.

No es que nos encante pasarnos horas en la cocina cortando, pelando, mezclando y preparando, tratando de que el pescado no tenga gusto a pescado, que las frutas no tengan semillas, o disimulando las verduras en toda clase de salsas, en lugar de poner algo rápido en el microondas. Es que queremos que sean saludables y crezcan como se debe.

No es que nos preocupe realmente que se pongan o no una chamarra, o que tengan las manos limpias antes de comer. Es que no queremos que se enfermen.

No es que seamos malas cuando no les damos permiso para salir hasta tarde, o ver ciertas películas, o asociarse con algunas personas. Es que no queremos que tengan malas influencias o estén en peligro.

Porque ser mamá no tiene que ver solo con embarazos, pañales y sonrisas de comerciales. Tiene que ver con querer a alguien más que a una misma. Con ser capaz de cualquier sacrificio por ustedes. Con dejar que el corazón se llene con esas pequeñas grandes cosas.

Ustedes nos hacen felices cuando les encanta nuestra comida, cuando nos consideran inteligentes por contestar todas las preguntas de los concursos de la tele, cuando vienen llorando a gritos porque se rasparon la rodilla y nos dan la posibilidad de ofrecerles consuelo y curitas, y cuando recién levantadas nos dicen: «Qué linda estás, mamá».

Ustedes nos hacen mejores. Nos dan ganas y fuerzas para seguir adelante. Después de un día difícil o de llorar de frustración, nos lavamos la cara y salimos del baño con una sonrisa de oreja a oreja para hacerles saber que, después de todo, la vida es buena.

Por ustedes cantamos las canciones de CriCri, escuchamos a Justin Bieber, vemos a Barney, les hablamos del Chavo del Ocho, y repasamos quinientas veces la tabla del seis. Y lavamos, planchamos, cocinamos, limpiamos y recogemos. Y nos arreglamos para llevarlos al fútbol, a clases de piano o guitarra, al partido de básquet, al dentista, a la casa de la amiga, a la iglesia, al pediatra y a conseguir zapatos nuevos, puesto que los que compramos hace un mes ya no les quedan bien porque ustedes no paran de crecer.

> *Ser mamá no tiene que ver solo con embarazos, pañales y sonrisas de comerciales. Tiene que ver con querer a alguien más que a una misma. Con ser capaz de cualquier sacrificio por ustedes. Con dejar que el corazón se llene con esas pequeñas grandes cosas.*

Y armamos veinticuatro bolsitas con anillitos y pulseritas, inflamos globos y tratamos de que el pastel de cumpleaños parezca un robot o una princesa. Y negociamos con los acreedores, y nos buscamos otro trabajo y sacamos créditos, y nos compramos libros para ser mejores mamás, y nos reunimos con los maestros, y recortamos figuritas y estudiamos junto a ustedes ríos, lagos, presidentes, capitales de los países... y nos ponemos lindas, y nos enojamos, y nos reímos, y nos salimos de quicio, y nos convertimos en la mala o en la princesa de todos los cuentos, para cuidarlos, criarlos, protegerlos, educarlos, formarlos, enseñarles, dirigirles... Y especialmente, para verlos felices.

Después de un día difícil o de llorar de frustración, nos lavamos la cara y salimos del baño con una sonrisa de oreja a oreja para hacerles saber que, después de todo, la vida es buena.

Verlos felices es lo que nos hace felices.

Ojala pudiéramos arreglar el mundo para que fuera un lugar mejor para ustedes.

Gracias por esas tonteritas y manualidades que hacen en el colegio con corchitos y escarbadientes, que casi nunca entiendo para qué sirven, pero guardo religiosamente y llenan todos mis cajones.

Gracias por los abrazos, los besos, las lágrimas, los dolores, los dientes de leche, las cartitas, los dibujos en el refrigerador, tantas noches sin dormir, los boletines, las plantas rotas del jardín por jugar a la pelota, el maquillaje arruinado por ser usado para jugar a la mamá, las fotos de la primaria, los trofeos ganados, los partidos perdidos, el osito de peluche que todavía guardan bajo la cama y que esconden cuando nos visitan los amigos,

Ustedes son mis mejores trofeos. Mis más preciadas medallas. Gracias porque me aman. Y ese es el amor que me hace grande. Lo demás... ¡lo demás es puro marketing!

los pijamas de superhéroe que ya les quedan chicos, y cada beso y abrazo que no cambiaría por todo el oro del mundo...

Ustedes son mis mejores trofeos. Mis más preciadas medallas.

Gracias porque me aman. Y ese es el amor que me hace grande.

Lo demás... ¡lo demás es puro *marketing*!

CAMINA, CORRE, VUELA

Mi querida amiga, si te sientes identificada con las cosas que se mencionan en la carta anterior, ¡bienvenida al club! Pero pese a todas las labores, trabajos, tareas e incontables responsabilidades que conlleva ser mamá, recuerda que el tiempo no se detiene, y que nuestros hijos crecen más rápido de lo que esperamos. Justamente, hace ya más de una década escribí unas líneas mientras veía a mis hijos disfrutar inocentemente de la vida. No lo considero un poema —tal vez algún día lo reescriba y lo convierta en uno— pero creo que expresa lo que casi toda madre ha pensado alguna vez.

Esto es lo que encontré entre mis notas:

Te veo jugar, con la inocencia de tu edad,
ningún temor ni ansiedad nublando tu andar.
Te veo crecer, los años pasan y empiezo a comprender
que algún día te tendré que decir: «Tu tiempo ya llegó».

Vuela...
¡Camina, corre y vuela!
Atrás quedó la escuela, los juguetes y acuarelas,
el osito de peluche y los pijamas de algodón.

Vuela...
¡Camina, corre y vuela!

Remonta tras tus sueños, tus proyectos, tus deseos,
alcanzando tus anhelos y viviendo tu pasión.

Pero nunca se te olvide darle gracias al Señor.

Dependiendo de tu edad, tal vez tú también puedas evocar con una sonrisa las anécdotas y situaciones que forman parte de ver a tus hijos crecer, como sus primeras palabras, los primeros pasitos o el primer día de escuela. O si eres más joven, quizás estés pasando precisamente por esa etapa. Si es así, trata de saborear cada momento. Para un niño, un tiempo de calidad significa también cantidad.

No obstante, por favor, no quiero que te sientas culpable si debido a tus circunstancias o situación personal te es imposible dejar tu trabajo o dedicarles más tiempo; si ese es tu caso, aprovecha al máximo esos pequeños momentos con ellos y agradece a Dios que formas parte de su vida. Pero si tienes las posibilidades y estás en una disyuntiva, quisiera evitar que te sientas culpable por no haber aprovechado de una mejor manera esa breve ventanita de tiempo que nos da la vida para formar parte diaria de las experiencias de nuestros hijos. Es esencial que examines tus prioridades y tomes decisiones según tus principios, valores y convicciones.

Algún día, que llega mucho más rápido de lo que muchas quisiéramos, todas las que somos madres tendremos que decirles a nuestros hijos: «Camina, corre y vuela», e impulsarlos a descubrir su propia aventura en la vida. En mi caso, me es difícil creer que han pasado más de diez años desde que escribí esas líneas viendo a mis niños jugar. En lo que parece un abrir y cerrar de ojos, mi hijo Brandon ya está

Algún día, que llega mucho más rápido de lo que muchas quisiéramos, todas las que somos madres tendremos que decirles a nuestros hijos: «Camina, corre y vuela», e impulsarlos a descubrir su propia aventura en la vida.

en la universidad, y mi «chiquito» Dylan creció hasta convertirse en el más alto de la casa —más alto aún que su papá y su hermano mayor— y ahora es capitán de su equipo de basquetbol en el colegio. Cuando tenemos hijos, a veces los días parecen largos... pero de verdad que los años son cortos.

Cuando tenemos hijos, a veces los días parecen largos... pero de verdad que los años son cortos.

Justamente esa es una de las conclusiones a las que llegué hace años, cuando en medio de lo que se podría definir como la cumbre de mi carrera profesional en televisión, decidí poner primero a mi familia y renunciar a una posición muy codiciada y muy bien pagada para darles la prioridad a mi esposo y mis hijos. En uno de los capítulos al inicio de este libro te conté más extensamente esa etapa de mi vida y las circunstancias que me llevaron a poner en espera mis propios planes profesionales para ser una influencia cercana en esos años en los que ellos nos necesitan más.

Sin embargo, hay algo que no incluí como parte de esa historia y que ahora quisiera contarte. Es algo muy personal que me ocurrió en ese entonces, y fue la confirmación que me impulsó a tomar una decisión que ya estaba dando vueltas mi mente y en mi corazón.

EL SECRETO DETRÁS DE UNA SONRISA

Todos los días, antes de salir al aire en el noticiero o en los segmentos especiales, los conductores principales de la cadena de televisión donde yo trabajaba teníamos que esperar nuestro turno para que nos llamaran a la sala de maquillaje. Allí, estilistas y maquilladores profesionales ponían manos a la obra a fin de dejarnos listos para las cámaras. Por si no lo sabías, ninguno de los personajes que ves en televisión se ve «al natural» de la misma manera que los ves en tus pantallas. La cantidad de luces, cámaras, y un sinfín de otros elementos hacen que todos, hombres y mujeres y sin importar la edad, presenten la necesidad de cubrir imperfecciones, evitar el brillo, matizar el color, agrandar los ojos, minimizar las arrugas... en fin, tratar de dar como resultado una imagen casi perfecta. Un buen amigo y colega solía decir bromeando: «¡Los hombres bien hombres también usamos maquillaje!».

La televisión es un medio visual, y por lo tanto, mantener una buena imagen es primordial. Para esto, los medios de comunicación profesionales invierten miles de dólares en cada una de las figuras públicas que desean promover, a fin de lograr que se proyecte una imagen atractiva que ofrezca credibilidad y tenga congruencia con la labor que se realiza. Desde el guardarropa, color de cabello, estilo y maquillaje, todo está pensado y dirigido por expertos en el área para lograr ese objetivo.

Y ni hablemos del trabajo de postproducción, *photoshop* y arreglos posteriores que se hacen a algunas fotografías o tomas de publicidad, donde además quitan unos buenos kilos y años de encima, borran las arrugas, disimulan imperfecciones y hasta blanquean los dientes; todo lo necesario para realzar la belleza exterior. De eso

> *Por si no lo sabías, ninguno de los personajes que ves en televisión se ve «al natural» de la misma manera que los ves en tus pantallas.*

y más te hablo en profundidad en el capítulo que se titula «Amarillo», pero en esta ocasión me estoy refiriendo simplemente a la rutina diaria a la que una se tiene que someter antes de salir al aire en un programa en vivo. Y en un momento te darás cuenta de por qué te hablo de esto.

Obviamente, en mi caso no tenía nada de qué quejarme. Las mágicas manos de los estilistas y maquilladores me dejaban diariamente más linda que una muñeca de porcelana y con una imagen perfecta para las pantallas de televisión, al punto de que casi no me reconocía en el espejo cuando tenía la cara lavada. En la actualidad, ese proceso ya no es una rutina diaria, aunque todavía forma parte de mi carrera de vez en cuando, especialmente cuando tengo que prepararme para programas, entrevistas, fotografías o presentaciones. Pero día a día aprendí a sentirme cómoda con verme casi al natural.

Te explico esto como preámbulo para lo que te quiero contar a continuación.

En ese entonces, debido a mis horarios de trabajo y varios otros factores relacionados con mis responsabilidades profesionales, yo casi ni veía a mis hijos, porque cuando llegaba a casa era tarde por la noche y generalmente ya estaban dormidos. Aunque esto no ocurrió hace mucho tiempo, en aquella época la tecnología que permitía hacer llamadas con vídeo, o enviar fotografías digitales vía texto al momento de sacarlas, no era todavía accesible para todos. En la mayoría de los casos tenía que conformarme con ver esas imágenes en la computadora de mi casa, o esperar a que la cinta de fotografías se revelara en la tienda y recibirlas impresas para ponerlas en las paredes de mi oficina. Cada vez que las tenía en mis manos me daba cuenta de que estaba viendo crecer a mis niños por medio de imágenes frías e impersonales, a través de las historias y anécdotas que me contaba mi esposo, o por las llamadas telefónicas a la oficina en las que me narraban brevemente sus aventuras. Justificaba mi ausencia con las cosas que podía comprarles gracias a mi salario, y con esos pequeños momentos de «calidad de tiempo» que podía darles de vez en cuando. Además, sabía que mi esposo estaba con ellos, y con él, estaban en las mejores manos.

Pero uno de esos días me ocurrió algo que marcó mi corazón.

> *Estaba viendo crecer a mis niños por medio de imágenes frías e impersonales, a través de las historias y anécdotas que me contaba mi esposo, o por las llamadas telefónicas a la oficina en las que me narraban brevemente sus aventuras.*

Ese día en particular se me presentó la oportunidad de tomar la tarde libre y salir más temprano del trabajo. En el camino de regreso decidí sorprender a mi hijo mayor, Brandon, quien tenía unos seis años y estaba pasando la tarde en la casa de un amiguito del colegio. Mi esposo y yo conocíamos a su familia, y a ellos les parecía muy interesante saber que mi hijo era bilingüe y que yo trabajaba en la televisión, aunque obviamente no podían entender lo que yo decía en cámaras, porque no hablaban español.

Como yo llegué a recogerlo directamente de los estudios, estaba perfectamente vestida y arreglada. Al verme así, mientras esperaba en la sala, la mamá de su amiguito no cesaba de mencionar cuánto le gustaba mi maquillaje, mi ropa, y todo lo relacionado con mi imagen. Además, me contó que justamente aquel día me habían visto por unos minutos en televisión y le habían pedido a mi hijo que tradujera lo que yo estaba diciendo, lo cual les pareció la cosa más divertida.

Mientras ella no paraba de hablar, mi hijo simplemente sonreía en silencio escuchando todos los elogios de la señora, que le decía una y otra vez cuán afortunado era de tener una mamá como yo. Claro que me llené de orgullo, especialmente al ver la dulce sonrisa de mi niño.

Pero nunca me imaginé lo que se ocultaba detrás de esa sonrisa, y lo que iba a ocurrir unas horas después.

Al llegar a casa me quité los tacones, la ropa elegante y la tonelada de maquillaje, y disfrutamos un lindo tiempo en familia. Mi bebito Dylan tenía cerca de un año y ya estaba dando sus primeros pasitos. Me llenaba el corazón ver cómo ambos se divertían, y mi esposo me dijo que esto era algo de todos los días. ¡Me estaba perdiendo tantas cosas!

Esa noche, al arroparlos para ponerlos a dormir, Brandon simplemente me dijo:

> Pero nunca me imaginé lo que se ocultaba detrás de esa sonrisa, y lo que iba a ocurrir unas horas después.

—Mamá, ¿recuerdas lo que dijo la señora Carson cuando me fuiste a recoger? ¿Que te veías muy bonita y que en la tele parecías una muñeca?

Una vez más, mi ego sonrió.

—Claro que sí, mi amor. Eso te hizo sentir feliz, ¿no? ¡Tenías una sonrisa de oreja a oreja!

Se quedó callado por unos instantes, como pensando en lo que iba a decir.

—¿Sabes, mamá? —continuó—. Mientras ella no paraba de decir que le gustaba como te veías, y que le encantaría vestirse y verse como tú... —hizo una pausa y puso la manito en su pecho— aquí dentro, yo me decía a mí mismo, en mi corazón: *Me gustaría que quien estuviera en la televisión fuera esa señora y no mi mamá.* A mí no me importaría verte sin maquillaje y ropa bonita, pero tenerte todos los días conmigo.

Creo que no necesito explicarte cuánto me afectaron sus palabras.

Fueron como una saeta que llegó directamente a mi corazón de madre, y la confirmación que necesitaba para tomar una decisión radical. ¿De qué me servían los premios, la fama y el dinero, cuando mis propios niños no me tenían a su lado? ¿O llegar a miles de hogares, cuando el mío propio estaba siendo descuidado?

Mi amiga, como te dije, no quiero que te sientas culpable si te es imposible dejar tu trabajo o dedicarles más tiempo a tus hijos debido a tus circunstancias. No estoy diciendo que todas las mujeres deberían dejar de trabajar fuera del hogar y quedarse en casa para ser mamás a tiempo completo; cada situación es diferente, y esta fue mi decisión en particular. Solo

> *No quiero que te sientas culpable si te es imposible dejar tu trabajo o dedicarles más tiempo a tus hijos debido a tus circunstancias.*

> *No juzgues tus días solo por la cosecha que recoges, sino por las semillas que plantas. Nunca subestimes tu valor como mamá.*

quería contarte esta historia, íntima y personal, para que te des cuenta de la profunda necesidad e importancia que tiene la presencia de una mamá, las cuales tal vez nuestros hijos no siempre pueden expresar.

No juzgues tus días solo por la cosecha que recoges, sino por las semillas que plantas. Nunca subestimes tu valor como mamá.

AHORA ES TU *turno*

1. ¿Recuerdas alguna situación particular en la que tus hijos te dije-
    ron algo que llegó a tu corazón y te hizo reevaluar lo que estabas
    haciendo? Escríbela a continuación. Y si estás leyendo este libro
    con un grupo de amigas, comenta tus experiencias.

    _____

    _____

    _____

    _____

    _____

2. Lee estas palabras del libro de Proverbios y atesóralas en tu cora-
    zón:

    > *Sus hijos se levantan y la llaman bienaventurada,*
    > *y su marido también la alaba:*
    > *«¡Muchas mujeres han hecho el bien,*
    > *pero tú las sobrepasas a todas!».*
    > *Engañosa es la gracia y vana la hermosura,*
    > *pero la mujer que teme a Jehová, ésa será alabada.*[2]

ROBIN HOOD Y SUS SAETAS

Vamos a cambiar un poco de tema por un momento.

Hace unos días desempolvé una caja con algunos libros muy
antiguos, de los pocos que pude rescatar de la biblioteca familiar
que teníamos en casa cuando era niña y que databa de la época
de mis abuelos. Me quedé por horas hojeando sus páginas

amarillentas y quebradizas que denotaban el paso de los años, y encontrando tesoros de la literatura universal, cuentos clásicos, poemas e historias que formaron parte de mis fantasías de niña y fomentaron una vívida imaginación.

Entre esas historias encontré la traducción al español de una de las versiones más antiguas de la leyenda de Robin de los Bosques, más conocido por su nombre original: «Robin Hood». Aunque no hayas leído este libro estoy segura de que sabes a quién me refiero, porque las aventuras de este personaje —siempre acompañado por su banda de alegres compañeros, y que robaba a los ricos para darles a los pobres— fueron transmitidas por generaciones y llevadas a escena en un sinfín de obras de teatro, películas, y hasta en dibujos animados. Justamente ahora, mientras estoy escribiendo estas líneas, tengo este libro en mis manos. Lo considero una verdadera joya, no solo por su antigüedad y contenido, sino por una serie de artísticas ilustraciones cuidadosamente dibujadas a mano que caracterizan a esta versión. Mi favorita está en la portada, donde el legendario bandido, con la mirada fija en su objetivo y cargando una aljaba llena de flechas, tensa magistralmente su arco para lanzar una de ellas, que llega directamente al centro del blanco ante el aplauso de quienes lo rodean.

Tal vez te preguntes: «¿Y qué tiene que ver Robin Hood con lo que estábamos hablando?». Lo que ocurre es que al ver esta ilustración vino a mi mente uno de mis versículos favoritos, que sí está relacionado con el contexto de este capítulo. Lo puedes encontrar en el salmo 127:

> *Los hijos son un regalo del Señor;*
> *los frutos del vientre son nuestra recompensa.*
> *Los hijos que nos nacen en nuestra juventud*
> *son como flechas en manos de un guerrero.*
> *¡Dichoso aquél que llena su aljaba*
> *con muchas de estas flechas!*[3]

Hace mucho tiempo lo memoricé en una versión más antigua que me parece más poética y personalmente prefiero, aunque la esencia es la misma:

> He aquí, herencia de Jehová son los hijos;
> cosa de estima el fruto del vientre.
> Como saetas en mano del valiente,
> así son los hijos habidos en la juventud.
> Bienaventurado el hombre [o la mujer, diría yo] que
> llenó su aljaba de ellos.[4]

Preciosas palabras, ¿no te parece? Y basándome en ellas, me gustaría comentar contigo algunas cosas que seguramente te van a interesar.

EL ARTE DE FABRICAR UNA FLECHA

En los últimos años, la fascinación con el arco y las flechas ha ganado muchos nuevos adeptos gracias a libros y películas como *The Hunger Games* [Los juegos del hambre] y otras similares. En el área donde vivo, muchas tiendas de artículos deportivos ofrecen ahora una gama variada de productos relacionados con este deporte, y hasta tienen áreas y clases especiales para quienes quieran aprender y practicar el arte del tiro con arco.

Sin embargo, como todos sabemos, en la antigüedad los guerreros o cazadores no podían ir a la tienda para escoger y comprar las flechas que más les gustaran o que tuvieran su material o color favorito. Tenían que fabricarlas ellos mismos, y utilizar tiempo, ingenio, habilidad y dedicación para poder lograr su objetivo. Y el objetivo era simple y claro: lanzarlas y dar en el blanco; no tendría sentido fabricar flechas para tenerlas guardadas y dejarlas sin uso. Entonces, una de las cosas más importantes en las que invertían su tiempo era aprender el arte de fabricar arcos, flechas, lanzas y otros artefactos de caza, pesca o batalla. En muchas ocasiones, no se trataba solo de una competencia o una demostración de destreza, sino que su propia vida podría depender de ello.

Pese a que en nuestro mundo moderno es fácil comprar lo que se requiere, todavía algunas personas disfrutan fabricando sus flechas ellas mismas y a la manera antigua. Precisamente encontré una serie de interesantes artículos donde expertos explicaban paso a paso el proceso con el que se fabricaban las flechas desde los orígenes de esta disciplina.

En la antigüedad los guerreros o cazadores no podían ir a la tienda para escoger y comprar las flechas que más les gustaran o que tuvieran su material o color favorito. Tenían que fabricarlas ellos mismos.

Quisiera pedirte que prestes atención para que aprendamos juntas algunas cosas básicas del arcaico arte de fabricar una flecha. Pero antes de que tal vez digas que esto no te interesa, quiero explicarte el porqué: por supuesto que no lo hago para que corras a algún bosque a escoger ramas, fabriques tus propias flechas y te vayas de cacería. Lo hago para que puedas comparar este proceso y relacionarlo con la crianza de tus hijos, y así saques tus propias conclusiones. Y si estás siguiendo este libro con un grupo de amigas, puedas intercambiar ideas y experiencias.

¿Lista? Entonces, comencemos:

- Lo primero que un guerrero o cazador tenía que hacer era escoger las mejores ramas y asegurarse de que la madera fuera tierna y moldeable.
- Luego de encontrarlas, se daba a la tarea de medirlas, cortarlas y limpiarlas, y con un cuchillo afilado pelar la corteza dura para revelar su interior.
- Uno de los objetivos más importantes era lograr que la rama estuviera completamente recta; entonces, si la madera era

moldeable, se doblaba con la palma de la mano hasta enderezarla. Pero había que hacerlo con delicadeza a fin de evitar que la curva se fuera para el otro lado.

- Si eso no era suficiente y la rama estaba tercamente doblada, la madera tenía que pasar por un riguroso proceso:

  - Primero, se sumergía en agua para hacerla más flexible.
  - Después, se colocaba dentro de una prensa y se ejercía presión hasta que quedara perfectamente derecha.
  - Finalmente, había que ponerla brevemente y con cuidado varias veces en el fuego para secarla.

- Una vez seca, la madera era lijada hasta dejarla lisa y sin astillas. Cuando se estaba satisfecho con el resultado, se le ponía una punta de metal o se afilaba hasta volverla puntiaguda.
- Por último, se hacían un par de incisiones en la parte posterior para poder injertar plumas. Estas plumas tenían como objetivo estabilizar la flecha y guiar la parte de atrás, para que estuviera alineada con la punta delantera y no se desviara en el camino.
- Y finalmente, antes de lanzarla, el guerrero la resguardaba y protegía, poniéndola en su aljaba —que es esa caja o bolsa fabricada específicamente para llevar las flechas cerca de él— la cual siempre colgaba de su hombro y cerca de su corazón.

Como ves, antes de ser lanzada, una flecha tenía que pasar por un difícil y a veces delicado proceso; pero al final, en las manos de un experto, hasta la rama más torcida tenía el potencial de convertirse en un instrumento ejemplar.

Existen algunas cosas más que artesanos con experiencia afirman que forman parte del proceso de fabricación de una flecha, y que me parecen muy interesantes. Por ejemplo:

- Tratar de enderezar una flecha sin utilizar el calor del fuego es inútil. El calor, aplicado cuidadosamente, suaviza la madera y permite que se doble, amolde y enderece. Es allí donde se aplica presión, especialmente en las áreas que la necesiten para lograr los mejores resultados.

- Otra cosa importante que mencionan es que no se pueden eliminar todas las curvas o nódulos en una sola sesión de calentamiento; a menudo es necesaria una media docena de sesiones para enderezar la flecha completamente.

- Dicen también que, si en algún momento uno se da cuenta de que alguna de las flechas nuevamente está empezando a torcerse, simplemente un poco de calor y algo de presión hará que se corrija; y ya no es necesario usar una prensa, sino simplemente las manos.

> *Antes de ser lanzada, una flecha tenía que pasar por un difícil y a veces delicado proceso; pero al final, en las manos de un experto, hasta la rama más torcida tenía el potencial de convertirse en un instrumento ejemplar.*

- Afirman además que, aunque es bueno tratar de conseguir que las ramas queden tan rectas como sea posible, no tienen que ser perfectas. Cuando se dan clases de tiro al blanco, las personas se sorprenden al ver que las flechas no tienen que estar perfectamente derechas para volar en línea recta y alcanzar su objetivo.

- Curiosamente, concluyen diciendo que fabricar flechas con materiales naturales y a la manera antigua es en verdad un trabajo muy intenso; pero al fin y al cabo, debe ser una labor de amor.[5]

¡LÁNZALAS!

Sin duda son muchas las similitudes que existen entre la creación de una flecha y la manera de moldear, corregir y formar el carácter de nuestros hijos, especialmente cuando todavía son tiernos y están bajo nuestro cuidado. Me recuerda otro precioso proverbio que dice que, si instruimos al niño en su camino, aun cuando sea viejo no se apartará de él.[6]

Es decir, que si con decisión, dedicación, determinación y disciplina trabajamos para darles dirección a nuestros hijos, con la bendición de Dios, cuando crezcan, van a seguir un curso correcto. Todo, bajo el vínculo del amor:

Son muchas las similitudes que existen entre la creación de una flecha y la manera de moldear, corregir y formar el carácter de nuestros hijos, especialmente cuando todavía son tiernos y están bajo nuestro cuidado.

- La decisión te ayuda a empezar.
- La dedicación, a continuar.
- La determinación, a perseverar.
- La disciplina, a corregir.
- La dirección, a guiar.
- Y el amor, a perdonar.

¿No te parece interesante que los hijos sean justamente comparados con flechas en manos del valiente? Sin duda, se necesita valentía para ser padres. Sin embargo, aunque muchas quisiéramos tener a nuestros hijos siempre a nuestro lado, las «flechas» no deberían quedarse por siempre en la aljaba; de lo contrario, no cumplirían su propósito. Hay que lanzarlas después de prepararlas, confiando en que van a alcanzar su objetivo.

Con todo, una flecha no se lanza sola. Es necesario que seamos intencionales al hacerlo. ¡Y tampoco es cuestión de tirarlas a cualquier lado! Como te dije, una flecha necesita dirección.

Según el diccionario de la Real Academia de la Lengua Española, *dirección* es el rumbo que uno sigue para alcanzar un destino. Pero también se define como los consejos, enseñanzas o normas que se

Si con decisión, dedicación, determinación y disciplina trabajamos para darles dirección a nuestros hijos, con la bendición de Dios, cuando crezcan, van a seguir un curso correcto.

dan para encaminar o corregir a una persona.[7] Como madres, creo que estamos llamadas a proveer esa dirección, con amor incondicional, dedicación, paciencia, disciplina, sin dañar la autoestima, y sobre todo, demostrando sabiduría. Y si no la tenemos, el Señor ha prometido dártela: «Si alguno de vosotros tiene falta de sabiduría, pídala a Dios, el cual da a todos abundantemente y sin reproche, y le será dada».[8]

Aunque muchas quisiéramos tener a nuestros hijos siempre a nuestro lado, las «flechas» no deberían quedarse por siempre en la aljaba; de lo contrario, no cumplirían su propósito.

Recuerda también que si tienes más de un hijo, no deberías tratarlos de la misma manera; cada flecha tiene un objetivo distinto, según su propósito, material y tamaño.

Toma en cuenta también que, al lanzar la flecha rumbo a la dirección correcta, debemos saber cómo tensionar el arco: si lo hacemos sin suficiente firmeza, la flecha no va a llegar muy lejos, pero si lo estiramos mucho, podríamos llegar a romperlo. O peor aún, a impulsar la saeta hacia un rumbo equivocado.

Por último, quisiera que tú —y tu esposo— comprendan y asimilen algo muy relevante: en especial en los años formativos, tus hijos no necesitan simplemente una amiga o un amigo más... de esos existen muchos. Necesitan una madre. Necesitan un padre. La relación va a cambiar poco a poco según su edad y las circunstancias, pero uno de los principales objetivos debería ser lograr con amor una transición desde una posición de autoridad (no autoritarismo) hasta una posición de influencia.

Una flecha necesita dirección. Y una vez lanzada, tiene el potencial de llegar a donde nosotros tal vez nunca podamos llegar.

Una flecha necesita dirección. Y una vez lanzada, tiene el potencial de llegar a donde nosotros tal vez nunca podamos llegar.

AHORA ES TU *turno*

1. ¿Por qué crees que los hijos son comparados con flechas o sae-
   tas? ¿Piensas que es una buena comparación?

   _____

   _____

   _____

   _____

   _____

2. Menciona algunas semejanzas entre el arte de fabricar flechas y
   criar a tus hijos. Puedes leer nuevamente esa sección y subrayar-
   las en el texto, o copiarlas a continuación.

   _____

   _____

   _____

   _____

   _____

3. Escribe la definición de *dirección*.

   _____

   _____

   _____

   _____

   _____

4. ¿Crees que les estás dando la dirección adecuada a tus hijos?
   Sí ■   No ■

   ¿Estás tensando el arco con mucha firmeza, o lo tienes flojo?
   En otras palabras, ¿crees que eres extremadamente rígida,

severa y estricta como mamá? O al contrario, ¿te estás compor-
tando más como una amiga que como una madre y dejando
que tus hijos hagan lo que quieran?

5. Pon una X en la línea, marcando cuál crees que sea tu caso. Lo
ideal está en alcanzar un balance y mantenerte tan cerca del
centro como te sea posible.

FLOJA ――――――――――― ✦ ――――――――― FIRME

6. Mi amiga, todas cometemos errores. Creo que por eso es tan
importante no dejarnos llevar por nuestras emociones y hacer las
cosas con sabiduría. Busca en tu Biblia el
libro de Santiago, en el Nuevo Testamento. En el primer capítulo vemos que si nos
falta sabiduría, podemos pedirla sin
temor, aun en medio de circunstancias
difíciles. ¿Recuerdas alguna ocasión en
la que has experimentado esa promesa
en tu vida?

> *Todas cometemos
> errores. Creo que por
> eso es tan importante
> no dejarnos llevar por
> nuestras emociones y
> hacer las cosas con
> sabiduría.*

――――――――――――――――――――――
――――――――――――――――――――――
――――――――――――――――――――――
――――――――――――――――――――――
――――――――――――――――――――――
――――――――――――――――――――――

7. Según el versículo 6, ¿qué es lo que se necesita para recibirla? Es
una palabra corta, pero con una profunda importancia. Escríbela aquí: ―――――――――.

En Hebreos 11.1 aparece una de las mejores definiciones de
fe: «La fe es la certeza de lo que se espera, la convicción de lo
que no se ve». Puedes estar segura de que si pides de acuerdo
con Su voluntad, el Señor escucha y responde. ¡No te desanimes!

8. ¿Cuántas «flechas» tienes?

    1 ■   2 ■   3 ■   4 ■   5 ■

    6 ■   7 ■   más ■

9. Escribe sus nombres a continuación.

    1. _____

    2. _____

    3. _____

    4. _____

    5. _____

    6. _____

    7. _____

    ¿Más? ¡Mis respetos y admiración para ti!

10. Ahora, escribe al lado de cada uno(a) sus mejores cualidades,
    triunfos o aciertos. Por ejemplo: dulzura, buen humor, dedica-
    ción o responsabilidad. O si ya son adultos, tal vez puedas poner
    también si crees que es buen esposo(a), buen padre, buena
    madre... Lo que tú creas que son sus mejores atributos. No te
    enfoques en lo exterior (todas creemos que tenemos a los hijos
    más guapos y a las hijas más lindas del mundo), sino en aquellas
    cualidades que tienen que ver con su carácter o sus logros.
    Aquello por lo que estés más orgullosa, sea grande o pequeño.
    ¡No te limites!

    Por ejemplo:

    Mi hija Juanita es: dulce, obediente, buena en la escuela...

    Mi hijo José es: divertido, tiene buen humor, valiente, noble, leal...

    Ahora te toca a ti:

    Mi hijo(a) _____ es: _____

    _____

    _____

    _____

    _____

Mi hijo(a) _____ es: _____

_____

_____

_____

_____

Mi hijo(a) _____ es: _____

_____

_____

_____

_____

Mi hijo(a) _____ es: _____

_____

_____

_____

_____

Mi hijo(a) _____ es: _____

_____

_____

_____

_____

Mi hijo(a) _____ es: _____

_____

_____

_____

_____

Mi hijo(a) _____ es: _____

_____

_____

¿Ves, mi querida amiga? ¡Algo estás haciendo bien! ¿Te diste cuenta de que no te pedí que te enfocaras en lo negativo, sino en las cosas positivas? Sin importar que tengas hijos casi perfectos, o que hayan cometido muchos errores, siempre es posible encontrar algo por lo que te puedas sentir orgullosa. Este es un ejercicio que te recomiendo hacer una y otra vez, en la medida que tus hijos crecen. Vas a ver los cambios y aciertos, y te puede ayudar a darles una mejor dirección. Pero, sobre todo, al releer lo que escribiste, estoy segura de que va a ayudarte a sentirte agradecida, y a recordarte la importancia de siempre cubrirlos con tu oración. Al fin y al cabo, mi amiga, hay que lanzar esas flechas... y dejarlas en las manos de Dios.

> *Sin importar que tengas hijos casi perfectos, o que hayan cometido muchos errores, siempre es posible encontrar algo por lo que te puedas sentir orgullosa.*

¡SER MADRE NO ES UN ESTADO CIVIL!

Quisiera mencionar ahora a un grupo de valientes mujeres por quienes siento un afecto especial. Me refiero a las mamás que están criando solas a sus hijos. No me gusta utilizar el término de «madres solteras», porque creo que para muchos lleva una connotación negativa. ¡Además, ser madre no es un estado civil! Puede que en efecto algunas de ellas nunca hayan contraído matrimonio, pero en muchos casos son mujeres que se quedaron solas debido al abandono, la separación, el divorcio, el maltrato, la viudez o decenas de otros motivos. Si no conocemos los detalles de cada vida, no deberíamos atrevernos a juzgar.

Lo cierto es que, sin importar la razón, las mujeres que están en esa posición tienen que enfrentar retos que una familia convencional no conoce. Es indudable que también existen papás solos, pero las estadísticas muestran que, en su mayoría, es sobre las mujeres que cae la responsabilidad de criar a los hijos.[9]

Si este es tu caso, permíteme darte una palabra de aliento. Aunque no puedo entender en carne propia lo que se siente como mamá, sí conozco los retos y dificultades como hija. Comenté en varias ocasiones que yo me crié sin un papá. Y aunque ya tengo más de cuarenta años, esa incógnita y ausencia se sienten de vez en cuando, especialmente en épocas y celebraciones especiales, como el día de los padres. Hace un tiempo escribí algo precisamente en esa fecha para colocarlo en mi blog y las redes sociales. Las respuestas que recibí fueron mucho más numerosas que las que esperaba, y me di cuenta de que este tema toca la fibra íntima de muchos corazones. Esto es lo que escribí:

> *Si no conocemos los detalles de cada vida, no deberíamos atrevernos a juzgar. Lo cierto es que, sin importar la razón, las mujeres que están en esa posición tienen que enfrentar retos que una familia convencional no conoce.*

En Estados Unidos —donde vivo hace más de veinte años— y en varios otros países, hoy se celebra el Día del Padre. Pero no todos tuvimos la dicha de crecer con un padre a nuestro lado. Muchos no experimentamos en nuestra niñez esa protección, cobijo y abrigo que seguramente se siente al refugiarse en los fuertes brazos paternales. Ya sea por divorcio, muerte, abandono, separación, o cualquier otra circunstancia, millones de niños, yo entre ellos, nunca tuvimos a alguien a quien poder llamar «papá».

La influencia de un padre es innegable, y continúa siendo comprobada por estudios, estadísticas, y el testimonio de miles de vidas. Pero al mismo tiempo, el hecho de no tenerlo no es sinónimo de fracaso. Lo compruebo en mi propia vida. Espero que ejemplos como el mío y cientos de otros similares sirvan de aliento a quienes estén criando solas a sus hijos, o a quienes crecieron en un hogar sin un padre.

> *La influencia de un padre es innegable, y continúa siendo comprobada por estudios, estadísticas y el testimonio de miles de vidas. Pero al mismo tiempo, el hecho de no tenerlo no es sinónimo de fracaso.*

Hay esperanza y un futuro.

Las estadísticas no deberían definir tu vida.

Es por eso que agradezco a Dios el haberles dado a mis hijos un buen padre que pone todo de su parte para ofrecerles lo que él y yo nunca tuvimos de niños. No es fácil ser un buen modelo a seguir cuando él tampoco tuvo un buen ejemplo que marcara el camino. Admiro a mi esposo por su entrega, amor y dedicación.

Pero por lo que estoy más agradecida aún, es por haber sentido siempre esa guía, protección, refugio y amparo en los brazos de Aquel que me cuidó desde niña y me permite llamarlo «Abba», papá. Mi Padre celestial.

Mi querida amiga, recuerda que, aunque tu padre y tu madre te dejaran, con todo el Señor te recogerá.[10]

SOLA, PERO NO SOLITARIA

Existen personas muy cercanas a mí y a quienes quiero mucho que se encuentran precisamente en la situación de criar a sus hijos sin un esposo. Pero pese a todo, al igual que tú, ellas no se rinden y siguen luchando contra viento y marea, demostrando con su vida que los hijos nos dan fuerzas para afrontar cualquier problema, cruzar fronteras, construir castillos y derribar murallas.

> *Los hijos nos dan fuerzas para afrontar cualquier problema, cruzar fronteras, construir castillos y derribar murallas.*

Podría contarte muchas historias que conozco personalmente, como la de una mujer que siempre soñó con ser profesional en el campo de la medicina para poder ayudar a los demás. Por una serie de difíciles circunstancias tuvo que abandonar sus estudios para dedicarse a trabajar y mantener sola a sus tres hijos. Pero después de años de esfuerzo y sacrificio, me ha dado la noticia de que se acaba de graduar de doctora, ¡y está cerca a cumplir los cuarenta años de edad! Nunca renunció a su sueño, y este finalmente se convirtió en realidad.

O podría hablarte de casos más extremos, como el de una joven mamá que conozco, quien después de pasar por un difícil divorcio, recibió una noticia más devastadora: fue diagnosticada con cáncer. Pese a eso y mientras realizaba sus tratamientos continuó trabajando en su labor de ayuda a niños con discapacidades, y cuidando de los propios. Ahora, gracias a Dios, ya se encuentra mejor.

> *Ese sentimiento de soledad es el que muchas veces hace que algunas mujeres cometan el error de involucrarse con un nuevo hombre, descuidar su labor como madres y terminar peor que cuando empezaron.*

¡Estoy tan orgullosa de estas dos lindas y valientes mujeres! No menciono sus nombres por razones obvias, pero al leer estas líneas ellas van a saber quiénes son. Y aunque nos separen el tiempo, las responsabilidades o la distancia, quisiera que sepan que las admiro, respeto, y las llevo siempre en el corazón.

Mi amiga, sea cual fuere tu caso, puede ser que estés sola... sin embargo, no deberías sentirte solitaria. Y si me permites decirte algo, creo que ese sentimiento de soledad es el que muchas veces hace que algunas mujeres cometan el error de involucrarse con un nuevo hombre, descuidar su labor como madres, y terminar peor que cuando empezaron. No estoy diciendo que nunca deberías rehacer tu vida, solamente te pido que obres con mucha sabiduría.

> Aunque a veces sientas que estás a punto de rendirte, siempre existe alguien a tu alrededor que puede darte una mano. ¡Ánimo! Hay esperanza.

Si te sientes sola, piensa en lo siguiente: cuentas con el amor de un Dios que te ama con amor eterno, que te conoce y escucha, y que ha asegurado que será tu defensor y un padre para tus hijos.[11] Además, ha prometido suplir tus necesidades. Y la manera en la que muchas veces lo hace es a través de otras personas. Aunque a veces sientas que estás a punto de rendirte, siempre existe alguien a tu alrededor que puede darte una mano. ¡Ánimo! Hay esperanza. Más importante aún, recuerda que tienes en tus manos la gran responsabilidad de formar la vida de tus hijos e inspirarlos con tu ejemplo. No es fácil, pero no es imposible.

Muchas mujeres no hablan de sus necesidades por temor, vergüenza, o a veces orgullo; tal vez tú seas una de ellas. Pero si nadie conoce la situación por la que estás pasando, no hay manera de que se te brinde la ayuda que necesitas. Es por eso que hoy quiero animarte a que te integres a tu comunidad, que formes parte de un grupo de apoyo, y que así puedas encontrar en los amigos esa familia que tal vez te hace falta. Este libro podría ser la excusa perfecta. Si ya lo estás leyendo junto a un grupo de amigas, ¡qué bueno! Y si no es así, espero que hagas lo posible para compartir esta jornada con alguien más.

Estoy segura de que de ahora en adelante esas personas que te rodean van a ser más intencionales en darte una mano y tratar de entenderte. Por algo en la familia de fe nos llamamos «hermanas», ¿no crees? No debería ser solamente porque se nos olvidó el nombre de alguien... aunque «aquí entre nos», eso me sacó de apuros más de una vez. Pero si nos llamamos así mutuamente es porque somos familia. Como siempre digo: los amigos son la familia que sí podemos elegir. «En todo tiempo ama el amigo y es como un hermano en tiempo de angustia», dice un conocido proverbio, y concluye afirmando que hay amigos que son más cercanos que un hermano.[12] Esa es una realidad que tú también puedes comprobar.

> Por algo en la familia de fe nos llamamos «hermanas», ¿no crees? No debería ser solamente porque se nos olvidó el nombre de alguien.

Por otra parte, si tú tienes un hogar estable y la posibilidad de brindar ayuda, ya sea a alguna mamá sola o a cualquier otra persona que lo necesite, recuerda que el primer paso en el camino de ayudar a otros es aprender a entenderlos. Si decides ejercer empatía ante las circunstancias ajenas, verás cómo la compasión se despierta en el corazón, aunque tal vez no llegues a comprender la magnitud de su situación o el porqué de sus decisiones o reacciones.

Si nos diéramos el tiempo de conocer y entender, tal vez no seríamos tan rápidas en juzgar y podríamos ser más sensibles a la necesidad que nos rodea. Pero asegúrate de que tu deseo de ayudar no se quede simplemente en una buena intención.

¡MANOS A LA *obra!*

1. ¿Puedes nombrar algunas cosas prácticas con las que se podría ayudar a una mamá sola? Escríbelas a continuación. Y recuerda que no siempre tiene que ser algo material.

    1. _____

    2. _____

    3. _____

    4. _____

    5. _____

2. Ahora escoge y marca una o dos de estas ideas, las que te parezcan mejores.

    Por último, y lo más importante, comprométete a llevarlas a cabo en los siguientes días. No dejes que pase un fin de semana más sin que lo hagas. Te aseguro que vas a comprobar que es mejor dar que recibir.

SI NUNCA FUISTE MAMÁ...

No puedo concluir este capítulo sin dirigirme con todo amor y respeto a aquellas mujeres que no son mamás. Tal vez estás muy joven y todavía no tengas hijos, pero en un futuro el Señor puede regalarte una familia. No me refiero a ti. Quisiera dirigirme principalmente a aquellas mujeres que, por decisión propia o no, no tuvieron hijos, o ellos ya no están a su lado.

Si este es tu caso, quisiera pedirte que prestes especial atención al capítulo titulado «Blanco», que es el último de los colores de este viaje multicromático. Estoy segura de que al leer esos párrafos entenderás la razón por la que personas como tú están muy cercanas a mi corazón. Pero más que todo, vas a darte cuenta de la profunda influencia que tú puedes tener en la vida de otros, y que no necesitas haber dado a luz para ser una mamá.

> *Vas a darte cuenta de la profunda influencia que tú puedes tener en la vida de otros, y que no necesitas haber dado a luz para ser una mamá.*

CAFÉ *poético*

Para concluir, quiero compartir contigo un poema que acabo de escribir.

Al hacerlo, recorrí en mi mente todos estos años, desde que sentí en mi vientre el milagro de ser mamá, hasta los últimos, cuando estoy a punto de lanzar a mis hijos a su propia carrera en la vida.

Lo titulé simplemente: «Capullo».

Capullo

Un milagro de vida germinó tu esperanza
con ternura exquisita te arrulló en la penumbra
emergiste en mi mundo, revelada añoranza
capullito de ensueño que el futuro vislumbra.

En perfecta armonía fuiste tú entretejido
capullito precioso, con amor, dulcemente
los precisos detalles fueron pronto elegidos
y en el surco plantada tu genuina simiente.

Ya tus pétalos se abren, capullito travieso
y te veo emergiendo sin temores ni prisa
contemplando tu entorno con curioso embeleso
disfrutando tu mundo, compartiendo tu risa.

Y así pasan los años, con el sol de mañana
con la lluvia y el viento, con la luz de la luna

tu futuro se asoma desde cada ventana
tu esperanza ya pinta de vacío tu cuna.

Y al tocar la partida te diré dulcemente:
ya ha llegado tu tiempo mi capullo precioso
de esparcir tu fragancia, de dar fruto que cuente
de escribir una historia que te deje orgulloso.

Llega lejos, muy lejos, donde nunca he llegado
da tu fruto a su tiempo, forja nuevos caminos...
Cuando evoques la huella que mi amor te ha dejado
atesora en tu alma que ese fue mi destino.

MIS *notas* Y *pensamientos...*

CAPÍTULO 5
Amarillo

DESPUÉS DE VARIOS DÍAS NUBLADOS, ME DESPERTARON RESPLANDECIENTES rayos de sol que se colaron por mi ventana, dándole a mi habitación un alegre tono amarillo. Me levanté contenta, emocionada, y dispuesta a iniciar mi día con ánimo y energía... ¡hasta que me vi en el espejo! Mi rostro parecía el de un personaje de alguna película de terror, con unas ojeras negras y profundas, y manchas tan feas que me asusté al verme; y para completar la imagen, tenía el cabello totalmente despeinado. Lo que pasó fue que, como la noche anterior trabajé hasta muy tarde y estaba muy cansada, cometí el error de no quitarme el maquillaje antes de irme a dormir, y a la mañana siguiente mi pobre cara pagó las consecuencias. Y el cabello... bueno, ¡para eso no tengo excusa! Menos mal que mi esposo todavía estaba dormido cuando me levanté, porque de lo contrario creo que también se hubiera llevado un buen susto.

Mientras trataba de arreglar los estragos en mi rostro, no pude evitar ponerme a pensar en que —nos guste o no— la manera en la que nos vemos exteriormente nos afecta a todos, y creo que especialmente a las mujeres. Y en ese día en particular, los relucientes rayos del sol no hacían más que remarcar las imperfecciones. Pero después de unos minutos —y de agradecer mentalmente a quien sea que haya inventado el maquillaje— ya me vi un poco mejor, y nuevamente me sentí con ganas de enfrentar el día.

Hay una frase popular que afirma que «la que de amarillo viste, en su belleza confía». El brillo y la fuerza de este color suelen llamar la atención, y una mujer debería estar muy segura para lucirlo.

Creo que es importarme vernos bien para sentirnos bien. Sin embargo, seguramente escuchaste muchas veces que una mujer no es bella solo por lo exterior, sino principalmente por lo que lleva dentro. Pero cuando hablo de llevar algo dentro, ¡no me refiero a los «rellenitos» de silicona!, sino a una autoestima saludable y a la convicción de que, aunque deberías prestar atención a cómo te ves, es más importante prestar atención a cómo te sientes.

> *Una mujer no es bella solo por lo exterior, sino principalmente por lo que lleva dentro. Pero cuando hablo de llevar algo dentro, ¡no me refiero a los «rellenitos» de silicona!*

Recuerda, mi amiga: el corazón alegre embellece el rostro.[1] Es transcendental aprender a alcanzar un balance entre la belleza externa e interna, tomar decisiones para transformar aquellas cosas con las que no estamos satisfechas, y descubrir nuestro verdadero valor como mujeres.

Ya hablaremos de todo eso.

«ANTES» Y «DESPUÉS»

Lo admito. Cada vez que en algún programa de televisión anuncian que van a hacer un *makeover* o cambio de imagen, no puedo evitar la curiosidad de quedarme a ver el resultado final. Ese famoso «antes» y «después» ha despertado por años el interés de millares de personas, y son incontables los programas que alguna vez mostraron esa interesante transformación. Estoy segura de que viste alguna vez algo como esto: después de horas de someterse a un proceso que incluye corte de cabello, cambio de color, maquillaje profesional y un nuevo guardarropa, la persona emerge ante las cámaras feliz y sonriente, orgullosa de su nuevo *look*.

De manera similar, pero con ciertas diferencias que te voy a mencionar más adelante, existen programas o competencias que también presentan el «antes» y el «después» de algunas personas, pero de una manera más radical. En este caso, los participantes, que generalmente presentan problemas extremos de sobrepeso, se comprometen a bajar cientos de libras con la ayuda de profesionales, como entrenadores personales, nutricionistas, doctores y grupos de apoyo. Aquí no estamos hablando de un par de horas, sino de largos días, meses y hasta años de arduo trabajo. El resultado es tan drástico que cuando se exhibe el «antes» y el «después», resulta casi imposible creer que las dos imágenes pertenecen a la misma persona.

> *Ese famoso «antes» y «después» ha despertado por años el interés de millares de personas, y son incontables los programas que alguna vez mostraron esa interesante transformación.*

Ahora me gustaría pedirte que prestes atención a algunos puntos importantes. Aunque el resultado de ambos ejemplos es similar, porque nos muestran una transformación después de un proceso, existen diferencias significativas:

- En el primer caso, el resultado es *perecedero*: El cambio es meramente temporal, porque cuando la persona regrese a casa, se quite el maquillaje, cambie la vestimenta fina por su ropa regular y se lave el cabello, se va a ver casi igual que antes... ¡y tal vez peor, porque no sabe cómo lidiar con el nuevo corte que le hicieron!

- En el segundo caso, el resultado es *perdurable*: ¡Ese cambio no desaparece de la noche a la mañana! Me imagino que todos los días, cuando esa persona se vea al espejo o tenga en sus manos algún pantalón o vestido gigantesco que antes era de su talla, va a sentirse orgullosa de la increíble diferencia y transformación.

Ahora veamos por qué el primero es un cambio perecedero y el segundo perdurable. Son razones que deberían ser obvias, pero creo que nos ayudan a ser intencionales cuando se trata de cambiar:

- En el primer caso, la persona no tuvo que poner casi nada de su parte para recibir esa «transformación»; otros lo hicieron todo por ella. Simplemente tuvo que separar unas horas de su día y someterse a las decisiones que otros tomaron sobre lo que sería mejor para su nueva imagen. Es decir, no tuvo que esforzarse ni ser intencional en el proceso, y en algunas ocasiones, ni siquiera pudo verse al espejo hasta que todo estuviera terminado. El resultado es obviamente agradable a la vista, pero, como dije, no es permanente.

- En el segundo caso, el participante tuvo que pasar por un largo proceso. Es cierto que recibió ayuda y apoyo de profesionales, familia y amigos, pero finalmente la decisión era exclusivamente suya. Él —o ella— tuvo que decidir levantarse cada mañana a correr, ir al gimnasio, terminar su rutina de ejercicios, resistir la tentación de darse por vencido, y reemplazar una hamburguesa doble con papitas por una saludable ensalada. Al final, el resultado no solo es notorio, sino también permanente. Creo que todos deberíamos aprender de aquellas personas que lograron esa transformación radical.

Mi amiga, sin importar qué es lo que quieres cambiar en tu vida, no te conformes con cambios temporales. Diariamente debes desafiar tus limitaciones, sobreponerte a tus miedos, reconocer tus debilidades, cambiar tus hábitos, controlar tus impulsos y poner todo de tu parte sin desmayar para lograr tu objetivo.

> Sin importar qué es lo que quieres cambiar en tu vida, no te conformes con cambios temporales.

¿Te das cuenta? Sin tu decisión, dedicación, determinación y disciplina, muy probablemente las cosas no van a cambiar en tu vida. Sigue haciendo lo que haces, y obtendrás exactamente los resultados que ahora tienes.

Honestamente...

1. ¿Estás contenta con tu apariencia exterior?

   Sí ■   No ■   Más o menos ■

2. Si pudieras cambiar o modificar algo físicamente, ¿qué elegirías?
   Marca las opciones que quieras y añade otras:

   Mi estatura ■

   Mis ojos ■

   Mi color de piel ■

   Mi nariz ■

   Mi peso ■

   Mis arrugas ■

   Mi «pechonalidad» ■

   _____

   _____

   _____

   _____

   _____

   _____

Existen cosas que no podemos cambiar aunque nos esforcemos; por ejemplo, nuestra altura. Si eres bajita, ¡qué bueno que se inventaron los zapatos de tacón! ¿No crees? Otras, se pueden «disimular» como cuando nos teñimos el cabello para ocultar algunas canas, o nos ponemos maquillaje para tapar alguna mancha o arruguita.

Pero sin importar si es posible cambiar o no aquello que quisieras, creo que es importante aceptarnos y amarnos de la manera que Dios nos creó, y poder decir lo que dijo David en uno de mis salmos favoritos: «¡Te alabo porque soy una creación admirable! ¡Tus obras son maravillosas, y esto lo sé muy bien!».[2]

Ahora, hablemos de aquellas cosas que sí se pueden cambiar, pero que requieren un proceso para lograrlo.

3. Escribe cinco cosas que quieres y *puedes* cambiar. Sé específica, pero realista. Por ejemplo, no pongas «quiero bajar de peso», sino «quiero perder cinco kilos». Es tu turno.

1. _____

2. _____

3. _____

4. _____

5. _____

4. Ahora, escribe algunas ideas y soluciones que podrías implementar para lograrlo. Me refiero a cosas prácticas y factibles, no a conceptos genéricos. Por ejemplo, si mencionaste que quieres bajar de peso, no pongas «voy a comer más saludablemente», sino «ya no voy a tomar más bebidas gaseosas; voy a reemplazarlas por agua o jugos de frutas».

1. _____
   _____

2. _____
   _____

3. _____
   _____

4. _____
   _____

5. _____

Si estás leyendo este libro con un grupo de amigas, expongan sus respuestas, intercambien algunas ideas, ¡y anímense a implementarlas!

MENTE SANA EN CUERPO SANO

Así dice precisamente un conocido refrán. Nuestra salud física es también muy importante si queremos realmente sentirnos y vernos bien. Voy a ser honesta contigo: no soy de las personas a quienes les guste hacer ejercicio. Tengo la gran fortuna de que en mi familia nunca tuvimos problemas de sobrepeso, así que si me ves delgada se lo debo todo a mis genes. Pero eso no significa que deberíamos descuidar esta área tan importante, porque está vinculada con la salud física y también emocional.

Recuerdo que cuando éramos niñas, mi hermana menor era una excelente atleta. Mientras yo me dedicaba más a los estudios, el arte y las comunicaciones, ella se destacaba en los deportes, especialmente en el campo de la gimnasia. Recuerdo verla dan-

> *Nuestra salud física es también muy importante si queremos realmente sentirnos y vernos bien.*

do vueltas ágilmente en el aire con contorsiones que parecían desafiar a la gravedad, y participar en varios torneos en los que ganó medallas y trofeos. Aun ahora, pese a haber estudiado la carrera de medicina, ella dedica parte de su tiempo y experiencia como entrenadora, impulsando a las nuevas generaciones de atletas.

Pensando en la importancia de cuidar nuestra salud, hace un tiempo decidí inscribirme en un gimnasio, pero me sentí más desubicada que un peine en la cabeza de un calvo; creo que en cierta forma me intimidaron las maquinarias, la constante actividad, y algunas personas que, aunque amables, parecían salidas de una revista de fisiculturismo. Como eso no me funcionó, me compré esos vídeos de ejercicios que se pueden hacer desde casa, pero cuando una no tiene un grupo de apoyo, luego de un par de semanas la emoción disminuye y la flojera gana la batalla.

Entonces, me invitaron a asistir a una clase de zumba, guiada por mi amiga Sol, una muchachita que es tan bonita como su nombre. Disfruté mucho la clase, y aunque fue la primera —y única— vez que hice algo así, pude seguir sin problemas todos los pasos; tal vez porque tengo buen ritmo por naturaleza, y allá en mis viejas épocas no era mala para bailar. Pero noté dos cosas: durante la clase tuve que hacer constantes pausas, porque me quedaba sin aliento. Y al día siguiente, cuando desperté, parecía que me había pasado un camión por encima. ¡Me dolía cada músculo del cuerpo! Eso es lo que ocurre cuando una pasa la mayor cantidad del tiempo sentada; en mi caso, porque al escribir, grabar, enseñar, reunirme o viajar, mi trabajo es mayormente sedentario.

> *Pensando en la importancia de cuidar nuestra salud, hace un tiempo decidí inscribirme en un gimnasio, pero me sentí más desubicada que un peine en la cabeza de un calvo.*

Si ese es tu caso, o si simplemente no haces ejercicios por falta de tiempo o interés, hagamos un trato: decidamos empezar alguna rutina de ejercicios que nos ayude a mantenernos en forma. No me refiero a vernos como esas modelos de las que te hablé, sino a sentirnos saludables y contentas con nuestra apariencia. Después de todo, sabemos que nuestro cuerpo es el templo del Espíritu Santo y debemos cuidarlo como tal.[3]

Entonces, si estás siguiendo este libro con un grupo de amigas, es momento de dar sugerencias para hacer algo juntas que podría ayudarlas a lograr sus metas. Por ejemplo, podrían intercambiar ideas de alimentos saludables, reunirse semanalmente para ir a algún gimnasio, tomar una clase de aeróbicos, o simplemente salir a caminar. ¡La verdad es que no hay excusa! Como te dije, las mejores intenciones se ven eclipsadas por la rutina diaria si no tenemos a alguien con quien podamos trazarnos metas y darnos mutuo apoyo. Puede ser un grupo de personas, o simplemente una amiga. Y si no tienes ese grupo de apoyo, ¡búscalo o empieza el tuyo!

> *Hagamos un trato: decidamos empezar alguna rutina de ejercicios que nos ayude a mantenernos en forma.*

¡MANOS A LA *obra!*

1. Escribe aquí algunas ideas de cosas que podrías hacer para mejorar tu estado físico y mantenerte en forma. Y si quieres, ¡búscame en mis redes sociales y compártelas conmigo! Toda sugerencia es bienvenida.

   1. _____
   2. _____
   3. _____
   4. _____
   5. _____
   6. _____
   7. _____
   8. _____
   9. _____
   10. _____

   Ahora, escoge y marca las que te parezcan más factibles, y comprométete a ponerlas en práctica. Y si me contactas, ¡te doy permiso para preguntarme si estoy siguiendo una rutina a fin de mantenerme en forma!

BELLA POR DENTRO Y POR FUERA

Continuemos con el tema de la apariencia exterior. Mientras escribo esta sección del capítulo me encuentro en el mejor lugar para hablar de la imagen: en un salón de belleza. Pero no es un salón cualquiera, porque cuando uno visita este lugar no sabe a quién se va a encontrar. No voy a mencionar nombres —porque son muchos y bastante reconocidos— pero parecería que todo personaje famoso que llega a Chicago pasa por las manos de

Alex López y su equipo: cantantes, personalidades de la televisión y la farándula, modelos, actores y actrices de telenovelas... por eso él es conocido como «el estilista de las estrellas».

La mayoría de estas «bellezas» se ven tan comunes y corrientes como cualquiera de nosotras, y algunas hasta parecen las participantes esperando su transformación en uno de esos programas de «antes y después».

Obviamente es interesante conocer a estas personalidades, y hasta tal vez sacarse una foto con ellas. Pero —aquí entre nos— te cuento que al ver a algunas de estas personas sin maquillaje y con el cabello mojado, en más de una ocasión... ¡no reconocí de quién se trataba! La verdad es que la mayoría de estas «bellezas» se ven tan comunes y corrientes como cualquiera de nosotras, y algunas hasta parecen las participantes esperando su transformación en uno de esos programas de «antes y después» de los que te hablé.

Luego del maquillaje y un estilo profesional, por supuesto que los resultados son remarcables.

Pero lo que más me gusta cuando vengo a este salón es que todas las personas son tratadas con el mismo respeto y atención, sin importar que sean o no famosas. Por ejemplo, se hacen eventos especiales para ayudar a aquellas mujeres que nunca podrían pagar por este tipo de servicios. Hace un tiempo tuve el gusto de participar en un evento con el fin de recaudar fondos para una organización sin fines de lucro que ayuda a mujeres que fueron víctimas de violencia doméstica. Alex y su equipo se encargaron de que todas estas damas lucieran espectaculares, poniéndoles una sonrisa en el rostro y dándoles la esperanza de que siempre existe un futuro mejor.

Como vimos que hay tanta necesidad de levantar la autoestima e incentivar los deseos de triunfar, nos embarcamos en un proyecto para promover la belleza integral, titulado: «Bella por dentro y por fuera». Constantemente llevamos a cabo una serie de eventos en los cuales un grupo de profesionales se dedican a enseñar técnicas de automaquillaje y cómo cuidarse la piel y el cabello, un nutricionista y entrenador habla de cómo tener una dieta balanceada y mantenerse saludable con ejercicios, y yo tengo la gran satisfacción de cerrar la jornada con una conferencia interactiva, donde hablamos de belleza integral, poniendo énfasis en la belleza interior y destacando todas esas cualidades que hacen que una mujer sea verdaderamente apasionante.

De la misma manera, me alegra mucho comprobar que existen otras mujeres que utilizan su plataforma pública para hacer algo similar. Por ejemplo, en mi participación anual como parte del equipo de Líder Visión —la convergencia iberoamericana de pastores y líderes— tuve el gran placer de compartir el escenario dando una conferencia junto a mi amiga Bárbara Palacios, una mujer realmente muy bella por dentro y por fuera. Bárbara fue elegida Miss Universo en 1986 y desde entonces se ha dedicado a inspirar a millones de personas a través de libros, conferencias y productos de belleza y superación personal.[4]

Pasamos un increíble tiempo juntas, rodeadas por un numeroso grupo de mujeres que asistieron al encuentro. Y al final, el evento se convirtió en una conferencia interactiva y abrimos el micrófono para que muchas pudieran participar y hacer preguntas. Bárbara anunció orgullosamente su edad, pero no te la voy a decir porque no me parece correcto y prefiero que lo escuches de sus propios labios. Simplemente te digo que me sorprendió saber que tiene alrededor de una década más que yo. Creo que ella descubrió el secreto de la eterna juventud... ¡cada día se ve más joven! No todos tenemos esa fortuna, pero sí podemos poner de nuestra parte para cuidarnos y

Creo que ella descubrió el secreto de la eterna juventud... ¡cada día se ve más joven! No todos tenemos esa fortuna, pero sí podemos poner de nuestra parte para cuidarnos y tomar decisiones inteligentes.

tomar decisiones inteligentes. Me parece que en su caso, como en muchos otros, tiene mucho que ver con la paz y la dulzura que se irradian desde nuestro interior.

DEFECTOS INEXISTENTES

Hablando de «Misses» y de concursos de belleza, quiero contarte algo que me ocurrió en uno de mis viajes cuando estaba en la sala de vestuario y maquillaje de un reconocido canal donde me iban a preparar para ser entrevistada en uno de sus programas. Mientras esperaba, un grupo de curvilíneas jovencitas hablaban y reían en voz alta, sacándose «selfies» y probándose diferentes accesorios y vestidos de gala. Me comentaron que eran concursantes de un reconocido certamen, y estaban preparándose para una sesión de maquillaje y fotografías antes de participar en las audiciones iniciales del popular concurso de belleza. Se podía ver la ilusión en sus ojos y la alegría común de un grupo de jovencitas que se sentían tan lindas como una princesa de cuento.

> *Se podía ver la ilusión en sus ojos y la alegría común de un grupo de jovencitas que se sentían tan lindas como una princesa de cuento.*

Unos días después, cuando ya estaba de regreso en casa, prendí el televisor cuando coincidentalmente estaban pasando las audiciones de las que me hablaron. La verdad, nunca me llamaron la atención ese tipo de programas, pero como había conocido a algunas de las participantes, quise ver cómo esas lindas niñas se desenvolverían ante la cámara. Sin embargo, en vez de ser un momento ameno como yo esperaba, a medida que transcurría el programa me partió el corazón ver cómo, una por una, todas eran analizadas, inspeccionadas y examinadas como si fueran un pedazo de carne. Y alguna que otra era descartada. No voy a mencionar el nombre del programa ni el de los jueces, pero hasta me dio la impresión de que algunos miembros del jurado sentían una malévola satisfacción cuando alguna que otra jovencita se ponía a llorar después que le mencionaban todas sus «fallas» o «defectos» físicos.

Lamentablemente, eso es lo que le ocurrió a una de las niñas con las que tuve el gusto de hablar unos días antes. Para no mencionar su verdadero nombre, la voy a llamar Rebeca. Ella, en particular, me pareció más inteligente y segura que sus compañeras. Aunque no era tan alta como algunas de las otras jóvenes, Rebeca era muy bonita, tenía una linda figura y una personalidad muy agradable, y me causó una muy buena impresión.

Pero esa noche, al verla en su audición televisada, me llevé una gran decepción, no por lo que ella hizo, sino por lo que le ocurrió. Su personalidad se vio eclipsada ante los crueles comentarios que los jueces hicieron sobre su apariencia exterior. Mencionaron uno por uno defectos inexistentes de una manera tan brusca que la dejaron sin palabras y con un nudo en la garganta. Y cuando una lágrima se asomó a sus ojos, el camarógrafo no perdió el tiempo e hizo una toma de primer plano al rostro de la pobre niña.

Se podía ver la obvia decepción y tristeza por no haber sido seleccionada; pero lo peor de todo es que su rostro revelaba que esa preciosa joven, con un cuerpo envidiable, una carita dulce y una inteligencia superior, sentía que no tenía valor.

> *Su rostro revelaba que esa preciosa joven, con un cuerpo envidiable, una carita dulce y una inteligencia superior, sentía que no tenía valor.*

ESTÁNDARES INALCANZABLES

Los estándares de belleza femenina que impone la sociedad, liderados por lo que vemos en el mundo del espectáculo, los medios de comunicación, las películas, o la opinión de unos pocos mal llamados «expertos», no son justos ni realistas.

Es imposible que una mujer de cincuenta años se vea más joven que una de veinticinco sin la ayuda de cirugía, tratamientos y productos que cuestan una fortuna; o que una mujer que tuvo hijos luzca casi inmediatamente el mismo abdomen plano que tenía antes de estar embarazada. O más aún, que después de cierta edad no tengamos que usar un brasier con «rellenito» o soporte para lucir firmes, especialmente si dimos de lactar a nuestros hijos.

Las mujeres estamos bombardeadas por imágenes que nos hacen sentir inconformes con quienes somos y cómo nos vemos. Y me parece que en estos últimos tiempos, la presión se ha incrementado debido a la proliferación de las redes sociales. Las fotografías que generalmente ponemos —y debo ser honesta, me incluyo— son aquellas en las que nos vemos mejor, siempre sonrientes, peinadas, bonitas y felices... cuando sabemos que en la vida, esta no es siempre una realidad constante. Y si dices que a ti eso no te pasa, ¡te reto a que te saques una foto cuando recién te levantas de la cama, despeinada y sin maquillaje, y la publiques en tu perfil de Facebook!

Las mujeres estamos bombardeadas por imágenes que nos hacen sentir inconformes con quienes somos y cómo nos vemos. Y me parece que en estos últimos tiempos, la presión se ha incrementado.

¿Será que ser coquetas, o inclusive un poquito vanidosas, es parte de ser mujer? Creo que si somos sinceras, muchas veces la respuesta va a ser afirmativa. Y aunque no lo creas, a los hombres también les ocurre lo mismo, aunque generalmente lo procesan de manera diferente.

A medida que los años pasan, la piel se arruga, el cabello se encana, los kilos aumentan y la fuerza de la gravedad se hace sentir con toda su fuerza. Es entonces cuando muchas mujeres hacen todo lo posible para detener o revertir el paso de los años. Estoy segura de que tú puedes recordar muchas historias de cantantes, actrices y otros personajes famosos que pusieron en riesgo su salud —o hasta su vida— por someterse a cirugías o tratamientos invasivos con el objetivo de mantener una apariencia juvenil. O tal vez conozcas algunos otros ejemplos de personas que no vemos en la vida pública, pero que sabes que invirtieron miles de dólares con este fin.

Personalmente, conozco a más de una mujer que era «nadadora» —nada por aquí y nada por allá— y luego apareció con más curvas que una carretera; o alguna otra que se le pasó la mano en el botox o en el relleno dérmico de los labios, y ahora cuando sonríe parece un patito. No es que esté trivializando la situación, pero lo cierto es que la mayoría de las mujeres nos sentimos inconformes de vez en cuando con nuestra apariencia exterior. Parecería que, si fuera posible, a medida que los años se nos vienen encima todas quisiéramos vernos eternamente jóvenes y bellas... casi perfectas, aunque esa perfección sea solo una ilusión.

> *Personalmente, conozco a más de una mujer que era «nadadora» —nada por aquí y nada por allá— y luego apareció con más curvas que una carretera.*

Pero esto no es solo cuestión de edad; como en el caso de Rebeca, un incontable número de jovencitas no toman en cuenta sus virtudes y se centran en sus defectos. Ya sea por la opinión de los demás, el famoso *bullying* o acoso (en persona o cibernético), o las imágenes que no podemos evitar ver constantemente al prender el televisor, el teléfono, la computadora o al abrir una revista, millones de niñas no se sienten contentas con sus propios cuerpos. No les gusta su cabello, la forma de su nariz, el contorno de sus piernas o el color de sus ojos. Se sienten muy gordas o muy flacas, muy bajitas o muy altas, muy pálidas o muy morenas. Se sienten feas. Y esto da lugar a un sinfín de problemas físicos y emocionales sobre los cuales no voy a profundizar. Basta decir que disfunciones extremas, como la bulimia o la anorexia, son muy comunes y afectan cada vez más a niñas y adolescentes.[5] O problemas emocionales profundos, como la depresión clínica, continúan en aumento, llegando incluso a impulsar a que preciosas jovencitas atenten contra su propia vida.[6] Si tú o alguien cercano está lidiando con estos problemas, por favor, busca ayuda.

APODOS, SOBRENOMBRES, Y EL PODER DE LAS PALABRAS

¿Recuerdas esos comentarios que escuchaste desde niña, relacionados con tu apariencia exterior o con la manera en la que una mujer debería verse? Como si no fuera suficiente el bombardeo de los medios y sus estándares inalcanzables, una cosa es ver a modelos o personajes famosos, pero otra es escuchar de boca de tus propios padres —especialmente las mamás— comentarios que te marcan y erosionan tu autoestima, y que después inconscientemente repites cuando tienes tu propia familia. Y no me refiero a ataques viciosos e deliberados; al contrario, tal vez sean bien intencionados, pero de todas maneras podrían afectarnos negativamente y dejar una huella en el corazón.

Cosas tan simples como: «No te quedes mucho tiempo en el sol porque te vas a poner más morenita», o «¿Viste qué flaca y linda está la hija de Juanita?», tienen el poder de hacernos cuestionar si tiene algo de malo tener la piel oscura, o si debería saltarme el almuerzo para verme más delgada. Así que recuerda, mi amiga, y especialmente si eres mamá, tus palabras tienen el poder de dejar una huella en el corazón de tus hijos que tal vez permanezca por el resto de su vida.

> Tus palabras tienen el poder de dejar una huella en el corazón de tus hijos que tal vez permanezca por el resto de su vida.

Otra de las cosas que tienen más poder del que nos gustaría admitir son los apodos. No me refiero a los que generalmente son derivados de un nombre, como «Lupita» de Guadalupe, o «Marilú» de María Luisa. Te estoy hablando de esos sobrenombres crueles que a veces se dan en la escuela, o inclusive de algunos apodos «inocentes» que nuestra propia familia nos pone en nuestra niñez, sin haberlo pedido, y que a veces nos persiguen por el resto de nuestra vida. En mi caso, yo tengo un apodo por el que fui conocida en mi niñez debido a que mi cabello natural es rizado, y en mi vida adulta todavía muchas personas lo recuerdan. No voy a decirte cuál es mi sobrenombre, aunque no tiene nada de malo y cuando era niña me parecía simpático, pero la verdad es que desde hace muchos años prefiero ser llamada por mi nombre real.

Es común que utilicemos algunos términos que parecerían inocentes o divertidos, pero que, sin que sea nuestra intención, podrían afectar negativamente a quienes los recibieron. Recuerdo a una amiga en particular a quien algunas niñas llamaban «la tablita», porque no tenía tantas curvas como las de algunas otras. Aunque era muy inteligente y excelente en los deportes, se sentía avergonzada por su cuerpo y siempre se vestía con ropa ancha. Es normal que tengamos algo de inseguridad, especialmente a temprana edad, pero me parece muy triste que uno de los regalos más solicitados por las adolescentes para sus quince años sea una cirugía de aumento de busto, y lo peor, ¡muchos padres las complacen!

Y después nos preguntamos por qué las jovencitas —o inclusive las que ya no son tan jovencitas— se visten o actúan de una forma tan provocativa, gastan miles de dólares en cirugías que no necesitan, o tratan de encontrar en un hombre la afirmación de su valor como mujer. Mi amiga, en tus manos está la decisión de ser intencional en tu manera de hablar y lograr que tus palabras edifiquen y no destruyan, ya sea a ti misma o a los demás.

> *Es común que utilicemos algunos términos que parecerían inocentes o divertidos, pero que, sin que sea nuestra intención, podrían afectar negativamente a quienes los recibieron.*

Honestamente...

1. ¿Conoces a algunas personas, ya sea en tu familia o entre tus amigas, a quienes llaman «gorda», «chata», «negra» o algún otro término similar?

    Sí ■   No ■   ¡Muchas! ■

2. ¿Puedes mencionar algún otro término que alguna vez escuchaste y que se utiliza como un apodo?

    _____

    _____

    _____

    _____

    _____

3. ¿Tienes algún apodo o sobrenombre? Si es así, escríbelo a continuación.

    _____

4. ¿Te gusta?

    Sí ■   No ■

5. ¿Por qué?

    _____

    _____

    _____

    _____

    _____

6. ¿Recuerdas algún sobrenombre cruel o mal intencionado que te dieron en tu niñez, y que no te gustaba escuchar? ¿O el de alguna persona cercana a ti?

Sí ■   No ■

7. ¿Cómo te hace sentir? Al recordarlo, ¿todavía despierta las mismas emociones?

_____

_____

_____

_____

_____

Si este es tu caso, y aún después de tantos años algo tan simple te hace sentir mal, recuerda el poder que tus palabras pueden llegar a tener en la vida de quienes te rodean.

Recuerda que: «Panal de miel son las palabras amables: endulzan la vida y dan salud al cuerpo».[7]

Procura que tus palabras sean siempre dulces.

¿MUJER LATINA = MUJER PERFECTA?

Como te comenté, yo vivo en Estados Unidos hace más de veinte años; en realidad, toda mi vida adulta. Pese a que veo que en este país de alguna manera todavía se juzga a la mujer por su apariencia exterior, también se han hecho grandes esfuerzos por evitarlo. Sin embargo, me parece que para la mujer latina esa presión es más intensa.

No sé si estés de acuerdo conmigo, pero creo que en muchos sectores de nuestra cultura iberoamericana es práctica común y aceptada el que se vea a la mujer simplemente como un objeto, y se asocie su valor con su apariencia exterior. Lo que considero aún peor es que parecería que no es una situación que se trate de ocultar o combatir, ¡al contrario! Solo basta con prender el televisor en algún canal en español y ver que, sin importar que sea un programa de variedades, concursos, deportes o novelas, siempre existe un desfile continuo de muchachitas con escasa ropa que dejan poco a la imaginación. ¡Y ni hablemos de los comerciales! Todavía no entiendo por qué se necesita a una chica en bikini para vender un automóvil o un refrigerador. Es un hecho conocido que millares de hombres estadounidenses que ni siquiera hablan nuestro idioma no se pierden ni un programa de la televisión de habla hispana. Me pregunto por qué será.

> *Todavía no entiendo por qué se necesita a una chica en bikini para vender un automóvil o un refrigerador.*

No es que yo sea extremadamente pudorosa o que crea que todas deberíamos vestirnos como monjas. Simplemente quiero pedirte que tomes en cuenta que existen maneras en las que podemos vestirnos de una forma que se vea atractiva, elegante y femenina, sin tener que mostrar más de lo que cubrimos, o exponer nuestro cuerpo como mercancía barata.

Luego de decir esto, permíteme agregar algo que considero importante: si es que estás de acuerdo conmigo, quisiera pedirte que seas muy sabia y sensible con las personas que te rodean y que tal vez no aplican estos conceptos. No es mi intención que nadie se sienta juzgada ni señalada; y muchas veces, las mujeres somos campeonas en el deporte de apuntar con el dedo a los demás. Al contrario; si quieres ser de influencia en la vida de otra mujer, te pido que guíes con tu ejemplo, con amor y dulzura, evitando los extremos y pidiendo a Dios sabiduría. Si siempre estás de mal humor y te ves como si recién te hubieras levantado de la cama, me imagino que ninguna otra mujer va a querer ser como tú. O si te acercas a alguien con la intención de criticar y juzgar, no creo que

> *Existen maneras en las que podemos vestirnos de una forma que se vea atractiva, elegante y femenina, sin exponer nuestro cuerpo como mercancía barata.*

obtengas el resultado esperado; como recordarás, te hablé más de este tema en el capítulo que se titula «Morado».

Para concluir esta sección, te dejo con esta frase de Proverbios, que menciona una de las muchas características de una mujer virtuosa: «Cuando habla, lo hace con sabiduría; cuando instruye, lo hace con amor».[8]

Si quieres ser de influencia en la vida de otra mujer, te pido que guíes con tu ejemplo, con amor y dulzura, evitando los extremos y pidiendo a Dios sabiduría.

Honestamente...

1. ¿Te consideras vanidosa? ¿Aunque sea un poquito?

    Sí ▪   No ▪

2. ¿Crees que sea algo bueno o malo? ¿Por qué?

    _____

    _____

    _____

    _____

    _____

3. ¿Recuerdas alguna historia de alguien —famoso o no— que sufrió una consecuencia inesperada por algún tratamiento invasivo de belleza? ¿Crees que el riesgo valió la pena?

    _____

    _____

    _____

    _____

    _____

4. ¿Crees que esos estándares inalcanzables de belleza son más latentes en nuestra cultura? ¿Por qué crees que esto ocurre?

    _____

    _____

    _____

    _____

    _____

5. Imagínate a una mujer que se siente un poco insegura, o que cree que su valor está ligado a su apariencia exterior. ¿Qué le dirías para ayudarla?

Ahora, repite esas mismas palabras para ti misma, y recuérdalas esos días en los que no te sientas tan contenta con tu apariencia exterior. Seamos sinceras... ¡a todas nos pasa de vez en cuando!

Y para darle un buen final, memoriza este versículo de Proverbios 31: «Engañosa es la gracia, y vana la belleza, pero la mujer que teme al Señor, ésa será alabada».[9]

CAFÉ *poético*

Las flores han sido sin duda un símbolo de belleza natural desde tiempo inmemorial. En la puerta de mi casa tengo un precioso árbol de magnolias que, aunque pierde completamente el follaje en el crudo invierno, cada primavera parece volver a la vida. La belleza y el aroma que esparcen sus flores me inspiró a escribir este poema:

Magnolias

La fragancia se permea a través de mi ventana,
ocurre una vez al año, y de forma inesperada,
desde un día para el otro, esos capullos dormidos
se despiertan a la vida, renovando mis sentidos.

Hace solo un par de días quién lo hubiera anticipado,
el árbol estaba firme, saludable, bien plantado,
con las ramas extendidas, las hojas verdes, serenas...
pero le faltaba algo que corría por sus venas.

Le faltaba un complemento, le faltaba poesía,
le faltaba darse cuenta de que al inicio de sus días
fue creado íntimamente con flores y con color...
le faltaba la belleza que solo brinda un amor.

Y se despertó a la vida, renovando sus sentidos
y los vertió por completo en la flor de sus latidos
con la blancura exquisita de un amor inesperado
que se percibe infinito, correspondido, deseado...

Ese árbol de magnolias en la puerta de mi casa
con aquellas flores blancas impregnadas de tisú
y con la dulce fragancia que embelesa mi partida
casi completa mi vida. Tan solo me faltas tú.

DENTRO DE UN MOLDE

Llegó el momento de tocar un aspecto que es aún más importante que los temas que hasta ahora hemos estado discutiendo en este capítulo.

Como recordarás, al inicio te hablé de esa transformación externa que muchas personas experimentan a través de un proceso, y que seguramente también tú puedes lograr con ejercicios, una dieta saludable, y cuidando cómo te ves. Pero ese cambio exterior no te servirá de mucho si no experimentas una transformación interior. Y esta transformación debería empezar con tu manera de pensar.

Quisiera contarte una interesante historia que leí sobre el doctor Martin Luther King Jr., uno de los personajes más reconocidos en la historia de la defensa de los derechos civiles en Estados Unidos. Con su liderazgo, esfuerzo y sacrificio, este joven pastor bautista ayudó a transformar la historia de un país que todavía se encontraba sumido en la oscuridad de la discriminación racial, pese a que la esclavitud ya había sido abolida. Finalmente, sus convicciones le costaron su propia vida al ser asesinado en el balcón del hotel donde se hospedaba, pero dejó un legado que aún permanece vivo.

Entre las muchas historias del doctor Luther King Jr. existe una que me llamó particularmente la atención.

En su autobiografía él cuenta que cuando era niño tenía que tomar un autobús

> *Ese cambio exterior no te servirá de mucho si no experimentas una transformación interior. Y esta transformación debería empezar con tu manera de pensar.*

todos los días y cruzar la ciudad de Atlanta para asistir a la escuela. Como seguramente sabes, en esa época existían rígidos patrones de segregación, y a las personas de raza negra no les estaba permitido sentarse donde querían. Solamente podían ocupar los asientos al final del vehículo, y muchas veces se les obligaba inclusive a ceder esos asientos. Si el bus estaba lleno en la parte posterior y no había ninguna persona de raza blanca presente, los pasajeros de color no podían ocupar los asientos delanteros. Ellos, sin importar su edad o condición de salud, debían permanecer de pie, al lado de los asientos vacíos reservados para los blancos.

Al recordar ese tiempo, Martin Luther King Jr. escribió: «Cada día, mientras mi cuerpo caminaba el pasillo hasta llegar a la parte de atrás de ese autobús, yo dejaba mi mente en el asiento de la primera fila. Y me decía a mí mismo: "Uno de estos días voy a poner mi cuerpo en el mismo lugar donde está mi mente"».[10]

Con estas palabras, creo que el doctor King presenta una esencial regla de vida: por lo general, nuestro cuerpo termina en el lugar donde está nuestra mente.

El cerebro humano es una de las creaciones más perfectas y complejas, y nuestra mente es la fuente que alimenta nuestras decisiones, pensamientos, sentimientos, deseos, y la manera en la cual nos vemos a nosotras mismas. Mi amiga, ¿te das cuenta de lo importante que es aprender a transformar la manera en que pensamos?

Al leer esta historia, uno de los versículos que de inmediato me vino a la memoria es el que está en el libro de Romanos, en el capítulo doce, versículo 2. En la Nueva Versión Internacional dice así: «No se amolden al mundo actual, sino sean transformados mediante la renovación de su mente. Así podrán comprobar cuál es la voluntad de Dios, buena, agradable y perfecta».

Curiosamente, descubrí que la palabra griega que el apóstol Pablo utilizó originalmente en este versículo de Romanos, traducida como «transformación», es *metamorfóo*.[11] Ahora quisiera pedirte que digas la primera palabra relacionada que viene a tu mente. Me imagino que obviamente respondiste: *metamorfosis*. En efecto, esa es una de las palabras que está constantemente asociada con la *transformación*, ese proceso por el cual un pequeño renacuajo se convierte en una ágil rana, o una torpe oruga se transforma en una delicada mariposa.[12] ¡Qué precisa analogía!

> *No deberías dejar que el mundo que te rodea te estruje y meta en su molde. Al contrario, deberías permitir que Dios moldee tu mente y te transforme de adentro hacia afuera.*

Me puse a investigar un poco más al respecto, y encontré algunas otras traducciones de ese texto que tienen un estilo más contemporáneo, y que me parece que explican mejor aún este importante concepto. En conjunto, afirman que no deberías dejar que el mundo que te rodea te estruje y meta en su molde. Al contrario, deberías permitir que Dios moldee tu mente y te transforme de adentro hacia afuera, para que compruebes que el plan que Él tiene para ti es bueno, cumple todas sus demandas, y te ayuda a moverte hacia la meta de ser un cristiano realmente maduro.

¿Alguna vez trataste de estrujar, aplastar o apretar algo para que cupiera en algún molde que era diferente o que no le correspondía? Sin duda, no es tarea fácil, y podría inclusive destruir o dañar su forma original o el propósito para el cual fue creado. ¡Y no me refiero a esas veces que hiciste lo posible por ponerte esos pantalones que te quedaban perfectos hace unos años, pero que ahora te quedan tan apretados que no te entran ni con vaselina!

Mi amiga, no dejes que nada ni nadie te meta en un molde. Tú eres única. Y cuando permitas que tu mente sea renovada diariamente, vas a experimentar una metamorfosis interior y descubrir tu verdadero valor.

AHORA ES TU *turno*

Para que tu mente sea transformada debes decidir hacia dónde vas a dejar que se dirijan tus pensamientos. Una de las listas más completas de aquello que debería regir nuestra mente está sin duda en el cuarto capítulo del libro de Filipenses. Aquí te presento dos versiones. Creo que son autoexplicativas. Espero que las leas, las memorices, las recuerdes y las apliques cada día de tu vida.

«Por lo demás, hermanos, todo lo que es verdadero, todo lo honesto, todo lo justo, todo lo puro, todo lo amable, todo lo que es de buen nombre; si hay virtud alguna, si algo digno de alabanza, en esto pensad».[13]

«Y ahora, amados hermanos, una cosa más para terminar. Concéntrense en todo lo que es verdadero, todo lo honorable, todo lo justo, todo lo puro, todo lo bello y todo lo admirable. Piensen en cosas excelentes y dignas de alabanza».[14]

DESCUBRIENDO TU VALOR

Son muchas las maneras en las que se puede definir la palabra *valor*. Por ejemplo, se dice que es la cualidad por la que una persona o cosa merece consideración o aprecio, como en la frase: tu opinión tiene un gran valor para mí. O también, se describe como la energía y voluntad para afrontar situaciones difíciles o adversas, como se puede inferir en la frase: se enfrentó a sus enemigos con gran valor.

Pero cuando hablamos de *valor* generalmente nos referimos al precio de algo. Y si hablamos de esto, el valor de las cosas por lo general está determinado por dos factores: pago y pertenencia. En otras palabras:

- Lo que alguien esté dispuesto a pagar.
- A quién pertenece.

Pago. Por ejemplo, puede que tu casa sea muy linda y hayas invertido mucho dinero en ella, pero si por cualquier razón baja el valor de las propiedades —como ocurrió hace algunos años en Estados Unidos afectando a millones de personas— al momento de venderla, esa casa vale solo la cantidad que alguien esté dispuesto a pagar por ella. O en algunos casos, si el mercado mejora y ocurre lo contrario, podrías obtener mucho más dinero del que pagaste originalmente, repito, porque hay alguien dispuesto a pagarlo.

Pertenencia. Por otra parte, por ejemplo, si mi hijo quisiera vender sus zapatos de basquetbol, nadie le daría ni dos dólares... es más, por el interesante aroma que tienen, creo que hasta yo estaría dispuesta a pagar para que alguien se los lleve. Pero hace unos años, un par de zapatos usados fueron comprados por más de setenta mil dólares —lo leíste bien: ¡más de setenta mil dólares!— porque pertenecían a Michael Jordan, la estrella de la época de oro de los Chicago Bulls.[15] O si yo quisiera vender mi guitarra, tal vez me paguen una cantidad pequeña, porque está usada y un tanto vieja; pero si esa guitarra, vieja o no, hubiera sido la que algún guitarrista famoso usó en alguno de sus conciertos, costaría una fortuna.[16]

Te podría dar muchos otros ejemplos y tal vez tú tengas algunos propios, pero todos comprueban que, generalmente, el *valor* está asociado con el precio de algo.

Ahora, quisiera que prestes atención: etimológicamente, la palabra «precio» proviene del término en latín *pretium*, el cual es muy similar a *pretiosus*, que significa objeto o persona de gran valor.[17] Y por supuesto, es la raíz de la palabra «preciosa».

Mi querida amiga, tú eres preciosa ante los ojos de Dios. ¡Tienes un valor incalculable! Tanto así, que su propio Hijo estuvo dispuesto a pagar con su vida para llamarte suya. Aunque a veces te sientas invisible, eres muy importante para quienes te rodean, y especialmente para Dios. No dejes que nadie equipare tu valor con tu apariencia exterior, con el estándar de la sociedad, con la cantidad de bienes que posees, o con lo que otros digan de ti. Tu valor es intrínseco y personal. Y si tienes al Señor en tu vida, tu valor está asociado a Aquel a quien perteneces.

> No dejes que nadie equipare tu valor con tu apariencia exterior, con el estándar de la sociedad, con la cantidad de bienes que posees o con lo que otros digan de ti. Tu valor es intrínseco y personal. Y si tienes al Señor en tu vida, tu valor está asociado a Aquel a quien perteneces.

«Engañosa es la gracia y vana la belleza, pero la mujer que teme al Señor, ésa será alabada»,[18] nos dice la conclusión de una de las secciones más conocidas del libro de Proverbios cuando habla de la famosa mujer virtuosa. Creo que eso corrobora lo que espero que se grabe en tu corazón y que es el centro de este capítulo: de la misma manera que nos preocupamos por nuestra apariencia exterior, es más importante aún cuidar la interior.

Muchos de los principios en este libro están precisamente enfocados en esa dirección. Recuerda que los años pasan, pesan y pisan, y que tarde o temprano nuestra piel no va a estar tersa o nuestro cabello libre de canas; sin embargo, el ornato de un espíritu sabio y apacible es de gran estima. Podemos tratar de ocultar el paso del tiempo, pero no lo podemos detener. Es esencial, mi amiga, que de la misma manera que nuestra apariencia exterior va cambiando día tras día, decidas día tras día renovar tu interior.

> Es esencial, mi amiga, que de la misma manera que nuestra apariencia exterior va cambiando día tras día, decidas día tras día renovar tu interior. Esa es la belleza que perdura.

Esa es la belleza que perdura.

MIS *notas* Y *pensamientos...*

CAPÍTULO 6
Verde

PERSONAS DE TODAS LAS GENERACIONES PUEDEN IDENTIFICARSE CON programas o películas icónicas que marcaron su niñez. En mi caso, una de las series televisivas que más recuerdo es «La pequeña casa en la pradera». Creo que con esa información puedes más o menos definir mi edad. Basada en los libros *La casa del bosque* de Laura Ingalls Wilder, que fueron traducidos a más de cuarenta idiomas y continúan rompiendo récords de venta, esta serie televisiva marcó historia en la televisión de Estados Unidos como uno de los programas familiares mas vistos en su época.[1] Fue también traducida a varios idiomas, entre ellos el español, y presentada con diferentes nombres según el país en el que fue difundida; tal vez la conozcas como «Los Pioneros» o simplemente «La familia Ingalls».

La parte que más recuerdo, y que tal vez acude también a tu memoria, es cuando al inicio y al final de cada episodio Laura y sus hermanas corrían libremente en la verde pradera con una gran sonrisa en el rostro, perdiéndose a veces entre el pasto y los arbustos que parecían ser más altos que ellas. La ciudad donde yo nací es una urbe que está en medio de las montañas. Tiene una belleza cautivante, pero esos prados infinitos llenos de verdor que semanalmente veía en la pantalla del televisor no fueron un paisaje común ni una experiencia diaria durante mi niñez.

No podía dejar de imaginar la libertad que seguramente se sentiría al correr despreocupadamente, sintiendo que la naturaleza nos envuelve con su vida y frescor. Si esa fue tu experiencia cuando eras una niña, seguramente la recuerdas con cariño y nostalgia.

El verde es el color de la naturaleza por excelencia. Nos habla de crecimiento, desarrollo, exuberancia, abundancia y prosperidad. Tal vez esas son algunas de las razones por las que también este color está asociado con el dinero y las finanzas.

Y de eso precisamente vamos a hablar en este capítulo.

> *El verde es el color de la naturaleza por excelencia. Nos habla de crecimiento, desarrollo, exuberancia, abundancia y prosperidad. Tal vez esas son algunas de las razones por las que también este color está asociado con el dinero y las finanzas.*

¿BUENO O MALO?

Dicen que el dinero no da la felicidad... pero que la imita muy bien, ¡qué se necesitaría un especialista para verificar la diferencia! La verdad es que todos tenemos distintos enfoques cuando hablamos de dinero, y esas creencias o conceptos van a definir la manera en la que permitimos que este influya en nuestras vidas.

Veamos algunos de estos puntos de vista y las consecuencias que podrían causar:

- Existen personas que piensan que el dinero es símbolo de éxito y prosperidad, así que dedican su vida a perseguir los bienes materiales. El problema es que en algunas ocasiones podrían tener un estilo de vida que no pueden cubrir con sus ingresos, por lo que gastan más de lo que ganan y se encuentran sumergidos hasta el cuello en deudas. O peor aún, por el afán del trabajo incesante y las ganancias continuas, podrían llegar a sacrificar su salud, su familia o hasta su integridad.

- Otros piensan que el principio de todos los males es el dinero y que lo único que logra es generar problemas, así que deciden vivir con austeridad extrema y sin planear su futuro. Esto no solo les impide disfrutar algunas cosas que ofrece la vida, sino que, si se presenta un imprevisto o una emergencia, podrían encontrarse en serios aprietos económicos.

- Algunas personas equiparan dinero con amor, y miden el afecto o interés de familiares o amigos a través de la ayuda económica que reciben de ellos. Cuando por cualquier razón dejan de recibir ese apoyo financiero, cortan las relaciones o tratan de manipularlos emocionalmente. Por otra parte, existen personas que llenan a sus hijos o familiares con todo tipo de juguetes y regalos para cubrir el vacío de su ausencia o calmar una conciencia culpable.

- Unos dicen que las posesiones materiales no son importantes y que es mejor llenar la vida con experiencias más que con cosas. Sueñan con recorrer el mundo, conocer nuevos lugares y descubrir sensaciones inolvidables. Pero muchas veces podrían obrar de una manera irresponsable, no tener un trabajo estable, y esperar que otros los mantengan o ayuden constantemente. Y cuando los años pasan, carecen de estabilidad y tienen un futuro incierto.

- Otros entienden la importancia de trabajar para incrementar sus ingresos y avanzar en la vida, pero confunden ser ahorrativos con ser tacaños. Esa tacañería puede ser llevada al extremo, como le ocurrió a una familia de un pequeño pueblo de Wisconsin, en Estados Unidos. Después que murió el abuelito, descubrieron que dentro del colchón de su cama había escondido cientos de billetes. Cuando los contaron, ¡era el equivalente a casi medio millón de dólares! Pero lo malo es que los billetes eran antiguos, antes del cambio de moneda, y ya no tenían ningún valor actual. El abuelo murió literalmente en una cama de dinero, aunque él y su familia vivieron por años sin más que lo suficiente para sus necesidades básicas.

- ¡Y ni hablemos del tema del dinero en la iglesia! Creo que eso da para más de un libro completo, y no voy a meterme en aguas calientes. Pero lo cierto es que algunas veces es llevado a extremos poco saludables, y se producen como resultado consecuencias negativas, así como la falta de confianza en la credibilidad de algunas personas o instituciones. Creo que esa no es la regla, sino la excepción; no obstante, hasta en las iglesias más equilibradas, parecería que cada vez que este tema se menciona desde el púlpito los asistentes no paran de mirar su reloj cada cinco minutos, y salen tan rápido de la reunión que no se ve más que el polvo. Con todo, según los expertos, el tema del dinero y las riquezas es mencionado en la Biblia más de ochocientas veces.[2]

> *Parecería que cada vez que este tema se menciona desde el púlpito, los asistentes no paran de mirar su reloj cada cinco minutos, y salen tan rápido de la reunión que no se ve más que el polvo.*

Como verás, cada quien parece tener una manera diferente de ver el dinero. ¿Cuál es la tuya? Generalmente está relacionada con tus experiencias —ya sean pasadas o presentes—, tu escala de valores y tus prioridades. Pero si te das cuenta, todas parecen inclinarse hacia dos categorías principales: las personas que creen que el dinero es algo bueno, o las que creen que es algo malo.

> *El dinero en sí mismo no es bueno ni es malo. Es simplemente una herramienta, y como con toda herramienta, hay que saberla usar.*

Quiero pedirte que prestes atención a lo siguiente: el dinero en sí mismo no es bueno ni es malo. Es simplemente una herramienta, y como con toda herramienta, hay que saberla usar.

Una herramienta es un objeto diseñado y fabricado para facilitar la realización de una actividad. Puede ser usada con diferentes objetivos, para el beneficio o detrimento de quien la usa o de quienes estén alrededor.

Para darte un par de ejemplos sencillos, quiero pedirte que pienses en dos objetos que seguramente tienes en casa y que usas constantemente: un cuchillo y un martillo. Si alguien te preguntara si estos objetos son buenos o malos, seguramente tu respuesta va a ser: «Ni lo uno ni lo otro». Lo que puede ser bueno o malo es el resultado de su uso, dependiendo de cómo los utilices: un cuchillo, por ejemplo, puede ser usado para cortar una deliciosa carne asada, o para atacar a alguien y causarle daño. De igual manera, un martillo puede ser usado para clavar los clavos que sostienen las vigas de una nueva casa, o para romper las paredes o ventanas. Una herramienta puede ser usada para construir o destruir.

Recuerda que la raíz de todos los males no es el dinero; es el amor al dinero. Porque donde está tu tesoro allí también estará tu corazón.

Aprende entonces a usar la herramienta del dinero apropiadamente, para tu propio beneficio y el de los demás. En este capítulo, como en todos los de este libro, voy a darte algunas ideas y pasos prácticos.

Y recuerda que la raíz de todos los males no es el dinero; es el amor al dinero. Porque donde está tu tesoro allí también estará tu corazón.[3]

NECESIDADES Y NECEDADES

¿Me creerías si te digo que puedes gastar menos y vivir mejor cambiando una simple palabra en tu manera de hablar? ¿Te gustaría intentarlo? Empieza entonces respondiendo a estas simples preguntas. Pero hazlo sinceramente:

¿Necesitas un automóvil nuevo?   Sí ■   No ■

¿Un mejor teléfono celular?   Sí   ■   No   ■

¿Salir de vacaciones?   Sí   ■   No   ■

¿Otro par de zapatos?   Sí   ■   No   ■

¿Una computadora más moderna?   Sí   ■   No   ■

Y no voy a preguntarte si necesitas un nuevo esposo, porque no quiero que te metas en problemas o que empieces a soñar con tu galán favorito de telenovela.

Si respondiste «Sí» a por lo menos una de esas preguntas, estás lista para la segunda parte.

Ahora, simplemente cambia la palabra «necesito» por la palabra «quiero».

Inténtalo:

«Quiero un auto nuevo».

«Quiero un mejor teléfono celular».

«Quiero salir de vacaciones».

«Quiero otro par de zapatos».

«Quiero una computadora más moderna».

> *Una simple palabra puede cambiar completamente tu percepción de la situación, y como prometí, ayudarte a gastar menos y vivir mejor.*

La diferencia es muy grande, ¿no crees? Fíjate cómo una simple palabra puede cambiar completamente tu percepción de la situación, y como prometí, ayudarte a gastar menos y vivir mejor.

- Te ayuda a gastar menos, porque te das cuenta de que las cosas que quieres no son una necesidad, y por lo tanto, no las compras.
- Y te inspira a vivir mejor, porque al considerar todo lo que ya tienes, te ayuda a mantener un corazón agradecido y a disfrutar más de la vida.

Creo que lo que pasa es que muchos de nosotros nos hemos acostumbrado a hablar mal. Si te das cuenta, cada una de las cosas que te mencioné en las preguntas no son necesidades, son simplemente deseos; o como yo le digo: a veces no son necesidades, sino necedades.

Por citar algunos casos, si por ejemplo ya tienes varios pares de zapatos, a no ser que tengan un hoyo no necesitas comprar un nuevo par, aunque los que viste en la tienda sean de tu color favorito o los hayas encontrado en oferta. Y aunque creas que realmente necesitas salir de vacaciones a algún paraíso tropical, simplemente es un deseo que muchos tenemos y solo algunos pueden llevar a cabo. O si tienes un teléfono que sirve para hacer llamadas, no necesitas un «teléfono inteligente» con un sinfín de aplicaciones, juegos y programas que terminan consumiendo tu atención y haciéndote perder el tiempo. Un amigo me dijo que pensaba que hace algunos años atrás, los teléfonos eran tontos y las personas inteligentes... ¡y parece que ahora las cosas están al revés!

No obstante, por supuesto que existen algunas cosas que realmente son necesidades.

A modo de ejemplo, en algunas ciudades, especialmente en Estados Unidos, un automóvil no es simplemente un deseo, sino una necesidad, porque debido a las distancias o el clima extremo, a veces no se hace posible utilizar los medios de transporte masivo. Pero no necesitas un auto último modelo; con uno que sea confiable y que no se esté cayendo a pedacitos, basta y sobra.

Del mismo modo, todos necesitamos techo, comida y abrigo. Pero no necesitas una mansión, manjares exóticos o un abrigo de pieles, ¿cierto?

> A medida que pasan los años he aprendido a darme cuenta de que las cosas de más valor no vienen acompañadas de una etiqueta con el precio.

A medida que pasan los años he aprendido a darme cuenta de que las cosas de más valor no vienen acompañadas de una etiqueta con el precio. En el transcurso de mi carrera profesional he tenido la oportunidad de viajar mucho, conocer de todo un poco, y ser invitada tanto a elegantes banquetes y restaurantes de primer nivel, como a hogares humildes y sencillos. Por supuesto que disfruto el lujo, la amplia variedad de opciones y la atención personalizada, pero al mismo tiempo debo admitir que los lugares en los que me he sentido más a gusto son aquellos donde la comida es preparada con amor más que con abundancia, y donde a veces el tamaño del corazón es más grande que el tamaño de la casa.

> A veces, el tamaño del corazón es más grande que el tamaño de la casa.

¡MANOS A LA *obra!*

Si en casa tienes que lidiar constantemente con la insistencia de tus hijos —o tu esposo— para gastar en cosas que realmente no se necesitan, quisiera enseñarte una técnica simple pero efectiva para hacerles notar la diferencia entre necesidades y deseos. Creo que también va a ayudarte a ti misma a recordarla. Lo que te sugiero hacer es muy sencillo:

- Toma dos tarjetas o pedazos de papel y escribe en ellos lo siguiente:

QUIERO	NECESITO

- Colócalos en un área visible en tu casa; puede ser en el refrigerador o en la sala.
- Explícales a tus hijos que, de ahora en adelante, cada vez que te pidan algo tienen que elegir una de las dos palabras.

¡Y eso es todo! Si te parece algo superficial, o dudas de su eficacia, te animo a intentarlo por lo menos durante una semana. Hazlo cada vez que tus hijos, tu esposo o tú misma crean que «necesitan» alguna cosa. Por un lado, es importante tener recordatorios visuales para poder implementar un cambio o un nuevo concepto; y por otro, te hablo por experiencia propia.

Esta idea se me ocurrió hace algunos años, y desde entonces cada vez que mi mente empieza a pensar en algo que me gustaría tener, o cada vez que mis niños se acercan diciendo: «Mamá, necesito...», yo simplemente apunto a los cartelitos, e inmediatamente la petición se convierte en: «Mamá, quiero...». Basta decir que más de una vez dieron la vuelta sin terminar de decirme lo que habían venido a pedir.

Para ser honesta, la idea no fue muy popular en el inicio y encontró algo de resistencia, pero poco a poco todos aprendimos no solo a hablar correctamente, sino a vivir correctamente. Ahora que mis hijos ya están grandes, veo que siempre tratan de tomar las mejores decisiones respecto a su dinero y que están agradecidos por lo que tienen, sea mucho o sea poco.

Ya que estamos entre amigas, para concluir esta sección quisiera contarte algo personal. Mi familia y yo vivimos en un área muy afluyente, pero hace algún tiempo atrás, cuando pasamos por algunos momentos difíciles después de que mi esposo tuvo un fuerte accidente y tuvo que dejar de trabajar por un tiempo, la diferencia de nuestros ingresos con los de los vecinos hizo que la situación fuera aún más notable. Te hablo más de esa historia en el capítulo titulado «Negro». Sin embargo, pese a que nuevamente tuvimos que apretarnos el cinturón, nunca escuché a mis hijos quejarse por la falta de las cosas a las que estaban acostumbrados y que sus amiguitos podían costear; al contrario, encontraban placer en las cosas más sencillas y traían cada día alegría a mi corazón. En la actualidad, no nos sobra, pero no nos falta; continuamos confiando en la provisión de Dios y comprobando día tras día que si Él cuida de las aves, cuidará también de nosotros.

> *Si estás pasando por momentos difíciles, ten paciencia y confía. Recuerda que estás en Sus manos, y que el Señor es fiel en cumplir su promesa de suplir todas nuestras necesidades, ¡pero no nuestras necedades!*

Mi amiga, si estás pasando por momentos difíciles, ten paciencia y confía. Recuerda que estás en Sus manos, y que el Señor es fiel en cumplir su promesa de suplir todas nuestras necesidades, ¡pero no nuestras necedades!

AHORA ES TU *turno*

Te presento a continuación algunos versículos que seguramente leíste muchas veces, y que nos hablan de la provisión de Dios.

«No he visto al justo desamparado, ni a su descendencia mendigando pan».[4]

«Mi Dios proveerá a todas vuestras necesidades, conforme a sus riquezas en gloria en Cristo Jesús».[5]

«Por eso les digo que no se preocupen por la vida diaria, si tendrán suficiente alimento y bebida, o suficiente ropa para vestirse. ¿Acaso no es la vida más que la comida y el cuerpo más que la ropa? Miren los pájaros. No plantan ni cosechan ni guardan comida en graneros, porque el Padre celestial los alimenta. ¿Y no son ustedes para él mucho más valiosos que ellos? ¿Acaso con todas sus preocupaciones pueden añadir un solo momento a su vida? ¿Y por qué preocuparse por la ropa? Miren cómo crecen los lirios del campo. No trabajan ni cosen su ropa; sin embargo, ni Salomón con toda su gloria se vistió tan hermoso como ellos. Si Dios cuida de manera tan maravillosa a las flores silvestres que hoy están y mañana se echan al fuego, tengan por seguro que cuidará de ustedes».[6]

¿Puedes mencionar algunos otros? Si estás siguiendo este libro con un grupo de amigas, léelos en voz alta y agradezcan juntas a Dios por su fidelidad.

TRAMPAS Y DEUDAS

El humorista Will Rogers, en una de sus frases más célebres, dijo: «Publicidad es el arte de convencer a las personas a fin de que gasten dinero que no tienen para comprar lo que no necesitan»,[7] y yo me atrevería a añadir: «¡para impresionar a gente que ni siquiera les caen bien!». Aunque esa frase se hizo popular desde principios del siglo veinte, continúa siendo una comprobada realidad. Cada día, millones de dólares son invertidos por compañías y negocios para lograr que las personas consuman sus productos y hagan precisamente eso: gastar más de lo que tienen. En otras palabras, meterse en deudas.

Existen varias «trampas» que podrían llevarte a tener problemas en tu vida financiera, afectar tu vida familiar y emocional, y hasta quitarte el sueño. Justamente, una de las definiciones de la palabra *trampa* dice que se trata de un dispositivo, artificio o táctica cuya finalidad es atrapar, enganchar o aprisionar.[8]

> Existen varias «trampas» que podrían llevarte a tener problemas en tu vida financiera, afectar tu vida familiar y emocional, y hasta quitarte el sueño.

Quiero mencionarte tres:

1. Comprar por impulso.
2. Disfrutar ahora y pagar después.
3. Gastar más de lo que ganas.

Veamos en profundidad cada una de ellas.

1. **PRIMERA TRAMPA.** COMPRAR POR IMPULSO

Imagínate este escenario.

Son las cinco de la tarde y te detienes en la tienda para comprar leche y pan de regreso a casa. Al entrar, te ofrecen una probadita de unas deliciosas galletas, así que decides comprarlas porque están en oferta. Te distraes escogiendo las que más te gustan. Tienen galletas de mantequilla, de chocolate, de limón... ¡son tantas para elegir! Al fin, como todas te parecen deliciosas, llevas una caja de cada una. Miras el reloj y te das cuenta de que ya se te hizo un poco tarde para preparar la cena, así que se te ocurre que deberías llevar una pizza y simplificarte la vida. Si llevas una pizza piensas que deberías comprar soda. Pones una botella en tu carro de compras, pero un atractivo letrero dice que si compras dos, ¡la tercera es gratis! Imposible dejar pasar esa oferta, así que pones las tres botellas, aunque una sola sea más que suficiente para la cena.

Para que no te sientas culpable por alimentar a tu familia de una manera poco saludable, decides también preparar una ensalada. Pero, ¿quién tiene tiempo de escoger, lavar y cortar la lechuga, zanahorias, tomates y demás verduras? Un paquete de ensalada previamente preparada te parece lo mejor, aunque cueste más del doble. Por supuesto, no puede faltar el postre; no sabes si llevar helado de vainilla o de chocolate, así que pones los dos en tu carrito de compras, acompañados por una lata de crema batida y una botellita de cerezas en almíbar.

Al fin, te diriges a la salida. Mientras la línea de espera para pagar avanza lentamente, no puedes evitar leer los titulares de las revistas de chismes que están en el mostrador. Te mueres de ganas por conocer quién es la nueva novia de tu actor favorito, o de ver las fotos secretas de «la mala» de la telenovela que demuestran que se hizo cirugía. Lo sabías; nadie se ve tan joven a los cincuenta años. Colocas disimuladamente la revista en la canasta y la escondes debajo del pan... por si acaso alguien de la iglesia está alrededor.

Como sigues esperando y tienen otros productos a la mano, pones también un par de paquetes de goma de mascar, una bolsita de nueces, una barra de chocolate y una caja de baterías, por si acaso las del control remoto de tu televisor dejan de funcionar. Y por supuesto, un nuevo lápiz labial. Hasta que al fin, cuando llega el momento de pagar, te das cuenta de que tienes el carrito lleno y vas a gastar diez veces más de lo que habías previsto, y para colmo, ¡se te olvidó la leche!

¿Alguna vez te ocurrió algo similar? Si estás sonriendo, probablemente la respuesta es que sí. Y no hablemos de lo que pasa cuando vas al centro comercial a «mirar los ventanales», y regresas a casa con dos bolsas de ropa, zapatos y accesorios suficientes para que tu esposo sufra un infarto de billetera.

> *No hablemos de lo que pasa cuando vas al centro comercial a «mirar los ventanales», y regresas a casa con dos bolsas de ropa, zapatos y accesorios suficientes para que tu esposo sufra un infarto de billetera.*

Lo que pasa, mi amiga, es que te convertiste en una víctima más de la trampa de las compras impulsivas.

Si estás acostumbrada a comprar por impulso o cuando encuentras una «oferta irresistible», tal vez justifiques tu forma de pensar diciendo que «una vez al año no hace daño», o que es difícil luchar contra el constante bombardeo de la sociedad moderna que nos empuja al consumismo. Si realmente es «una vez al año», entonces no te preocupes... creo que todas deberíamos darnos algún gustito de vez en cuando, siempre y cuando esté dentro de nuestras posibilidades. Y en relación con el bombardeo de publicidad, tienes toda la razón; parecería que no podemos prender el televisor, la computadora, la tableta, el radio o simplemente caminar por las calles sin sentirnos constantemente tentados con todo tipo de productos que supuestamente harán nuestra vida más fácil y placentera. Pero recuerda que no es sabio dejarse llevar por la emoción de una compra impulsiva.

> *Comprar por impulso y sin planificación previa podría poner en riesgo no solo tus finanzas, sino también tu estabilidad familiar y emocional.*

Aunque no lo creas, comprar por impulso y sin planificación previa podría poner en riesgo no solo tus finanzas, sino también tu estabilidad familiar y emocional. Las estadísticas demuestran que una gran mayoría de los problemas entre la pareja tienen que ver con el dinero, y nuevos estudios comprobaron que las peleas causadas por desacuerdos sobre la manera de manejar las finanzas determinan el éxito o el fracaso de una relación.[9] Creo que algunas parejas serían más felices si estuvieran tan profundamente enamoradas, como están profundamente endeudadas.

> *Creo que algunas parejas serían más felices si estuvieran tan profundamente enamoradas, como están profundamente endeudadas.*

Déjame darte una simple regla que mi esposo y yo decidimos poner en efecto hace ya varios años. Lo que pasaba muchas veces en nuestros primeros años de casados era que cada vez que uno de nosotros salía a comprar una cosa, volvía con diez, tal como en el ejemplo que te acabo de relatar. Y digo «uno de nosotros», pero aquí entre nos, te cuento que quien tenía ese problema no era yo, sino él... ¡para que veas que no siempre las mujeres somos quienes gastamos más!

Entonces, para evitar problemas, llegamos a un acuerdo simple pero efectivo, que desde entonces mantenemos: ninguno de nosotros puede hacer una compra grande ni comprometerse a un gasto sin previamente consultarlo con el otro y ambos estar de acuerdo. De esa manera, tanto mi esposo como yo tenemos el suficiente tiempo para analizar la situación y así tomar una decisión basada en nuestro presupuesto y necesidades, y no en deseos o emociones. Esa simple regla nos ahorró muchos dolores de cabeza, nos enseñó a ejercer dominio sobre nuestras finanzas y nos ayudó a fortalecer nuestra relación de pareja.

> *Esa simple regla nos ahorró muchos dolores de cabeza, nos enseñó a ejercer dominio sobre nuestras finanzas y nos ayudó a fortalecer nuestra relación de pareja.*

Entonces, mi amiga, para evitar caer en la trampa de las compras impulsivas, te sugiero que hagas lo mismo: no hagas una compra grande ni te comprometas a un gasto sin previamente consultarlo con tu esposo y que ambos estén de acuerdo. Podrían poner un monto máximo, dependiendo del lugar donde vivas o la situación económica personal. Y si no estás casada, busca a una amiga en quien sabes que puedes confiar para que te ayude a mantener tu palabra.

AHORA ES TU *turno*

Si de verdad quieres ejercer control sobre tus gastos, no dejes para mañana lo que puedes hacer hoy. Analiza tu situación, piensa y decide cuál debe ser el monto máximo que deberías acordar. Sé realista y honesta. Puedes anotarlo ahora, y hablar con tu esposo —o una amiga de confianza— al respecto, o pueden decidirlo juntos. ¡Te aseguro que tu esposo te lo va a agradecer!

Hoy me comprometo a no gastar más de $ _____ sin previamente hablar con _____ (mi esposo, mi amiga, etc.).

2. **SEGUNDA TRAMPA.** DISFRUTAR AHORA Y PAGAR DESPUÉS

Otra de las trampas peligrosas en el manejo de tus finanzas es el famoso «compra ahora y paga después», que como muchos descubren, se podría convertir en «compra ahora y sufre después».

Para evitar caer en esta trampa, quisiera que recuerdes dos reglas básicas:

- No compres a crédito cosas que pierden valor con el tiempo.
- No hagas compromisos económicos basándote en la falsa seguridad de algo que está fuera de tu control.

Para ilustrar estas reglas, tengo un par de ejemplos:

Caso #1

Conozco a una familia que se fue de vacaciones con un paquete completo, evaluado en miles de dólares, confiando en que podrían pagarlo durante los siguientes meses. Disfrutaron de un lindo tiempo de diversión, pero lamentablemente, unas semanas después el esposo perdió el empleo. Ahora, están atrapados en este compromiso, todavía pagando no solo el costo, sino también los intereses del préstamo que obtuvieron. Por supuesto, este compromiso económico puso un gran peso extra en su situación financiera y familiar, y las lindas memorias de unas vacaciones inolvidables fueron eclipsadas por el peso de la deuda actual.

> *Entiendo y comparto la importancia de disfrutar y crear memorias, pero no creo que sea necesario gastar miles de dólares para lograrlo.*

Entiendo y comparto la importancia de disfrutar y crear memorias, pero no creo que sea necesario gastar miles de dólares para lograrlo. Como te conté en el capítulo donde refiero parte de mi historia, después de que renuncié a un excelente trabajo para dedicarle tiempo a mi familia, nuestra situación económica sufrió un cambio trascendental, pero mi esposo y yo siempre encontramos maneras creativas de disfrutar nuestro tiempo juntos, y aún lo seguimos haciendo.

Caso #2

Unos amigos nos contaron que su joven hijo quería comprarse un automóvil. En Estados Unidos es común que al cumplir los dieciocho años, los jovencitos quieran tener la independencia que les da un vehículo, porque en ciertas ciudades más que un gusto es una necesidad. El joven tenía un trabajo relativamente estable, y había estado ahorrando ocasionalmente por unos meses. Sus padres le dijeron que, si ahorraba de forma metódica por un año, ellos le ayudarían con un monto específico para que pudiera comprarse un auto usado y confiable. Una excelente oferta que solamente necesitaba disciplina y paciencia.

Pero el joven no pudo esperar.

Un par de semanas después se presentó en casa con un flamante auto último modelo con todos los lujos y dispositivos de la tecnología moderna, y que brillaba más que una moneda de plata. Dijo que el amable vendedor le aseguró que podría pagar las cómodas cuotas mensuales sin problemas, lo llevó a dar una vuelta por el vecindario haciendo alarde de todos sus atributos, y le ofreció la conocida oferta de «maneje ahora y pague después».

> *Y el joven cayó en la trampa. Una firma en el contrato fue suficiente para sellar su sentencia.*

Y el joven cayó en la trampa. Una firma en el contrato fue suficiente para sellar su sentencia.

Emocionado con su nueva adquisición, el muchacho no tomó en cuenta que los automóviles no son impulsados por aire, sino por gasolina, y que la gasolina cuesta dinero. Además, no pensó en el costo del seguro de automóvil, que por ley todo conductor debe tener vigente y es bastante caro para jóvenes inexpertos. No consideró tampoco el precio de estacionar, los costos de mantenimiento, ni los incontables gastos extras que acompañan a ser dueño de un vehículo. Y eso, sin ni siquiera pensar en sus necesidades personales, como por ejemplo... ¡comer!

Después de varios meses en los que todo el dinero que ganaba se iba directamente a cubrir los gastos de su nuevo auto, se dio cuenta de que no podía seguir viviendo así, y con todo el dolor de su corazón decidió venderlo. Pero para entonces, comprobó con horror que el precio que le pagarían por su automóvil era más bajo que el monto de la deuda que todavía debía al banco, porque como sabrás, un automóvil es una de esas cosas que pierde valor con el tiempo. Para hacer la historia corta, el joven se quedó sin auto y sin ahorros, y todavía sigue pagando el resto de su deuda. Nuestros amigos nos dijeron que cada vez que ven a su hijo ir al trabajo en su bicicleta, esperan que recuerde la lección que aprendió.

AHORA ES TU *turno*

Quisiera pedirte que tomes unos minutos para analizar las dos historias que te acabo de contar: la de la familia que salió de vacaciones a crédito y la del joven que se compró un auto nuevo.

1. ¿Cuál regla se rompió en la primera historia?

2. ¿Y en la segunda?

3. ¿Qué deberían haber hecho diferente en ambos casos?

Primer caso:

Segundo caso:

4.   ¿Qué aprendiste de esas historias?

_____

_____

_____

_____

3. **TERCERA TRAMPA.** GASTAR MÁS DE LO QUE GANAS

En vez de hacer compromisos económicos basándote en la falsa seguridad de algo que está fuera de tu control, o en vez de comprar ahora y pagar después, es siempre mejor ahorrar ahora y comprar después. Esto es lo que hacían nuestros abuelos, y lo que aún se acostumbra en algunas ciudades y pueblos de nuestra Latinoamérica.

No sé cómo sería la situación en tu caso, pero cuando yo era niña las tarjetas de crédito eran poco comunes, y si no había dinero para algo, no se compraba y punto. Ahora las cosas son diferentes, especialmente en las grandes ciudades, donde utilizar tarjetas y tener buen crédito es parte necesaria del manejo financiero. Pero manejarlas irresponsablemente podría hacerte caer en la tercera trampa: gastar más de lo que ganas. Algunos actúan como si el monto del crédito que está en su tarjeta fuera dinero propio, cuando ese número es simplemente la cantidad de dinero que el banco o la institución crediticia está ofreciendo prestarles. Y generalmente, con un interés estrafalario. Conozco casos en los que las personas tratan a su tarjeta como otra fuente de ingresos, y cuando llegan al máximo en el crédito, abren otra tarjeta para pagar la primera... y así pasan meses y hasta años de su vida «desvistiendo a un santo para vestir a otro», hasta que algunas terminan en bancarrota y pierden todo lo que tienen. ¡No permitas que esto te ocurra!

Entonces, mi amiga, si tienes una tarjeta de crédito —o varias— te tengo dos reglas importantes:

1. Compra solamente lo que esté dentro de tu presupuesto.
2. Comprométete a pagar el saldo total al final de cada mes.

Si pones en práctica estas dos simples reglas, aportarás al fortalecimiento de tu crédito y no tendrás que pagar ningún interés. Y, a veces, podrías ganar puntos o recompensas que generalmente ofrecen algunas instituciones bancarias.

Cuando yo era niña las tarjetas de crédito eran poco comunes, y si no había dinero para algo, no se compraba y punto. Ahora las cosas son diferentes.

Algo que quisiera aclararte es que estas son solamente algunas sugerencias que te doy basándome en mi experiencia personal como mamá y esposa, y en la influencia de expertos en el tema con quienes tengo el placer de trabajar y aprender. Existen organizaciones y herramientas que pueden ayudarte a manejar tus finanzas, salir de las deudas, y tener una vida próspera y efectiva, por ejemplo Finanzas con Propósito,[10] Paz Financiera,[11] o el Instituto para la Cultura Financiera,[12] con quienes tengo el placer de colaborar de cerca desde hace varios años. Te sugiero aprender de ellos y aplicar estos principios en tu vida.

Nos guste o no, nosotras las mujeres tenemos la mala fama de no saber controlar nuestros impulsos cuando se trata de dinero.

Mi amiga, nos guste o no, nosotras las mujeres tenemos la mala fama de no saber controlar nuestros impulsos cuando se trata de dinero. Puede que esto no siempre sea cierto, pero inspira cientos de historias al respecto, como la que te cuento a continuación para que rías un poquito.

Un joven le dice a su papá:

—Papá, ¿puedo usar tu tarjeta de crédito? Tengo que hacer una compra por Internet y es la única manera de hacerlo.

El papá le dice:

—Lo siento mucho, no puedo. Me robaron la tarjeta hace un par de meses.

El muchacho asombrado le pregunta:

—¡Hace un par de meses! ¿Y por qué no lo has denunciado a la policía?

Y el papá responde:

—Mira mi hijo, la verdad es que me conviene dejar las cosas como están, porque me llegó el estado de cuenta... ¡y el ladrón gasta menos de lo que gasta tu mamá!

Honestamente...

1. ¿Cuál es tu actitud con respecto al dinero? Marca la que te describe o añade otras:

   • Es un símbolo de éxito y prosperidad

   • Es el principio de todos los males

   • No es importante

   • Ayuda a alcanzar la felicidad

   • _____

   • _____

   • _____

   • _____

   • _____

2. ¿Compraste alguna vez alguna cosa por impulso, o algo que perdió su valor con el tiempo? Escribe algunas ocasiones que recuerdes. ¡Tal vez te falte espacio!

   _____

   _____

   _____

   _____

   ¿Valió la pena? Sí ▤   No ▤   ¿Porqué? _____

   _____

   _____

   _____

   _____

   _____

3. ¿Qué evoca para ti el color verde? ¿Qué te viene a la mente cuando piensas en este color?

_____

_____

_____

_____

_____

_____

4. ¿Por qué crees que está relacionado con el dinero?

_____

_____

_____

_____

_____

5. Para algunos, el color verde es usado para describir un sentimiento negativo. ¿Puedes completar esta frase?

Cuando vi el auto nuevo de la vecina me puse verde de

_____

6. Honestamente, ¿te consideras una persona envidiosa?

Sí ▉   No ▉   De vez en cuando   ▉

Lee los siguientes versículos. Tal vez los conozcas de memoria, pero de todas formas hazlo detalladamente:

He aprendido a contentarme, cualquiera que sea mi situación. Sé vivir humildemente, y sé tener abundancia; en todo y por todo estoy enseñado, así para estar saciado como para tener hambre, así para tener abundancia como para padecer necesidad. Todo lo puedo en Cristo que me fortalece.[13]

Algo que me parece interesante al leerlos es que creo que el versículo 13 —uno de los más repetidos y memorizados— ha sido utilizado muchas veces fuera de contexto. Aunque es cierto que nuestra fortaleza viene de Dios, y que para Él no hay nada imposible, creo que en este caso claramente Pablo está hablando del contentamiento.

7. ¿Estás de acuerdo?
   Sí ▨   No ▨

8. ¿Por qué?

   _____

   _____

   _____

   _____

   _____

CONTENTA, PERO NO CONFORME

Podemos aprender mucho de aquellas personas que deciden agradecer a Dios por lo que tienen, pero no dejan de luchar contra viento y marea para superarse y alcanzar sus objetivos. En otras palabras, eligen estar contentas con su vida, pero no conformes con sus circunstancias. Sobre la base de su ejemplo, quiero hablarte de un concepto que aprendí hace algunos años y que se conoce como «principio del contentamiento». Este concepto fue hecho popular por mi buen amigo, el doctor Andrés Panasiuk, fundador del Instituto para la Cultura Financiera, quien ha estado enseñando por años cómo implementar herramientas prácticas para el manejo efectivo del dinero

> *Podemos aprender mucho de aquellas personas que deciden agradecer a Dios por lo que tienen, pero no dejan de luchar contra viento y marea para superarse y alcanzar sus objetivos.*

a través de sus libros, conferencias, el programa de radio que conducimos juntos y seminarios de capacitación.

Precisamente hace un tiempo tuve el gusto de colaborar con él en uno de sus libros más recientes: una novela histórica situada hace varios siglos en un lejano país del medio oriente, pero que contiene principios que se pueden aplicar también en nuestra época. No solo participé en la edición de la obra, sino que se me ocurrió insertar en la trama algunos personajes y situaciones que añadieron un poco de romance y suspenso... Creo que de vez en cuando hace falta un toque femenino para hablar de un tema tan árido como el de las finanzas.

> *Creo que de vez en cuando hace falta un toque femenino para hablar de un tema tan árido como el de las finanzas.*

Luego de su exitosa presentación, pude viajar con un excelente equipo a varios países dando conferencias sobre este tema, y también como parte del grupo central del congreso internacional «La mujer que prospera». Además de las experiencias vividas y las amistades forjadas, las miles de vidas transformadas por estas enseñanzas fueron y son mi mejor recompensa.

El principio del contentamiento, o de la satisfacción personal, dice simplemente que debemos aprender a estar contentos y a disfrutar de la vida sin importar el lugar en el que en este momento nos encontremos en la escala social o económica.[14]

Este concepto es utilizado para hablar de finanzas, pero creo que se puede aplicar también en varias áreas de nuestra vida. Como verás en muchos de los ejemplos e historias que narro en este libro, estar contento con tu situación no significa que debes tener una actitud conformista respecto a ella.

• El **conformismo** logra que una persona se resigne a sus circunstancias y deje que estas moldeen sus pensamientos, emociones, decisiones y futuro. Es como ponerte un zapato pequeño que te lastima, pero lo sigues usando aunque te cause dolor o produzca ampollas, y no haces nada por cambiarlo. Es como decir: «Ni modo, así es mi vida. No me queda más que aceptarla y sufrir en el camino». Es resignarte a existir, en vez de decidirte a vivir en plenitud.

- El **contentamiento**, por otra parte, es una actitud hacia la vida. Es aceptar nuestras circunstancias, pero luchar por mejorarlas. Es abrir un hoyo en los zapatos viejos para que no nos lastimen mientras tratamos de conseguir zapatos nuevos. Es estar agradecidos por lo que somos y por lo que tenemos, pero trabajar constantemente para superarnos y alcanzar nuestras metas e ideales. Es elegir aprender de nuestros errores e inspirar con nuestro ejemplo. Es decidir que nunca es tarde para volver a empezar.

> *Debes tener un profundo compromiso de hacer las cosas con excelencia y de avanzar en la vida, pero, al mismo tiempo, aprender a disfrutar con intensidad el lugar en el cual te encuentras hoy.*

La próxima vez que las cosas parezcan difíciles y te sientas tentada a dejarte llevar por emociones negativas, recuerda este principio. Debes tener un profundo compromiso de hacer las cosas con excelencia y de avanzar en la vida, pero al mismo tiempo, aprender a disfrutar con intensidad el lugar en el cual te encuentras hoy.

Mi amiga: lo más importante en la vida no son las cosas. Decide hoy implementar cambios en tu vida económica y ejercer dominio sobre tus finanzas. Aprende día a día a darte cuenta de que tus necesidades no son tantas como piensas, y que uno pude vivir sin muchas cosas materiales y aun así tener un corazón agradecido y contento. Esfuérzate y trabaja para inspirar a otros por la vida que vives y no por las cosas que posees. Porque donde esté tu tesoro, allí también estará tu corazón.

Honestamente...

1. ¿Estás contenta con lo que tienes?

    Sí ■   No ■   Más o menos ■

    Dijimos que contentamiento no es conformismo. Recuerda que es importante estar agradecida por lo que tienes, sin dejar de trabajar por lo que quieres.

2. Escribe algunas cosas por las que estás agradecida, y otras que quisieras alcanzar:

    Estoy agradecida por:

    _____

    _____

    _____

    _____

    _____

    Voy a trabajar por:

    _____

    _____

    _____

    _____

    _____

En tu tiempo personal con el Señor, te sugiero leer el libro de Filipenses, especialmente el capítulo 4. Subraya y medita en los versículos que te hablen más al corazón sobre los temas que aprendimos hoy, y pídele a Dios que los haga una realidad en tu vida.

3. Ahora, nombra algunas ideas simples y creativas para disfrutar con tu familia sin gastar mucho dinero. Van a ser diferentes dependiendo de tus circunstancias particulares, como el área donde vives o la edad de tus hijos, pero estoy segura de que puedes encontrar muchas.

- Salir a caminar o a dar un paseo.
- Planear un pícnic.
- Ir al zoológico o a algún museo.
- Armar rompecabezas o realizar juegos de mesa.
- Fabricar voladores (cometas, barriletes, papalotes, volantines... ¡o como le digan en tu país!) y salir a disfrutarlos.

- _____
- _____
- _____
- _____
- _____
- _____
- _____
- _____

4. Marca con un círculo las que te gusten más, y comprométete a llevarlas a cabo pronto, tal vez empezando este fin de semana. Si estás siguiendo este libro con un grupo de amigas, coméntales tus sugerencias, y la próxima vez que se reúnan cuéntales los resultados de tu experiencia.

Ahora, te invito a leer las siguientes frases:

Con el dinero se puede comprar:
Una casa, pero no un hogar.
Una cama, pero no el sueño.
Un libro, pero no la inteligencia.
Maquillaje, pero no la belleza.
Un beso, pero no el amor

La medicina, pero no la salud.
La compañía, pero no la amistad.
La diversión, pero no la felicidad.
Un crucifijo, pero no la fe.
Un lugar en el cementerio, pero no el cielo.

5.   Profundo, ¿no crees? Entonces, haz una lista de todo lo que tú tienes y que el dinero no puede comprar. No tiene que estar en orden de importancia. Te aseguro que, si piensas bien, esta página no va a ser suficiente.

_____

_____

_____

_____

_____

_____

CAFÉ *poético*

Vimos que hay mucho que el dinero no puede comprar. Es esencial aprender a encontrar alegría en la simplicidad de lo que nos regala la vida. Son aquellas cosas sencillas, pero profundas, las que tienen el poder de cautivar nuestra mente, acariciar nuestra alma y ayudarnos a vivir con un corazón agradecido. Esas pequeñas grandes cosas son las que, realmente, nos hacen bien.

> *Son aquellas cosas sencillas, pero profundas, las que tienen el poder de cautivar nuestra mente, acariciar nuestra alma y ayudarnos a vivir con un corazón agradecido.*

Bien

Me hace bien amar la noche, disfrutar de su silencio
de esa intimidad que encubre cuando todo ya acabó
descubrirme entre sus velos, derramarme en un poema
confesarle mis anhelos, transformarme en quien yo soy.

Me hace bien leer un libro de clásicos inmortales
intentando discernir la mente de algún autor
aproximar a mi tiempo lo que antaño fue expresado
sumergirme en una historia, transportarme a otra nación.

Me hace bien invertir tiempo en conocerme a mí misma
en descubrir el propósito por el cual Dios me creó
meditar en mi pasado, aceptar este presente
e imaginar un futuro que aún no tiene conclusión.

Me hace bien retar mi mente con desafíos constantes
aprender continuamente, filosofar sin razón
revisar enciclopedias, descifrar más acertijos
darle vida a inspiraciones, no conformarme con hoy.

Me hace bien recordar temas empolvados en el tiempo
esas canciones que llenan alma, mente y corazón
al tañer de una guitarra transportarlas al presente
y dejar que me acaricien, que renueven mi pasión.

Me hace bien compartir sueños, libros, coplas y poemas
pretender de vez en cuando que este mundo es de los dos.
Me hace bien que alguien me piense, aunque sea desde lejos.
Me hace bien que alguien me quiera. Me hace bien oír tu voz.

MIS *notas* Y *pensamientos...*

CAPÍTULO 7
Negro

Todo es noche, noche oscura,
Ya no veo la hermosura
De la luna refulgente,
Del astro resplandeciente
Tan solo siento el calor,
No hay nubes que el cielo dora,
Ya no hay alba, no hay aurora
De blanco y rojo color.

Ya no es bello el firmamento,
Ya no tienen lucimiento
Las estrellas en el cielo;
Todo cubre un negro velo,
Ni el día tiene esplendor,
No hay matices, no hay colores,
Ya no hay plantas, ya no hay flores,
Ni el campo tiene verdor...

Si piensas que estas tristes palabras fueron escritas por alguien sumido en la más profunda oscuridad, no te equivocas. En este caso, la oscuridad del alma de la autora era reflejo de sus circunstancias externas. María Josefa Mujía, considerada una de las primeras poetisas del romanticismo boliviano, perdió la vista cuando tenía solo catorce años. Desde entonces se dedicó a escribir versos llenos de dolor y desencanto, lo cual le dio el sobrenombre de «La Alondra del Dolor».[1] Las líneas que te acabo de intercalar forman parte de su obra más conocida, creada a mediados del siglo diecinueve, la cual se titula precisamente «La ciega». Ella le dictó estos versos a su hermano, quien luego los dio a conocer públicamente. En el resto del poema describe con profunda melancolía sus circunstancias, temores y dolor, y concluye con una frase que es aún más desgarradora: «Y en medio á tanta desdicha / Sólo me queda una dicha, / Y es la dicha de morir».[2]

> *El negro tiene la capacidad de lograr que los otros colores contrasten más notoriamente y realcen aún más su belleza, y demostrar que, en los momentos más oscuros, es cuando podemos ver mejor la luz de las promesas eternas.*

A través de los siglos, el color negro ha tenido una connotación negativa. Se asocia con muerte, dolor, depresión, miedos, preocupaciones y problemas. Con esa oscuridad del alma que algunas veces nos envuelve, empaña nuestra sonrisa y turba nuestro corazón. Con situaciones que generalmente llegan cuando menos las esperamos y que, algunas veces, nos afectan tanto que pueden hacernos sentir paralizadas o creer que nuestro mundo está al revés.

Sin embargo, por otra parte, el negro tiene la capacidad de lograr que los otros colores contrasten más notoriamente y realcen aún más su belleza, y demostrar que, en los momentos más oscuros, es cuando podemos ver mejor la luz de las promesas eternas.

Y de eso y más vamos a hablar en este capítulo.

CÓMO INMOVILIZAR A UN TIBURÓN

Hace un tiempo vi un interesante documental en el que se muestra la manera sutil e ingeniosa en la que las orcas capturan a una de las presas más difíciles de cazar: las rayas marinas. No me refiero a las mantarrayas, esos dóciles e inofensivos gigantes, a quienes también atacan. En este caso, hablo de aquellas conocidas como «raya látigo», «raya venenosa» o «pastinaca». Estas criaturas son peligrosas y saben cómo defenderse; no son como los pececitos que pueden tragarse enteros o capturarlos sin problemas. Las rayas pertenecen a la misma familia de los tiburones, pero en vez de dientes filosos, están armadas con una cola en forma de lanza que puede llegar a medir hasta quince pulgadas (unos treinta y ocho centímetros). Es tan aguda y cortante que ha sido comparada con una bayoneta colocada sobre un látigo, y en algunas especies contiene una toxina venenosa. La utilizan diestramente y puede transformarse en un arma letal.[3]

Las orcas son también conocidas con el sobrenombre de «ballenas asesinas». Pero estos cetáceos no son técnicamente ballenas, sino que pertenecen a la categoría de los delfines. Por lo tanto, son altamente inteligentes y trabajan muy bien en equipo. Estos astutos animales están siempre aprendiendo nuevas habilidades, y en este caso, idearon una ingeniosa técnica para atrapar a su difícil presa.

Biólogos marinos descubrieron que esto es lo que ellas hacen: primero, las orcas observan el comportamiento de las rayas. Al hacerlo, ven que para descansar estas buscan refugio entre las rocas del oscuro fondo del océano, introduciendo la cabeza en sus resquicios y dejando que lo único que sobresalga sea su aguijón en la cola, como un símbolo de advertencia. Las orcas se dieron cuenta de que, si las rayas no tuvieran la protección de las rocas, sería obviamente más fácil atacarlas. Entonces su astuto plan empieza cuando tratan de hacer lo posible por alejarlas de la seguridad del lugar donde están resguardadas.

Después de varios intentos, logran su objetivo: la raya se aleja de la protección de las rocas y empieza a nadar libremente.

Uno podría creer que ahora es el momento en el que atacan inmediatamente a su presa. Pero al contrario, no intentan un ataque directo; ellas saben que al hacerlo podrían ser seriamente lastimadas por el aguijón.

Es entonces que ponen en práctica una estrategia cuidadosa que requiere mucho tacto y paciencia, y que es remarcable por su creatividad.

> *Su astuto plan empieza cuando tratan de hacer lo posible por alejarlas de la seguridad del lugar donde están resguardadas.*

En un principio actúan como si ignoraran a su presa y simplemente nadan a su alrededor, pretendiendo ser inofensivas. Puede pasar un buen tiempo, hasta que, cuando la desprevenida raya menos se lo espera, una de las orcas la atrapa rápidamente por el lado, y sin soltarla, gira su propio cuerpo —barriga arriba— hasta que ambos animales quedan cabeza abajo, manteniéndola en posición invertida.

Confundida y asustada, y para calmar su pánico, la raya secreta una gran cantidad de serotonina, que es una substancia química neurotransmisora. Y esa secreción inesperada causa un efecto no deseado: la inmoviliza. El animal cae en una especie de trance, su visión se nubla y queda paralizada. Este fenómeno es conocido como «inmovilidad tónica». Es un estado natural de parálisis que algunos animales experimentan, en la mayoría de las ocasiones cuando se presenta una amenaza.[4] En este caso, las rayas tienen un sistema interno muy delicado, y están condicionadas a interpretar su mundo en la forma normal y no al revés.

> *Esa inhabilidad de reconocer el peligro, adaptarse al cambio de circunstancias y controlar sus reacciones, la convierte en presa fácil de su peor enemigo.*

Esa inhabilidad de reconocer el peligro, adaptarse al cambio de circunstancias y controlar sus reacciones, la convierte en presa fácil de su peor enemigo.

Sin embargo, esta técnica no es solamente usada por las orcas con las rayas marinas. Curiosamente, otra delegación de científicos que seguían a un grupo de estos cetáceos cerca de las costas de California descubrió que las orcas utilizaron el mismo sistema para atacar... ¡nada menos que a tiburones![5] Como te dije, estos pertenecen a la misma familia de las mantarrayas, y también pueden sufrir los efectos de la inmovilidad tónica.

Me pareció muy interesante ver cómo las orcas esperaban pacientemente a que estos grandes depredadores estuvieran descuidados, y cuando menos lo esperaban, simplemente los cogían por un lado y los invertían —la misma técnica que utilizan con sus primas las mantarrayas— hasta que literalmente quedaban paralizados. Y como los tiburones necesitan mantenerse constantemente en movimiento para poder utilizar el oxígeno del agua, morían sofocados y se convertían en la cena. ¿No te parece increíble que, siendo el tiburón uno de los animales más temidos del océano, pueda ser totalmente neutralizado de una manera tan simple?

La verdad, no solo aprendí interesantes cosas con ese documental, sino con la investigación que hice al respecto para poderte hablar más apropiadamente de este tema. Pero la razón por la que te menciono estas historias no es solamente para que conozcas un poco más sobre el fascinante mundo marino, sino porque creo que existen significativas similitudes con situaciones que podrían presentarse en nuestra propia vida.

Lo cierto es que tu situación puede cambiar de un instante a otro, y cuando menos lo esperas podrías ser atacada, ya sea en tu salud, tus finanzas, tu familia o tu corazón.

Tal vez seas tan grácil como una mantarraya, de armas tomar como la raya látigo, o tan temible como un tiburón. No importa que las cosas permanezcan tranquilas, o que estés en constante estado de atención. Lo cierto es que tu situación puede cambiar de un instante a otro, y cuando menos lo esperas podrías ser atacada, ya sea en tu salud, tus finanzas, tu familia o tu corazón... Y, al igual que estos animales, muchas veces esos ataques podrían hacerte sentir que tu mundo está de cabeza, tu situación es incierta, y tu futuro parece tan turbio y negro como el oscuro fondo del mar.

Honestamente...

1. ¿Alguna vez te sentiste «inmovilizada» por tus circunstancias?
    Sí ■ No ■

2. Escribe brevemente alguna etapa difícil en tu vida y cómo la superaste. Y si estás estudiando este libro junto a un grupo de amigas, coméntala.

    _____

    _____

    _____

    _____

    _____

3. Te expliqué que las rayas buscaban refugio en las rocas, y que al apartarse de ellas eran vulnerables. Cada una de nosotras tenemos algo que nos hace sentir seguras. Aquí te menciono algunas cosas. Añade algunas otras:

    Familia ■

    Amigos ■

    Dinero ■

    Inteligencia ■

    Personalidad ■

    _____

    _____

    _____

    _____

    _____

    Ahora, lee los siguientes versículos:

«El Señor es mi roca, mi fortaleza y mi salvador;

mi Dios es mi roca, en quien encuentro protección.

Él es mi escudo, el poder que me salva

y mi lugar seguro».[6]

«El que habita al abrigo del Altísimo

Morará bajo la sombra del Omnipotente.

Diré yo a Jehová: Esperanza mía, y castillo mío;

Mi Dios, en quien confiaré.

Él te librará del lazo del cazador».[7]

4. ¿Dónde deberías sentirte segura y protegida? ¿Quién debería ser tu seguridad y refugio?

Entonces, recuerda:

«El Señor está cerca de los quebrantados de corazón,

y salva a los de espíritu abatido.

Muchas son las angustias del justo,

pero el Señor lo librará de todas ellas».[8]

Medita en esas preciosas promesas. Si es posible, memorízalas. Vas a ver que van a hablarte al corazón cuando más lo necesites.

CUANDO MI MUNDO SE PUSO DE CABEZA

Quisiera contarte una situación personal que me ocurrió hace un par de años, y que precisamente me hizo sentir como esos tiburones o mantarrayas: sorprendida por algo inesperado y con mi mundo al revés.

Como alguna vez te comenté, desde hace varios años tengo el gran placer de aceptar invitaciones a fin de viajar a diferentes ciudades y países para dar conferencias y entrenamientos, presentar mis libros, participar en congresos, o enseñar en iglesias y organizaciones. En esta ocasión, después de dar una conferencia en un congreso multitudinario en México, a mi retorno a Estados Unidos me quedé unos días en Miami para participar de Premios Águila —el galardón internacional a la excelencia en los medios de comunicación y las artes cristianas— y pronunciar unas palabras como la invitada especial de la ceremonia de gala. Cada año disfruto enormemente al participar en ese y otros eventos que se llevan a cabo simultáneamente en el marco de una importante convención anual, y al encontrarme con buenos amigos y colegas.

Al concluir la presentación, me di cuenta de que mi teléfono mostraba una llamada perdida y un mensaje de mi esposo. Como mi horario es impredecible cuando estoy de viaje, generalmente él espera a que yo lo llame en la noche desde mi habitación del hotel para conversar tranquilos, así que supuse que era alguna pregunta relacionada con nuestros hijos, o que simplemente no podía encontrar algo que necesitaba.

Pero nunca me imaginé lo que había sucedido.

Traté de escuchar el mensaje que me dejó grabado, pero como todavía yo me encontraba dentro del salón y en el medio del bullicio del evento, no me fue posible entender lo que decía. Pero de lo que sí me di cuenta fue de que el mensaje sonaba algo raro y terminaba abruptamente, sin el usual «I love you» al que estoy acostumbrada y con el que siempre se despide. Ya un tanto intranquila, decidí salir de la sala para poder escuchar mejor. Puse el mensaje nuevamente y aun así todavía me resultó difícil entenderlo; la voz de mi esposo se escuchaba extraña, como arrastrando las palabras, y lo que decía no

> *La voz de mi esposo se escuchaba extraña, como arrastrando las palabras, y lo que decía no tenía mucho sentido. Después de repetirlo una y otra vez, logré entender algunas frases y palabras que me dejaron paralizada.*

tenía mucho sentido. Después de repetirlo una y otra vez, logré entender algunas frases y palabras que me dejaron paralizada: «accidente de auto», «no me puedo mover» y «hospital».

En el mismo momento en el que yo estaba en el escenario de este importante evento, el automóvil que manejaba mi esposo había sido completamente destruido en un choque en una carretera de alta velocidad.

El centro de convenciones está adjunto al hotel, así que inmediatamente corrí a mi habitación, mientras marcaba una y otra vez el teléfono de mi esposo, sin recibir respuesta alguna. La incertidumbre de lo ocurrido, sumada a la distancia geográfica que nos separaba, hicieron que mi corazón se llenara de ansiedad; los dos mil kilómetros de distancia entre Miami y Chicago se sentían como dos millones. «¿Qué ocurrió? ¿Cuán grave está mi esposo? ¿Estaba solo o con mis hijos durante el accidente?», eran algunas de las preguntas que se agolpaban en mi mente. Comencé a llamar frenéticamente a algunos amigos, pero ninguno había escuchado nada. Llamé a su oficina; no hubo respuesta. Nuevamente a su teléfono celular. Nada.

Y entonces, cuando el miedo y la angustia amenazaban con asfixiar mi razón, recordé aquellas palabras que había memorizado desde hacía tanto tiempo, pero que llegaron como un bálsamo a mi alma: «Por nada estéis angustiados, sino sean conocidas vuestras peticiones delante de Dios en toda oración y ruego, con acción de gracias. Y la paz de Dios, que sobrepasa todo entendimiento, guardará vuestros corazones y vuestros pensamientos en Cristo Jesús».[9]

Y eso fue lo que hice. Y al hacerlo, se calmó mi corazón. Y comprobé que en los momentos oscuros es cuando más brilla la luz de las promesas eternas.

Ya un poco más tranquila, pude pensar más claramente. Llamé a mis vecinos, quienes me dijeron que mis hijos habían llegado como siempre a casa en el bus del colegio. ¡Qué alivio! Se ofrecieron a llevarlos a cenar y a quedarse con ellos esa noche. Di las gracias a Dios porque mis niños estaban bien, y por los buenos amigos dispuestos a dar una mano.

Inmediatamente comencé a llamar a los centros de emergencia cercanos al área donde vivimos. ¡Lo peor del caso es que yo no tenía ninguna de la información que me pedían! No sabía cuál de nuestros automóviles era el que mi esposo estaba manejando, dónde y cuándo ocurrió el accidente, con qué ropa estaba vestido... absolutamente nada. ¿Te imaginas mi frustración?

Después de contactar a cuatro diferentes hospitales, de esperar en línea, de ser transferida de una a otra sección sin conseguir resultados, y de frustrantes conversaciones con recepcionistas de poca paciencia, finalmente una de ellas me dio la respuesta que anhelaba escuchar: el nombre de mi esposo estaba en su lista. Lo tenían en la sala de emergencias.

Pero el alivio me duró poco. Toscamente se me dijo que por políticas de privacidad del hospital no podían darme detalles de su situación, a no ser que yo estuviera presente y comprobaran que era su esposa, porque él estaba inconciente. Expliqué que me encontraba fuera de la ciudad y que no podría estar de regreso hasta el día siguiente, pero nada parecía ablandar el corazón de esa persona. Pedí hablar con alguien más. Nuevamente me pusieron en espera. Mientras escuchaba la música en el auricular, no me quedaba más que seguir pidiendo la intervención divina.

> Al fin, luego de varios minutos que me parecieron una eternidad, el Señor contestó mi oración de una manera sorprendente.

Al fin, luego de varios minutos que me parecieron una eternidad, el Señor contestó mi oración de una manera sorprendente.

Me respondió una enfermera en otra área del hospital. Ella me dijo que «por pura casualidad» estaba cerca del teléfono cuando lo escuchó timbrar, y aunque no era parte de su trabajo, decidió atenderlo. Al explicarle la situación y decirle el nombre de mi esposo, no pude creer lo que escuché: ella era una de las enfermeras a cargo de cuidarlo, y se hallaba a unos pasos de la habitación donde él estaba internado. ¡Imposible creer que había sido simplemente una coincidencia! En un hospital con miles de personas en constante movimiento, esa solo pudo haber sido la mano de Dios.

La enfermera me repitió que no podía darme información detallada por teléfono, pero a diferencia de la anterior persona, lo hizo de una forma amable y compasiva. Y entonces, para mi sorpresa, bajó un poco la voz y me dijo quedamente: «Querida, no te preocupes. Él se encuentra estable, aunque bastante lastimado. No te debería decir esto, pero parece que no tiene ningún hueso roto, así que con la ayuda de Dios todo va a salir bien. Descansa esta noche, y mañana cuando vuelvas de tu viaje ya vas a poder verlo y cuidarlo en persona». Y con eso, me colgó. Nunca supe quién era esa enfermera, pero sus palabras y dulzura fueron un remanso en esos difíciles momentos. ¡Qué importante tratar a todos con respeto y compasión!

Ya al regresar me enteré de lo que ocurrió: un joven conductor inexperto que iba a exceso de velocidad perdió el control de su vehículo y chocó contra el auto de mi esposo. Iba a más de noventa millas por hora —unos ciento cincuenta kilómetros— y lo golpeó con tal fuerza que lo mandó girando hasta el otro lado de la carretera. Con la fuerza del primer impacto, mi esposo rompió con su propia espalda el respaldo de su asiento, lastimándose la columna vertebral. Lo peor de esto —que ocurrió en un par de segundos, pero que a él le pareció que transcurría en cámara lenta— fue que, como el espaldar de la silla se rompió y cayó hacia atrás por su peso, él estaba casi en posición horizontal mientras el auto daba vueltas, y no le era posible alcanzar el volante para poderlo estabilizar. Hasta que llegó un segundo impacto, esta vez lateral, que lo dejó casi atrapado dentro de los hierros retorcidos de su auto, aturdido y sin poderse mover. Es allí donde recuerda vagamente haberme llamado y dejado ese mensaje, para después perder la conciencia. Luego le dijeron que los rescatistas tuvieron que cortar con una sierra y arrancar la puerta del vehículo a fin de poderlo sacar y así ponerlo en la ambulancia para llevarlo de emergencia al hospital.

No voy a aburrirte con los detalles de todo lo que ocurrió después y de las múltiples consecuencias de este accidente: tratamientos, operaciones, hospitales, complicaciones, terapias, secuelas, abogados, seguros, formularios, deudas... basta decir que este accidente puso un alto a nuestra vida, y nos enseñó una vez más a confiar en la provisión y el cuidado de Dios. Mi esposo tuvo que dejar de trabajar durante su recuperación, y para cuidarlo tuve que cancelar algunos contratos e invitaciones a eventos fuera de mi ciudad, porque me alejarían de mi hogar. Fue entonces que, nuevamente, las prioridades determinaron nuestras decisiones, pero comprobamos que, aun en medio de los problemas, Dios ha sido y será fiel. Gracias a Él, aunque con algunas secuelas, poco a poco las cosas fueron retornando a la normalidad.

> *Fue entonces que, nuevamente, las prioridades determinaron nuestras decisiones, pero comprobamos que, aun en medio de los problemas, Dios ha sido y será fiel.*

LA FAMILIA QUE SÍ PUEDES ELEGIR

Algo que ese tiempo también nos demostró es el gran efecto que tiene el apoyo incondicional de los amigos, vecinos y compañeros, y especialmente de las personas dentro de la familia de la fe. Comprobamos que por algo nos llamamos «hermanos», y que existen personas que al ver la necesidad estuvieron inmediatamente dispuestas a ayudar sin esperar nada a cambio, inclusive con cosas sencillas, pero necesarias, como recoger a nuestros hijos o traernos algo para la cena durante las primeras semanas de recuperación. Una tarjeta, una llamada, un mensaje y hasta un simple abrazo fueron esas pequeñas grandes cosas que marcaron una gran diferencia en el proceso y nos llenaron el corazón de gratitud. Demostraron que es cierto que «en todo tiempo ama el amigo, y es como un hermano en tiempo de angustia».[10]

¿Tienes amistades con quienes puedes contar? ¿Tienes personas a tu alrededor que están dispuestas a darte una mano? Espero que así sea. Y si asistes a una comunidad de fe, la respuesta debería ser «sí».

Desde que tengo el privilegio de dirigir el ministerio de mujeres de una de las iglesias de más influencia en mi ciudad, he comprobado en carne propia que las amistades sinceras que se desarrollan dentro de este entorno tienen una profunda influencia en nuestras vidas, y son sin duda un regalo de Dios. No menciono nombres por temor de omitir algunos, pero al leer estas líneas ellas van a saber quiénes son. ¡Gracias de corazón por su confianza y cariño!

Existen ocasiones en las que la asistencia que necesitas podría ser más profunda y personal que una simple muestra de apoyo. Creo que en algunos casos es importante encontrar ayuda profesional adecuada, especialmente si tienes que lidiar con complicados asuntos mentales, familiares o emocionales, o con problemas profundos que parecen no tener una solución cercana. Para esto existen consejeros acreditados, pastores y profesionales médicos.

No obstante, para el resto de las cosas, además de tu familia —o cuando esta se convierte en parte del problema— la ayuda más cercana, duradera y constante la

> *¿Tienes amistades con quienes puedes contar? ¿Tienes personas a tu alrededor que están dispuestas a darte una mano? Espero que así sea. Y si asistes a una comunidad de fe, la respuesta debería ser «sí».*

puedes encontrar en quienes te conocen mejor: tus amigos. La amistad es el remedio seguro para aliviar cualquier pena. Todos necesitamos amigos de verdad.

Los amigos son aquellos que saben cómo eres y así y todo te aceptan, con virtudes y defectos.

Quienes se ríen con tus alegrías y sienten tus tristezas.

Quienes respetan tu privacidad, pero están a la orden cuando los necesitas.

Quienes aún te recuerdan con cariño pese al tiempo y a la distancia.

Quienes te ayudan sin esperar nada a cambio y no tienen reparo en decirte las cosas tal como son, aunque a veces resulte difícil.

Quienes pueden pasar horas simplemente escuchándote, y con un simple abrazo tienen el poder de consolar tu corazón.

Sin embargo, quiero que consideres algo esencial: la amistad es una calle de dos vías; debes estar dispuesta a ofrecer lo que esperas recibir de los demás; la carga es más liviana cuando es compartida. El primer paso en el camino de ayudar a otros es aprender a entenderlos, y para esto es imprescindible desarrollar un corazón compasivo.

Si decides ejercer empatía ante las circunstancias de otros, o como se dice coloquialmente «ponerte en sus zapatos», vas a ver cómo la compasión se despierta en tu corazón, aunque tal vez no llegues a comprender la magnitud de su situación o el porqué de sus decisiones o reacciones. Si nos diéramos el tiempo para conocer y entender, tal vez no seríamos tan rápidos en juzgar y podríamos ser más sensibles a la necesidad ajena.

«Sé cortés con todos, pero íntimo con pocos. Y prueba bien a esos pocos antes de entregarles tu completa confianza»,

> *La amistad es una calle de dos vías; debes estar dispuesta a ofrecer lo que esperas recibir de los demás; la carga es más liviana cuando es compartida.*

dijo alguna vez George Washington.[11] Existen viejas amistades de la infancia y juventud con quienes tal vez mantienes el contacto, y otras nuevas que van llegando a medida que pasa el tiempo y tus circunstancias cambian. Amistades podrían ser muchas, pero amigos deberían ser pocos. «Sobre toda cosa guardada, guarda tu corazón, porque de él mana la vida»,[12] expresa un sabio proverbio. Ten cuidado de a quién le muestras tu interior.

CAFÉ *poético*

Si hablamos de compasión, tratar de entender el dolor ajeno no quita la pena, pero acaricia la herida. Hace unos meses me enteré de una triste pérdida por la que atravesó una amiga, y no pude evitar escribir algo que me nació en el alma. Es mi esperanza que te inspire y llegue también a tu corazón.

Fragancia

Mentiría si dijera que yo sé cómo te sientes
que comprendo por completo tu dolor y tus angustias
que el sabor de tu nostalgia huirá con la corriente
que el llorar es pasajero, que tus flores no están mustias.

No me es posible pintarme al matiz de tus pesares
sin vivirlo en carne propia las palabras suenan vanas
mas si quieres, soy un hombro para lágrimas y azares
pues las penas compartidas hacen cargas más livianas.

Los amigos son remanso que acaricia esa tu ausencia
mejor pocos de los buenos, con lealtad definida,
y la fe que te sostiene forma parte de esa esencia
como bálsamo que sana poquito a poco una herida.

El invierno pisa fuerte y parece sempiterno
mas la primavera aguarda a través de la distancia...
tal vez nunca sea la misma, pero su consuelo eterno
tarde o temprano, en silencio, te inundará de fragancia.

LA ROPA SUCIA SE LAVA EN CASA

Como ves, deberíamos aprender a ser más sensibles a la necesidad ajena. Pero no siempre esa necesidad es evidente; muchas veces las personas se esconden detrás de máscaras que cubren su dolor, su soledad o su abandono.

Tal vez conozcas a alguien así.

Tal vez tú seas una de ellas.

Y te sientes sola, confundida, aislada y deprimida.

Mi querida amiga, ¡no te des por vencida! Aunque a veces sientas que no tienes fuerzas, recuerda que el Señor es tu refugio y fortaleza. Pero si hablamos de las personas que te rodean, está en tus manos dar el primer paso a fin de derribar tus propias barreras y abrir tus puertas para que otros te ayuden a alcanzar una nueva oportunidad.

Te repito: los amigos son la familia que sí podemos elegir. Como te dije, no deberían ser muchos; en este caso es calidad y no cantidad. Por ejemplo, yo estoy en contacto con un gran número de personas y tengo muchas amistades, contactos y conocidos por quienes siento un gran aprecio y cariño. Pero amigos de verdad, puedo contarlos con los dedos de la mano. De la misma manera que al tirar una piedra en el agua se pueden ver círculos concéntricos, así debería ser con quienes te rodean. El círculo más íntimo y que está más cercano a donde cayó la piedra es el más pequeño. Y es el que debería estar más cercano a tu corazón.

Aunque te resulte difícil creerlo, no eres la primera ni la última persona que está atravesando por circunstancias como las tuyas. Ya sea que tus problemas sean grandes o pequeños, familiares o laborales, económicos o espirituales, o hasta tragedias que no tienen explicación, siempre existe alguien que pasó por lo que tú estás pasando y que puede darte una mano.

> *Muchas veces las personas se esconden detrás de máscaras que cubren su dolor, su soledad o su abandono.*
> *Tal vez conozcas a alguien así.*
> *Tal vez tú seas una de ellas.*

Creo firmemente que una de las razones por las que Dios permite que atravesemos circunstancias difíciles es para que, una vez que nuestro carácter haya sido fortificado, podamos ayudar y guiar a otros, y compartir nuestra experiencia. Es más fácil que alguien escuche tu consejo cuando sabe que tú también estuviste en sus zapatos.

> *Es más fácil que alguien escuche tu consejo cuando sabe que tú también estuviste en sus zapatos.*

Lamentablemente, muchas mujeres deciden no pedir ayuda cuando realmente la necesitan, e insisten en lidiar en soledad con sus propios problemas, inclusive cuando están claramente hundiéndose más y más en un hoyo sin fin. Estas personas no quieren que otras se enteren de lo que les pasa, porque podría afectar su reputación, su imagen o la de su familia. El «qué dirán» de la gente les importa más que hallar la solución.

Tal vez escuchaste el popular dicho: «La ropa sucia se lava en casa». Pero hay veces que esa ropa sucia nunca es lavada y, al final, la suciedad y las manchas son tan profundas, que anulan la funcionalidad de la prenda y le quitan el valor. Entonces, ya no es útil para lo que fue creada.

No permitas que eso te ocurra. Busca ayuda.

Pero quiero aclararte algo: cuando hablo de pedir ayuda, no me refiero a contar todos los detalles íntimos de tu vida a cualquiera, o a quejarte constantemente de lo que te pasa. Todos conocemos personas así; parecería que no quieren en realidad encontrar una solución ni poner en práctica los consejos que reciben, sino que simplemente necesitan llamar la atención.

Te hablo de encontrar a alguien de confianza, que sepa escucharte y ayudarte; alguien con sabiduría, empatía y experiencia. Alguien de quien puedas aprender. Muchas veces podemos recurrir a consejeros, pastores, maestros o mentores, quienes pueden darnos una mano. Pero otras, simplemente necesitamos una buena amiga. Ella, sin duda, puede ayudarte a «lavar la ropa».

AHORA ES TU *turno*

1. ¿Tienes un grupo de amistades, vecinos o familiares con quienes puedes contar?
    Sí ▦   No ▦

2. ¿Tienes un círculo íntimo de amigas, o una amiga en especial?
    Sí ▦   No ▦

3. ¿Cuáles son las cualidades más importantes que tienen tus amigas? O si respondiste «no», ¿las que te gustaría encontrar en una amiga? Te menciono algunas. Añade otras:
    Honestidad ▦
    Optimismo ▦
    Paciencia ▦
    Disponibilidad ▦
    Confianza ▦
    Buen humor ▦

    _____

    _____

    _____

    _____

¡Me imagino que con esa descripción estás esperando encontrar a la amiga perfecta! Pero la verdad es que pocas veces vas a encontrar todas estas cualidades en una sola persona. Y aunque lo hagas, todas fallamos de vez en cuando. Por eso es importante tener un corazón dispuesto a entender y perdonar. Todos merecemos una segunda oportunidad.

4. De todas esas cualidades, ¿cuáles te describirán a ti?

_____
_____
_____
_____
_____

Recuerda lo que te dije: la amistad es una calle de dos vías; debes estar dispuesta a ofrecer lo que esperas recibir de los demás.

5. ¿Te resulta fácil pedir ayuda cuando sabes que la necesitas?
Sí ■   No ■

6. Si respondiste que «no», ¿cuáles son las razones?
Tengo miedo a ser rechazada ■
A nadie le interesa ■
No necesito a nadie ■
Me siento insegura ■
Yo puedo sola ■
No quiero que piensen mal de mí ■
Soy un tanto orgullosa ■

_____
_____
_____
_____

Mi amiga: es imposible evitar que se presenten situaciones difíciles en algún momento de nuestra vida. Aunque no lo creas, siempre existe alguien a tu alrededor que puede darte una mano; pero si no conocen la situación por la que estás pasando, no hay manera de que te brinden la ayuda que necesitas. Tal vez tuviste una mala experiencia en el pasado. ¡Es tiempo de perdonar! Vence tus temores o tu orgullo, intégrate a tu comunidad, y encuentra en algunos amigos la familia que tal vez te hace falta.

Este libro podría ser una excusa perfecta para poderte reunir con un grupo de mujeres, estrechar lazos con quienes ya conoces, o hacer nuevas amistades. Espero que, si no lo estás leyendo ya junto a un grupo de amigas, o implementándolo en el ministerio de mujeres de tu iglesia, puedas animar a alguien más a que te acompañe en esta aventura. Puede ser un grupo grande o pequeño, o inclusive una sola persona, pero te aseguro que no te vas a arrepentir.

> *¡Es tiempo de perdonar! Vence tus temores o tu orgullo, intégrate a tu comunidad, y encuentra en algunos amigos la familia que tal vez te hace falta.*

La carga es más liviana cuando es compartida.

¡ÁNIMO!

Si me sigues en las redes sociales o lees mi blog o mis artículos, tal vez te vas a dar cuenta de que generalmente los concluyo con la frase: «¡Ánimo, amigos!». A veces una simple frase tiene el poder de levantarnos el ánimo y darnos el empujoncito que necesitábamos para seguir adelante.

Muchas de las historias de importantes logros o sueños realizados son precisamente el producto de una palabra de aliento recibida a tiempo. Por ejemplo, las obras de Nathaniel Hawthorne, una de las figuras clave en el desarrollo de la literatura norteamericana, tal vez nunca hubieran existido si no hubiera sido por las palabras de aliento de su esposa.

> *A veces una simple frase tiene el poder de levantarnos el ánimo y darnos el empujoncito que necesitábamos para seguir adelante.*

Cuentan que Hawthorne volvió una vez a su casa totalmente devastado porque había perdido su trabajo como inspector de aduanas en la ciudad donde vivía. Era un trabajo que no le gustaba, pero brindaba la seguridad de cubrir sus gastos en una época de escasez nacional. Aunque él siempre había anhelado ser un escritor, nunca pudo dedicarse a hacer realidad su sueño por las responsabilidades de proveer para su familia.

Esa tarde, cuando le dio la mala noticia a su esposa, en vez de recibir quejas, llanto o alguna otra reacción que incrementara su preocupación, ella lo sorprendió con un abrazo de alegría:

—¡Ahora tienes tiempo para escribir tu libro! —le dijo contenta.

—Imposible, tengo que buscar inmediatamente un nuevo trabajo. ¿Cómo nos vamos a mantener si me dedico a escribir?

Para su sorpresa, ella abrió una caja y sacó una gran cantidad de monedas y billetes, y le dijo algo que le daría fuerzas para perseguir sus sueños y así cambiar su destino:

—Siempre he creído en ti. Sé que tienes el talento para crear una obra de arte y que escribir siempre fue tu sueño, y lo pusiste de lado para cuidar de nuestra familia. Entonces, cada semana separé un poco del dinero que me dabas para la casa. Y ahorré lo suficiente para que nos dure por lo menos por un año. ¡Persigue tu sueño!

Gracias al apoyo y la confianza de su esposa, ese hombre cambió su destino y regaló al mundo grandes obras literarias, como *La letra escarlata*, uno de los primeros libros de publicación masiva que salió al aire a mediados del siglo diecinueve. Este libro fue traducido a diferentes idiomas y sigue siendo leído por millares de personas, llevándose en numerosas ocasiones al teatro, y años después a la pantalla grande.[13]

¡Qué importante es recibir una palabra de aliento! Como leemos en Proverbios: «El hombre se alegra con la respuesta adecuada, y una palabra a tiempo, ¡cuán agradable es!».[14] Y esa palabra es agradable y bien recibida, especialmente en esos momentos en los que nos sentimos desanimados.

El desánimo es un sentimiento que podría traer muchos resultados negativos. Cuando uno está desanimado pierde las ganas de seguir adelante, no le encuentra sentido a las cosas, y podría inclusive abrirles las puertas a la depresión y otros serios problemas emocionales. Uno de los sinónimos de desánimo es precisamente «desaliento». Y en la carrera de la vida, muchas veces nos ocurre lo mismo que cuando corremos de verdad: nos quedamos sin aliento.

Existen varios factores que conducen a que una persona se desanime. Estos factores nos afectan a todos, sin importar género o edad, pero voy a referirme a aquellos que generalmente nos afectan a nosotras las mujeres. Aquí te presento una lista y algunos breves comentarios en relación con cada uno. Los puse todos con la letra «F».

> *Uno de los sinónimos de desánimo es precisamente «desaliento». Y en la carrera de la vida, muchas veces nos ocurre lo mismo que cuando corremos de verdad: nos quedamos sin aliento.*

- Fatiga
- Frustración
- Fracaso
- Fastidio
- Faenas
- Familia
- Físico

Fatiga. Es fácil desanimarse cuando estamos cansadas. Ya sea que seamos amas de casa, o más aún si tenemos que equilibrar trabajo fuera y dentro del hogar, las responsabilidades y los problemas nos agobian y muchas veces no encontramos un tiempo para descansar. Y la fatiga no solo podría ser física, sino también emocional.

Frustración. Es ese sentimiento que surge cuando no logramos nuestros deseos. A veces nos frustran cosas relativamente sin importancia y el desánimo es temporal. Pero muchas veces las mujeres nos vemos obligadas a poner a un lado nuestras propias aspiraciones, necesidades o deseos para dedicarnos a los demás. Esta es una de las muchas causas que podrían provocar que vivas en un estado constante de frustración.

> Muchas veces las mujeres nos vemos obligadas a poner de lado nuestras propias aspiraciones, necesidades o deseos para dedicarnos a los demás.

Fracaso. A veces somos muy exigentes con nosotras mismas. En algunas ocasiones nuestras mejores intenciones no son suficientes y las cosas no salen como esperábamos. O peor aún, sentimos que aunque tratamos de hacer lo mejor, estamos fracasando en nuestro papel de mujer, madre o esposa, aunque no necesariamente sea cierto.

Fastidio. En otras palabras: mal humor. Tal vez existan algunas cosas que lo justifiquen en ciertas ocasiones, pero si somos sinceras, hay días en que nos levantamos con el pie equivocado y —ya sea por las hermanas o las hormonas— no nos podemos aguantar ni a nosotras mismas. Y si se produce una discusión, por ejemplo, con nuestro esposo, no nos ponemos histéricas, sino históricas... ¡nos acordamos de todos los errores pasados!

Faenas. No necesito mencionarte nuevamente todas las responsabilidades y tareas que una mujer tiene que hacer, especialmente dentro del hogar. Parecería que ni bien termina una tarea, otra empieza, y hay que hacerlo todo nuevamente. Con tanto trabajo, dentro y fuera de la casa, cualquiera se desanima.

> Si somos sinceras, hay días en que nos levantamos con el pie equivocado y —ya sea por las hermanas o las hormonas— no nos podemos aguantar ni a nosotras mismas.

Familia. La familia es una bendición de Dios, pero hay veces que las inevitables peleas o problemas entre nuestros hijos, con nuestro esposo, o la familia cercana, nos afectan y lastiman. Y aquí deberíamos incluir los problemas que podrían presentarse dentro de tu familia en la fe o con amigos. ¡Nadie es perfecto!

Físico. Este tema es tan relevante para la gran mayoría de las mujeres, que dediqué un capítulo entero para hablar al respecto. Te invito a revisar nuevamente el capítulo titulado «Amarillo». Pero basta decir que muy pocas mujeres —o tal vez ninguna— se sienten completamente conformes con la manera en la que se ven o con su apariencia exterior. Los años pasan, pesan y pisan... ¡y eso también nos desanima!

Creo que esta lista comprueba que todas necesitamos que alguien nos anime, ya sea por cosas importantes, como cuando estamos atravesando un serio problema, o tan triviales como cuando nos encontramos una nueva arruga al mirarnos al espejo y nos hace sentir mal. En mi caso, una de las cosas más dulces que me ocurre de vez en cuando es cuando mi esposo o alguno de mis hijos me dice que me veo linda justo cuando recién me acabo de levantar de la cama y me asustaría yo misma al verme en el espejo. Algo tan simple como eso me ayuda a empezar mi día con una sonrisa y ganas de conquistar al mundo.

> *Una de las cosas más dulces que me ocurre de vez en cuando es cuando mi esposo o alguno de mis hijos me dice que me veo linda justo cuando recién me acabo de levantar de la cama y me asustaría yo misma al verme en el espejo.*

Se trate de algo grande o pequeño, es interesante comprobar que la mayoría de las personas dicen que su éxito se debe en gran parte a una palabra o muestra de aliento que recibieron en el camino, justo en el momento en el que lo necesitaban. Y esto es así ya sea que hablemos de gente famosa o con talentos especiales, como artistas, escritores, atletas, músicos o inventores, o simplemente de personas comunes y corrientes. Tal vez tú misma recuerdes alguna ocasión en la que estabas a punto de rendirte cuando alguien te dijo: «Sigue adelante, esfuérzate... ¡no te rindas!».

Para concluir, por supuesto que no puedo dejar de mencionar esa popular porción de la Escritura que seguramente escuchaste muchas veces, y que espero la tengas grabada en la memoria, como yo. Está en Josué 1 y dice: «Mira que te mando que te esfuerces y seas valiente; no temas ni desmayes, porque Jehová tu Dios estará contigo en dondequiera que vayas».[15] Sin duda, es uno de los mejores ejemplos de cómo las palabras de ánimo tienen el poder para transformar tu destino.

La mayoría de las personas dicen que su éxito se debe en gran parte a una palabra o muestra de aliento que recibieron en el camino, justo en el momento en el que lo necesitaban.

AHORA ES TU *turno*

1. Escribe los siete factores que generalmente causan desánimo. Como recordarás, todos empiezan con la letra «F».

    1. _____ ■
    2. _____ ■
    3. _____ ■
    4. _____ ■
    5. _____ ■
    6. _____ ■
    7. _____ ■

2. ¿Cuáles de estas situaciones son las que más te desaniman? Márcalas en la casilla que está al lado de cada una.

3. ¿Qué crees que podrías hacer para evitar que algunos de estos factores te afecten? Por ejemplo, si marcaste «fatiga», la solución podría ser tan sencilla como tratar de dormir mejor, o tomar un breve descanso cuando estás a punto de sentirte desanimada.

4. Escribe a continuación algunas ideas o soluciones prácticas que podrían ayudarte.

    • Fatiga: _____

    _____

    • Frustración: _____

    _____

    • Fracaso: _____

    _____

    • Fastidio: _____

    _____

• Faenas: _____

_____

• Familia: _____

_____

• Físico: _____

_____

Para concluir esta sección, te invito a que leas estas preciosas palabras. Atesóralas en tu corazón. Y si las memorizas, verás que te servirán de ánimo en el momento que más lo necesites.

¿No has sabido, no has oído que el Dios eterno es Jehová, el cual creó los confines de la tierra? No desfallece, ni se fatiga con cansancio, y su entendimiento no hay quien lo alcance. El da esfuerzo al cansado, y multiplica las fuerzas al que no tiene ningunas. Los muchachos se fatigan y se cansan, los jóvenes flaquean y caen; pero los que esperan a Jehová tendrán nuevas fuerzas; levantarán alas como las águilas; correrán, y no se cansarán; caminarán, y no se fatigarán.[16]

CAFÉ *poético*

No siempre las cosas están en blanco y negro, sino que podrían ser grises. Algunas veces no estamos ni deprimidas, ni fatigadas, ni frustradas... simplemente nos envuelve un sentimiento de melancolía; ese estado de ánimo que no es depresión, ni profunda tristeza, pero que a veces puede dejarnos con un eco de nostalgia.

No creo que necesariamente sea algo negativo, a no ser que te quedes estancada en él. Es un sentimiento que a veces va de la mano con la creatividad y que forma parte de la vida de muchos músicos, artistas y poetas.

En mi caso, más que gris lo describiría con un tono color sepia. Sepia es ese matiz descolorido que tienen las fotografías de antaño, precisamente las que podrían despertar ese sentimiento de añoranza que es tan familiar para muchos. Este poema lo escribí precisamente cuando me sentía así.

Sepia

Tengo el alma en tono sepia,
los colores se han aguado
no está blanca, no está negra,
ni se nota demasiado.

pero al mirarla de reojo
por resquicios, observando,
hoy no la veo brillante,
hoy no la siento anhelando,

no la percibo expectante,
no la descubro soñando...
mas creo que nadie sabe
que el fulgor la ha abandonado.

Creo que es mejor guardarla
y dejar que en su remanso
poco a poco sus matices
recuperen del cansancio.

Estos días de nostalgia
con pinceladas de antaño
de vez en cuando me ponen
amarillentos los años.

EL BAÚL DE LOS RECUERDOS

Creo firmemente que todos hemos sido llamados a infundir aliento a quienes lo necesitan. La misma Palabra nos dice que llevemos los unos las cargas de los otros,[17] y que debemos animarnos, alentarnos y edificarnos.[18] Existen muchas maneras de hacerlo, y me imagino que tú puedes nombrar algunas.

Todos podemos ser alentados por medio de lo que sentimos, escuchamos o recibimos. Y una de las maneras más tangibles y evidentes es recibiendo algo por escrito.

Todos podemos ser alentados por medio de lo que sentimos, escuchamos o recibimos. Y una de las maneras más tangibles y evidentes es recibiendo algo por escrito.

Parecería que en esta era digital, el arte de escribir ya está siendo olvidado. Si bien es cierto que resulta agradable recibir un mensaje de texto o un correo electrónico, creo que pocas cosas se comparan con tener en la mano un pedazo de papel que podamos leer, guardar, releer y atesorar. Yo soy de esas personas que guardan casi todo lo que reciben con amor. Pienso que si alguien se tomó el tiempo de escribirme algo, lo consideró importante, y por lo tanto debería también significar algo importante para mí. Por ejemplo, en el último capítulo, titulado «Blanco», te hablo de una caja de antiguas cartas de alguien que ya no está a mi lado, las cuales aún conservo con amor. Y como orgullosa mamá —aunque para todo lo demás soy una persona muy organizada y tengo una casa limpia y ordenada— si pudieras ver algunos de mis cajones te sorprendería la cantidad de papelitos, notas y dibujos que me dieron mis hijos cuando estaban pequeños, y que todavía guardo y me niego a tirar. Y me atrevería a asegurar que tú también tienes por ahí escondido algún «baúl de los recuerdos», o alguna caja especial.

Cuando hablo de este tema en mis conferencias, me gusta llevar una pequeña caja con algunos de los incontables mensajes que conservo, para leerlos y mostrarlos a la audiencia. Algunos fueron claramente creados con tiempo y dedicación, como lo demuestran los colores, el diseño o el contenido. Y otros, son simplemente notitas. Mi esposo y yo tenemos la costumbre de dejarnos constantemente notas; creo que es uno de esos hábitos que se iniciaron desde antes de casarnos, y que aun ahora, después de más de veinte años, se han convertido en algo indispensable dentro de nuestra relación. Unas son románticas y personales, otras más prácticas y directas. Unas pocas son elaboradas y tomaron un buen tiempo, como algún que otro poema cursi —pero lleno de amor— que él me escribió. Y otras tan sencillas como una linda nota que mi esposo me dejó cuando estábamos recién casados —y que por supuesto aún conservo— escrita en una simple servilleta de papel.

Creo que pocas cosas se comparan con tener en la mano un pedazo de papel que podamos leer, guardar, releer y atesorar.

Honestamente...

1. ¿Tienes algún «baúl de los recuerdos»? Puede ser una caja, un cajón, ¡o un baúl de verdad!
    Sí ▪️   No ▪️   ¡Tengo muchos! ▪️

2. Hay una gran diferencia entre atesorar y acumular. ¿Guardas solamente aquellas cosas que tienen un valor sentimental, o te resulta difícil deshacerte de cualquier cosa, ya sea importante o no?
    Guardo todo ▪️   Lo tiro todo ▪️
    Guardo solo cosas de valor sentimental ▪️

    Tómate un tiempo en estos días para abrir alguno de esos cajones y dejar que tu alma se llene de recuerdos. Yo lo hice hace poco; te aseguro que no te vas a arrepentir.

    Y si estás siguiendo este libro con un grupo de amigas, trae algunas notas, cartas o mensajes la próxima vez que se reúnan... ¡y muéstrales tus memorias!

Nota de precaución:

    Quiero animarme a hablarte de algo delicado, pero que considero importante: si eres una mujer casada y en ese cajón todavía guardas una carta de algún «ex», algún amor pasado, o de otro hombre que no es tu esposo, te recomiendo deshacerte de ella. Hazlo inmediatamente y sin hesitar. No abras heridas o despiertes anhelos que podrían erosionar tu relación... aunque tal vez tu esposo nunca se llegue a enterar. «Sobre toda cosa guardada, guarda tu corazón; porque de él mana la vida».[19] No abras una puerta que tal vez te sea difícil volver a cerrar.

«Quién supiera escribir» es precisamente el título de otro de esos inmortales poemas creados por el español Ramón de Campoamor a mediados del siglo diecinueve, el cual cuenta la historia de una muchachita que tiene que recurrir a otra persona para escribirle a su amado una carta de amor, porque, como el título lo implica, ella no sabe escribir.[20] Pero obviamente, me imagino que ese no es tu caso.

> *Si eres una mujer casada y en ese cajón todavía guardas una carta de algún «ex», algún amor pasado, o de otro hombre que no es tu esposo, te recomiendo deshacerte de ella.*

Una de las descripciones más claras de la importancia de la palabra escrita está en una enseñanza que escuché alguna vez en boca de un reconocido autor y pastor estadounidense.[21] Él mencionó varias razones por las que consideraba que la palabra escrita tiene el poder de transformar una vida. Basándome en lo que aprendí, quisiera comentar algunas cosas contigo.

Escribir es un acto:

- Deliberado
- Determinado
- Directo
- Decisivo
- Duradero

Es un acto deliberado. Escribir una nota o una carta requiere de una inversión de tu tiempo. Tienes que apartar un espacio para hacerlo. Tal vez puedas pasar todo el día hablando, ¡pero no puedes pasar todo el día escribiendo! Entonces, cuando recibes una nota o una carta, sabes que alguien tomó deliberadamente la decisión de apartar un tiempo para pensar, sentarse y escribir.

Es un acto determinado. ¿Te ocurrió alguna vez que tuviste las mejores intenciones de escribir una nota o una carta, pero por cualquier razón al final nunca lo hiciste? Me anoto primera en la lista de culpables. Lo cierto es que existen muchas razones —o excusas— por las que alentar o agradecer a alguien por escrito se queda solo en una buena intención. Entonces, eso nos demuestra que cuando escribes una nota es algo que determinas hacer.

Es un acto directo. Yo creo que en ocasiones la palabra escrita puede ser más directa que la hablada. Al escribir, no tenemos que afrontar la intimidación o incomodidad que a veces podríamos sentir al hablar cara a cara con otra persona, y podemos decir directamente lo que sentimos y pensamos. Además, al contrario de la palabra hablada, tenemos la oportunidad de releer lo que escribimos y asegurarnos de que sea exactamente lo que queremos transmitir. Y mejor aún, podemos borrar lo que no nos gustó o hasta tirar el papel a la basura y empezar de nuevo.

> *Tal vez puedas pasar todo el día hablando, ¡pero no puedes pasar todo el día escribiendo!*

Es un acto decisivo. Antes de escribir, se necesita una decisión. No es algo que hagas accidentalmente o que no puedas controlar. No depende de la disponibilidad de la otra persona, sino de la tuya; puedes hacerlo en cualquier momento, ya sea que el otro esté presente o no. Escribir no está limitado por la distancia. Y esa decisión puede convertirte en una poderosa influencia en la vida de aquellos que amas o son importantes para ti.

Es un acto duradero. Lo que está escrito en un papel dura mucho más que nuestra memoria. ¡No sabes cuántas veces me hubiera gustado guardar de alguna manera algunas palabras que escuché y que se perdieron poco a poco en mis recuerdos! Si alguien te dijo alguna vez algo profundo, impactante, inspirador o que te ayudó a seguir adelante, seguramente vas a recordar el sentimiento. Pero si quieres conservar o transmitir algo por el resto de tu vida, ponlo por escrito.

Tus palabras escritas podrían perdurar más allá de tu propia existencia.

Escribir no está limitado por la distancia. Y esa decisión puede convertirte en una poderosa influencia en la vida de aquellos que amas o son importantes para ti.

¡MANOS A LA *obra!*

Para concluir te tengo un desafío.

Primero, quisiera pedirte que hagas una lista de todas las personas que son importantes para ti. Puedes empezar por tus familiares y amigos, y después pensar en pastores, maestros, o tal vez personas a quienes no conoces bien, pero de alguna manera son parte de tu vida. Menciónalas por su nombre. No tienes que hacerlo por orden de importancia. Y si no los conoces, pon algo relacionado con ellos, como «el guardia de la escuela de mis hijos» o «la mesera que siempre me atiende en mi restaurante favorito».

Pueden estar cerca o lejos. Quizás te venga al corazón algún misionero, pastor o maestro que tal vez nunca llegues a conocer en persona, pero que gracias a tus palabras se va a dar cuenta de que lo que está haciendo vale la pena... ¡Puede ser que hasta quieras incluir mi nombre en tu lista! Sería un honor.

Toma tu tiempo y piensa. Y si necesitas más espacio, usa un papel extra y colócalo en esta página del libro.

Ahora viene el desafío.

Comprométete a que, a partir de hoy, vas a dedicar intencionalmente unos minutos para escribir una carta de agradecimiento o simplemente unas palabras de aliento a cada una de las personas de tu lista.

Puedes hacerlo cada día, o cada semana... no importa. Lo importante es que lo hagas.

No tiene que ser una carta larga; puede ser una simple nota.

Puedes, por ejemplo, escoger una persona de tu lista cada día. Solo una, así va a ser algo breve, directo e intencional.

Cuando le hayas escrito la nota, marca su nombre en tu lista para que veas a quienes ya les escribiste. Y si puedes, al terminar de hacerlo, ora brevemente por él o ella.

Pero lo más importante: ¡no se te olvide mandarla! O, si está cerca, entregársela en su propia mano.

Como te dije, mi preferencia personal es papel y tinta. Pero si escribir a mano te intimida —o si prefieres usar tu computadora, tableta o teléfono celular— no importa, ¡hazlo de todas formas! Puedes escribirla e imprimirla, o mandar un correo electrónico, un texto, un tweet, un inbox a facebook, o un mensaje de texto. La verdad es que en estos tiempos modernos, no hay excusa. Al fin y al cabo, cuando se trata de animar a otros y dar una palabra de aliento, lo que más importa es la intención y el contenido, sin importar el medio, ¿no crees?

También te sugiero tratar de implementar en tu rutina diaria la costumbre de dejar notitas en casa a tu esposo o a tus hijos. Ponlas en los lugares que sabes que van a encontrarlas y que generalmente frecuentan o usan cada día. Yo las dejo en el refrigerador, en la almohada o hasta

Cuando se trata de animar a otros y dar una palabra de aliento, lo que más importa es la intención y el contenido, sin importar el medio, ¿no crees?

pegadas en la pantalla del televisor. Vas a ver qué lindo se siente cuando ellos a su vez lo hagan contigo.

Mi amiga, decídete a ser un agente de esperanza.

Infunde aliento, transmite ánimo, da fuerza a quienes lo necesitan.

Si dedicas unos simples minutos al día para hacerlo, vas a ver que este podría convertirse en un hábito que no solo va a ayudar a otros, sino que principalmente va a lograr que tengas un corazón agradecido.

Y ya que estamos hablando de escribir, una de las mejores maneras de ver la vida con optimismo y lidiar con todas esas situaciones negativas, como las que mencionamos en este capítulo, es escribir algo para ti misma. Por ejemplo, hay personas a quienes les gusta llevar un diario o blog con sus pensamientos y experiencias, y ciertamente puedes hacerlo. Pero yo te sugiero algo tan sencillo como separar un cuaderno y escribir todos los días una simple cosa por la que estás agradecida. Solo una. Simple o compleja, tonta o profunda. No importa. Escríbela. Y en esos días «negros» en los que te sientas triste o deprimida, simplemente saca tu cuaderno y lee tu lista. Y así vas a poder comprobar que tantas cosas te han sido dadas, que no deberías lamentarte por las que tal vez te han sido negadas. Y que un corazón agradecido nos ayuda a disfrutar más de la vida.

Y por mi parte, espero que este libro sea mi «nota de aliento» para tu vida.

> *Vas a poder comprobar que tantas cosas te han sido dadas, que no deberías lamentarte por las que tal vez te han sido negadas. Y que un corazón agradecido nos ayuda a disfrutar más de la vida.*

MIS *notas* Y *pensamientos...*

CAPÍTULO 8
Blanco

CUANDO SE HABLA DE NUBES, NIEVE O ESPUMA, EL COLOR BLANCO SE ASOMA de inmediato a nuestra mente. El blanco se asocia con la inocencia, pureza, paz y luz. Y seguramente sabes que la luz blanca, al pasar por un prisma, se descompone en la preciosa variedad de colores que integran un arco iris. Como nos estamos acercando al final de esta travesía, en este último capítulo no vas a encontrar preguntas, ejercicios, ni líneas para llenar. Simplemente quiero pedirte que te permitas disfrutarlo, aprender, y sobre todo, dejar que te hable al corazón.

¿Lista? Empecemos.

Buscando historias relacionadas con este color, descubrí que a finales del año 2014, en uno de los meses que rompió récords en las subastas de arte de Nueva York, la obra que llamó más la atención y que destacó por su singularidad fue un lienzo en blanco. Este lienzo, completamente vacío, fue creado por un pintor abstracto y se vendió... ¡por quince millones de dólares![1] A veces me pongo a pensar si escogí la profesión equivocada... De manera similar, leí que otra costosa obra que actualmente se exhibe en el Museo de Arte Moderno de San Francisco muestra simplemente un pedazo de papel en blanco.[2] Pero si uno se acerca, es posible ver algunos trazos ligeros, que fueron cuidadosamente borrados. La obra se titula «El borrado De Kooning» y fue creada por el pintor postmodernista Robert Rauschenberg, en un intento de demostrar que borrar algo previamente trazado es tan artístico y valuable como pintarlo. ¿Te imaginas cómo te hubieras sentido si alguien hubiera hecho eso con alguna de tus creaciones? Lo interesante de este caso es que cuentan que Willem De Kooning, el pintor original, no se molestó al enterarse de lo que se había hecho con su obra. Al contrario, agradeció la oportunidad de crear una nueva. Tal vez eso sea precisamente lo que necesitamos aprender.

CAFÉ *poético*

Me parece que este es el momento perfecto para que leas uno de mis poemas favoritos. Este poema fue inspirado en la infinita variedad de matices, memorias y sentimientos que llenan nuestra mente y corazón. Creo que de vez en cuando deberíamos aprender a ser vulnerables, entregar poco a poco esos colores, y revelar nuestra intimidad.

(Quiero aclararte que muchas de sus palabras están escritas como se pronuncian en el estilo coloquial de varios países latinoamericanos; es decir, con acento en la penúltima sílaba; por ejemplo: despintame, llevate o descubrime; no despíntame, llévate o descúbreme).

¡Qué lo disfrutes!

Despintame

No me robes un color... quiero entregártelos todos
para que poco a poquito me descubras sin medida
y en tu corazón se trace con un pincel de cariño
una acuarela de ensueños, un arco iris de vida.

Desde el carmesí profundo de mi pasión contenida
hasta ese pálido cobre de mis días de nostalgia,
el sutil verde que evocan mis ojos cuando te miran
y aquel gris aletargado de mis tardes solitarias.

Te entrego el naranja vivo de mañanas y alboradas
cuando una sonrisa grana se me escapa de los labios,

el añil de mis memorias que aparecen sin horario
cuando te pienso de día o sueño en la madrugada.

Te regalo el jade intenso de quimeras y esperanzas
que aunque se saben lejanas, sin pedirlo se dan cita
y el cenizo desvelado de mis noches de añoranza
salpicado de suspiros, como estrellas infinitas.

Los confines de mi alma tiñen de rojo profundo
el carmín apasionado de tus ansias y las mías
te lo entrego para verlo salpicado entre tu mundo
entrelazado en el nácar de mi piel y cercanía.

Llévate el rosado tenue de todas mis ilusiones
que plasmadas en poemas ya son parte de mi calma
y ese cristal transparente de mi intimidad descalza
para que siempre descubras lo que guardo aquí
    en el alma.

Te doy el turquesa grácil de mi voz y melodías,
el marfil de mis recuerdos, el sepia de mis memorias,
el amarillo radiante del sol que alumbra mis días
y el azul impenetrable de mis cielos y mi historia.

El castaño de mi pelo, el borgoña de mis labios,
el ámbar de mi perfume, el magenta de mi risa,
la ambrosía de mi cuerpo, el argén de mi mirada,
la escarlata de mis besos, el coral de mis caricias...

Como tengo más colores que mi intimidad arrulla
despíntame despacito, descúbreme con dulzura
y cuando me encuentres libre, transparente y solo tuya,
píntame toda de nuevo, y admírame con ternura.

NIDO VACÍO

La manera en que decides vivir tiene que estar en armonía con tus prioridades, principios, talentos, circunstancias y convicciones, y con el legado que quieres dejar.

Escuché alguna vez una linda frase que decía: «La mujer es la estrofa más exquisita del himno de la vida», y si te pones a pensar, una pieza musical es también una obra de arte. La armonía es parte fundamental de la música, y deberíamos aprender a sentirla y a sembrarla en cada oportunidad que se presente. No tienes que ser un músico profesional para darte cuenta de la importancia que esto encierra: la manera en que decides vivir tiene que estar en armonía con tus prioridades, principios, talentos, circunstancias y convicciones, y con el legado que quieres dejar.

Como recordarás, en uno de los capítulos anteriores (el que se titula «Anaranjado») les había pedido a aquellas mujeres que nunca tuvieron hijos, o que ya no los tienen a su lado, que se aseguraran de leer esta sección del libro. Sea o no tu caso, creo que al leer los siguientes párrafos vas a darte cuenta de la profunda influencia que tú, como mujer, puedes tener en la vida de alguien más.

Para esto, quiero contarte algo que me ocurrió hace algún tiempo.

Cada año, cuando se celebra el día de las madres, recibo varias invitaciones para ofrecer un mensaje especial en diferentes eventos. En esta última ocasión estuve en una de las iglesias más grandes y de más influencia en Estados Unidos, y a la que le tengo un cariño especial. Pasamos un excelente fin de semana con un desayuno de celebración, diversos servicios con un lleno total, regalos, música y sorpresas para todas las mamás. Como el tiempo se me hizo corto durante mi participación, no pude presentar todos los temas que tenía preparados.

Siempre me gusta quedarme después de los eventos a conversar con la gente. Ese día, mientras estaba sacándome fotografías con las personas que se acercaban para saludarme o que les firmara mis libros al final de la conferencia que di en el desayuno de celebración, me di cuenta de que una linda dama estaba esperando pacientemente para hablar conmigo. Cuando se me acercó, a tiempo de saludarme y agradecerme, me dijo algo que me llegó al corazón.

—Milenka —me dijo mirándome a los ojos—. Cada vez que hacen eventos como este me gusta venir y participar, porque disfruto al estar con amigas y siempre aprendo algo nuevo. Pero fechas como esta, en las que los hijos celebran a sus madres, son muy difíciles para quienes tenemos el nido vacío... —y poniendo su mano sobre la mía, añadió— especialmente para mujeres como yo, que nunca fuimos ni seremos mamás.

Le di un abrazo con todo el cariño que pude expresar, y le respondí con honestidad que siempre hago lo posible por incluirlas y honrarlas desde el púlpito. ¡Me sentí tan mal por no haber tenido suficiente tiempo en esa ocasión en particular! Al mirarla a los ojos me di cuenta de la importancia de darles la prioridad que se merecen, y me aseguré de hablar al respecto cuando participé en los servicios del día siguiente.

Como le dije a ella —y ahora te lo digo a ti— nunca dejo pasar la oportunidad de honrar a aquellas mujeres que tienen el nido vacío, y en especial a las que nunca fueron mamás. Y lo hago por una razón muy cercana a mi corazón: así como me ves, mucho de lo que soy es el producto del amor incondicional de una mujer que no fue mi madre. No le quito el crédito a mi mamá, y por supuesto estoy agradecida por todo lo que hizo por mí en mi niñez; pero como ella era madre sola, tenía otros cuatro hijos de quienes ocuparse. La mujer a la que me refiero era la hermana mayor de mi mamá, mi tía Nancy, a quien con cariño llamábamos «tía Nany».

LA INFLUENCIA DE UNA MUJER

Mi tía Nany tenía los ojos cansados pero la mirada dulce, una sonrisa capaz de sanar cualquier pena, y una risa cristalina que inundaba la casa y que aún resuena en mis oídos. Ella nunca se casó ni tuvo hijos, y fue para nosotros como nuestra segunda mamá. Sin su ayuda y constante apoyo, creo que a mi madre le hubiera resultado mucho más difícil salir adelante sola y sin un esposo que la respaldara. Mi tía consideró a los hijos ajenos como los suyos propios, y consagró su vida a invertir en nosotros su tiempo, recursos y dedicación. También se dedicó a apoyar a otros miembros de la familia. Dividía su tiempo entre tíos, primos, hermanos y sobrinos, y era para todos nosotros esa imagen de estabilidad que perdimos cuando nuestra abuela falleció.

Ella trataba a todos con cariño, y a veces era un cariño firme, tal vez un poco duro, porque no se andaba con rodeos y siempre esperaba lo mejor de los demás. Y por alguna razón, Dios le puso en el corazón un amor especial hacia mí. Esa mujer me amó como si yo hubiera nacido de sus entrañas, como debería amar una madre: con un amor incondicional. Ese amor que no debería depender de distancias, retribución o agradecimiento, ni estar regido por interés, ayuda o reconocimiento. Su amor permaneció firme a pesar de errores y aciertos, triunfos y derrotas, caídas y levantadas, distancia o cercanía. Ella fue una presencia constante en mi vida, y es de mi tía Nany de quien yo aprendí profundos valores que todavía rigen mi vivir.

De ella aprendí a nunca darme por vencida, a seguir adelante pese a cualquier problema, y que todo trabajo honrado es un trabajo digno. Aprendí que hay que ver la vida con optimismo pese a las circunstancias adversas. Aprendí que todos cometemos errores, pero que el perdón nos libera el alma. Aprendí que en esta vida nunca debemos dejar de luchar por lo que queremos, pero debemos estar agradecidas por lo que tenemos. Aprendí cómo se siente amar a alguien más que a una misma, y a sacrificarse por el bien de la persona que una ama. Aprendí lo que es el amor incondicional. Y después que el Señor tocó su corazón y se reveló a ella como su Salvador, aprendí con su ejemplo que Él debería estar siempre primero en nuestra vida.

Aprendí también que es posible ser una mujer profesional exitosa sin descuidar nuestro hogar. Aunque ella nunca se casó, me enseñó con su ejemplo muchas cosas que tienen que ver con el cuidado de la casa, mientras que al mismo tiempo desempeñaba su trabajo en una empresa. Mi tía Nany era como una abejita hacendosa; ¡nunca estaba quieta! Continuamente andaba haciendo algo para tener la casa limpia y ordenada. Además, era una hábil repostera, y aunque no soy una experta, gracias a ella me animo de vez en cuando a hornear algún pastel, queque o galletitas que —modestia aparte— me quedan para chuparse los dedos.

> *De ella aprendí a nunca darme por vencida, a seguir adelante pese a cualquier problema y que todo trabajo honrado es un trabajo digno.*

Lamentablemente no puedo decir lo mismo de mis dotes de cocinera. Cuando era una niña yo nunca aprendí a cocinar en casa, porque como ocurre en muchos de nuestros países latinoamericanos, casi siempre pudimos contratar a alguien que nos preparara la comida. En Estados Unidos la situación es diferente, y hacerlo resultaría muy costoso, así que durante mis primeros años de matrimonio tuve que arreglármelas como pude. Ahora no soy una chef, pero creo que no lo hago tan mal, aunque después de mis primeros intentos en la cocina, pensé en escribir un libro titulado: *Las peores recetas que nunca deberías preparar.* ¡Y mi pobre gringo tuvo que comerse por un buen tiempo mis experimentos! Lo que le agradezco es que —aunque no me lo creas— en más de veinte años de casados mi esposo nunca se quejó, ya sea que le haya preparado algún platillo que le pareció raro, o que haya terminado abriéndole una lata porque la comida se quemó. Y como buen hombre moderno, muchas veces era él quien se encargaba de esa área, y aún lo hace de vez en cuando.

Durante esos primeros años fuera de mi país, la manera más común de mantener el contacto a larga distancia era a través del correo regular; las llamadas telefónicas internacionales eran costosas y, por lo tanto, no tan frecuentes. Eso fue antes de que la Internet hiciera que comunicarse no costara tanto y fuera tan fácil como presionar un botón. En ese tiempo, obviamente recibía de vez en cuando correspondencia de familia y amigos. Pero cada semana esperaba con ansias un sobre rotulado con el puño y letra de mi tía. Ella me escribía algo todos los días, largo o breve, y me enviaba sin falta un sobre con el conjunto de cartas que había escrito durante la semana. Me contaba novedades, me daba consejos, me mandaba recetas, y hasta me hablaba de los últimos capítulos de su novela favorita. Era como si nunca me hubiera apartado de su lado. Fueron esas líneas las que me alegraron el alma y lograron que la distancia no se sintiera tan fuerte cuando la nostalgia golpeaba de vez en cuando mi corazón.

Fueron esas líneas las que me alegraron el alma y lograron que la distancia no se sintiera tan fuerte cuando la nostalgia golpeaba de vez en cuando mi corazón.

Mi tía Nany ya no está con nosotros. Ella falleció por una complicación médica después de que le hicieron una operación de rutina, semanas antes de venir a vivir conmigo a Estados Unidos. Nuestros planes se truncaron, y su sueño de conocer a mi esposo y ver crecer a mis hijos nunca se realizó. Te soy honesta; mientras escribo estas líneas no puedo evitar que se asomen un par de lágrimas. Pero son lágrimas agridulces, por la tristeza de no tenerla a mi lado, y la alegría de la certeza de que voy a verla de nuevo, donde ya no hay más dolor ni llanto, disfrutando la eternidad. Gracias a Dios por esa bendita esperanza. Si tú también perdiste a algún ser querido, seguramente me entiendes. Recuerda que no es un «adiós», sino un «hasta pronto».

Hace unas semanas encontré una caja que aún guardo, llena de sus cartas y recuerdos. Cada una de las páginas está impregnada de tanta dulzura, amor y orgullo, que al leerlas, todavía puedo ver sus dulces ojos verdes, o hasta escuchar en el alma su voz y su risa. ¿Y sabes? Me puse a pensar en algo: ella nunca vio los grandes logros y el éxito que años después yo alcanzaría en Estados Unidos; solo disfrutó de mis primeros pininos en mi tierra natal. Así que ese amor y orgullo que sentía por mí no estaban determinados por lo que hago, sino por quien soy. Y quien soy se lo debo en gran parte a ella.

> El hecho de no haber tenido hijos no significa que no puedas ser tan importante como una madre que los vio nacer. No necesitas haber dado a luz para ser una mamá.

Mi querida amiga, quise contarte esta historia, íntima y personal, no solamente para que puedas ver el profundo impacto que una mujer que no fue mi madre tuvo en mi vida, sino para que te des cuenta de que el hecho de no haber tenido hijos no significa que no puedas ser tan importante como una madre que los vio nacer. No necesitas haber dado a luz para ser una mamá.

Piensa en esto: quienes somos mamás tenemos los hijos que Dios nos envió y debemos aceptarlos tal y como son, haciendo lo posible por criarlos, guiarlos, y ser los mejores modelos para sus vidas. Pero si tú nunca tuviste hijos, o si ya dejaron el hogar y tienes el nido vacío, tienes la oportunidad de decidir a quién quieres influir. Tienes la opción de elegir a las personas en las que quisieras dejar una huella. Tu legado podría transformar su destino.

> Tú tienes la oportunidad de decidir a quién quieres influir. Tienes la opción de elegir a las personas en las que quisieras dejar una huella. Tu legado podría transformar su destino.

EL DISEÑO DE DIOS

Podría mencionar decenas de ejemplos de mujeres que no tuvieron hijos propios, cuyo legado continúa por generaciones y se multiplica para transformar la vida de miles. También, otras que teniendo ya una familia, abrieron su casa y su corazón, y cambiaron el futuro de un niño o niña a través del milagro de la adopción. O muchas otras que, siguiendo el mandato de la Palabra, eligieron ser mentoras de mujeres más jóvenes y una presencia constante en sus vidas.[3]

Mi amiga, cualquiera que sea tu caso, tal vez Dios ha puesto en ti la semilla que va a germinar y bendecir a millares de vidas. O tal vez no sean miles, sino cientos. O decenas. ¡O una sola! Siempre digo y repito que no todos tenemos una plataforma pública, pero todos tenemos un círculo de influencia, y ese círculo puede ser gigantesco, o tan pequeño como una semillita de mostaza. Aunque inviertas tu tiempo, talento y tesoro en una sola persona, y eso sirva para alentarla, ayudarla, acercarla más al Señor, y hacerle sentir tu amor incondicional, vas a poder comprobar que, como mujer, tienes en tu alma el regalo de la esperanza.

Siempre ha sido parte del diseño de Dios que las personas maduras guíen a otras más jóvenes dentro de la familia de la fe. En el segundo capítulo de la epístola a Tito, se exhorta a las mujeres mayores a vivir de una manera que honre a Dios, y se les da la comisión de instruir a las más jóvenes a amar a sus esposos y sus hijos, vivir sabiamente, ser puras y cuidar de su hogar.

Sin importar en qué etapa de la vida te encuentres, te aseguro que tú tienes experiencias para compartir que podrían servir de aliento y esperanza para otras mujeres, o inclusive tal vez simplemente como un símbolo de precaución. Todas tenemos algo que enseñar a medida que aprendemos del Señor. Por eso, te animo a que pienses en algunas mujeres en las que podrías verter tu experiencia, conocimiento, guía y orientación, y que pidas que Dios te dé la oportunidad de ayudarlas en el camino de la vida.

> *Siempre ha sido parte del diseño de Dios que las personas maduras guíen a otras más jóvenes dentro de la familia de la fe.*

Y si eres una mujer joven, te animo a buscar a aquellas personas a quienes admiras y cuya vida es un ejemplo que crees que deberías seguir, y a pedirles que te dediquen un poco de su tiempo. Tal vez tengan una charla informal, o se reúnan a tomarse un cafecito de vez en cuando, o quizás la relación se convierta en una amistad que dure por años y que les llene a ambas el corazón.

UNA HUELLA DE AMOR

Tengo una amiga que es un vivo ejemplo de dar sin esperar nada a cambio y dejar en otros una huella de amor. Lynne y su esposo Scott tienen una linda familia, con hijos propios y adoptados. No obstante, aun así continúan abriendo la puerta de su hogar y su corazón. Quiero invitarte a que leas algo que ella recientemente escribió, y que traduje y reproduzco con su autorización.

Pequeñito
por Lynne Liptak

El pequeñito mete sus manitas dentro mi abrigo para esconderlas del viento, mientras lo llevo en mis brazos en medio de una fría mañana de abril. Él es casi un bebito y depende de mí para su seguridad, sustento y escuchar su cuento favorito antes de dormir. Señala cada autobús escolar que nos pasa, cada camión de cemento, cada coche rojo, cada camión blanco. A él le encantan los dinosaurios casi tanto como la avena para el desayuno. Él sale de su baño matinal con su cabello chorreando agua y lleno de rizos. Está aprendiendo a ponerse sus calcetines y zapatos, con notable éxito para ser tan joven. Es un determinado escalador en el parque, y trepa sin temor estructuras creadas para niños mucho más grandes que él, mientras me estremezco desde abajo al ver sus precarios movimientos en su camino hacia la cima. Y Él escucha atentamente cuando cantamos «Jesús me ama» cada noche antes de ir a la cama.

Conozco estas cosas sobre él. Pero este pequeñito no es mi pequeñito. Él está con nuestra familia solamente por unas pocas semanas. Estamos cuidando de él a través de una organización llamada «Familias Seguras» mientras su madre hace un esfuerzo para volver a empezar, busca una vivienda y comienza un nuevo trabajo. Lo que esta valiente mujer está haciendo no es fácil. Ella me llama todos los días para preguntarme por su hijo y charlar con él (tanto como uno puede conversar con un niño por teléfono). Pongo el teléfono en altavoz y le hago cosquillas, para que su mamá pueda oír su risa. Le doy ánimo diciéndole cuán inteligente es su pequeñito y qué buen trabajo ha realizado con su niño. Le doy esperanza de un futuro mejor.

Disfruto tener a este pequeñito con nosotros y verlo integrado en nuestra familia por un tiempo. ¿Estamos resolviendo todos los problemas de su madre? ¿Estamos asegurando su éxito en el futuro? ¿Estamos ganándonos una medalla? No, no y no. Sabemos que no podemos arreglar las cosas a largo plazo para su atribulada familia. No podemos garantizar que este pequeñito vaya a terminar sus estudios o conseguir un buen trabajo. Ciertamente, no estamos ganando nada para nosotros mismos. Pero se nos ha dado la breve oportunidad de servir a otra vida. Una vida que está hecha a imagen de Jesús. Podemos mostrarle nuestro amor, aunque sea solo durante esta semana. O el día de hoy. O este momento en el que este pequeñito es parte de nosotros.

No podemos hacer grandes cosas, solo pequeñas cosas con gran amor.

> *Ciertamente, no estamos ganando nada para nosotros mismos. Pero se nos ha dado la breve oportunidad de servir a otra vida. Una vida que está hecha a imagen de Jesús.*

CON OJOS DE ETERNIDAD

En esta vida estamos de pasada. Existen un sinfín de frases y metáforas que hablan de lo corta que es nuestra existencia. Los días, meses y años transcurren en lo que parece un abrir y cerrar de ojos, y a veces se escurren como agua entre los dedos. Por eso es importante recordar que existe mucho más por venir. Si vemos la vida a la luz de lo eterno, nuestra perspectiva cambia. Y aunque solo estemos aquí por un tiempo efímero, la huella que dejemos puede tener resultados para la eternidad.

> *Si vemos la vida a la luz de lo eterno, nuestra perspectiva cambia. Y aunque solo estemos aquí por un tiempo efímero, la huella que dejemos puede tener resultados para la eternidad.*

Quiero hablarte de alguien que, en su breve paso por la vida, dejó una huella que aún permanece en el corazón de todos quienes la conocimos.

Clari tenía una risa contagiosa, una personalidad burbujeante, una mirada pícara y una energía que parecía no acabarse nunca. Formó parte de mi vida solamente por un corto tiempo, durante unos meses de primavera y verano cuando pasaba largas horas en mi casa, hablando un divertido «spanglish», arreglándose el largo y sedoso cabello de diferentes maneras, y haciéndome reír con sus ocurrencias. Su mamá, una valiente mujer que siempre luchó por sacar adelante a su familia, me la confiaba de vez en cuando mientras ella viajaba por cuestiones de trabajo o porque tenía que ocuparse de responsabilidades típicas de una madre sola.

Clari no tuvo una vida perfecta, al contrario. Tuvo que lidiar con serios problemas de salud, y —al igual que yo— con la ausencia de un padre en la familia. Creo que por eso se identificaba conmigo, y me abrió el corazón para darme una ventana a muchas áreas de su alma. Yo tengo dos hijos varones y siempre estuve muy contenta por ello, pero debo confesar que durante esos meses fue la primera vez en mi vida que me pregunté por qué el Señor no me había regalado hijas. Por ese breve tiempo, sentí por ella lo que seguramente una mamá siente al tener una niña.

Clari irradiaba un increíble amor por la vida y ganas de transformar el mundo. Y de alguna manera, lo hizo. Cuando recibí la inesperada noticia de su súbita partida, me di cuenta de la huella que había dejado en mi vida. Una huella de optimismo, alegría, fuerza y valentía. Y cuando unos días después asistí al servicio fúnebre, no fue un tiempo de luto; fue una celebración de su vida.

> Clari irradiaba un increíble amor por la vida y ganas de transformar el mundo. Y de alguna manera, lo hizo.

No me lo esperaba, pero no debería haberme sorprendido cuando vi el lugar completamente lleno. Cientos de personas de todas las edades, vestidas de radiantes colores, llenaron la iglesia en medio de una fría mañana de invierno. La tormenta de nieve no pudo contra el calor que transmitía el amor de quienes estábamos presentes. Hasta mi hijo mayor que me acompañó, y para quien Clari fue también muy especial, no pudo contener sus lágrimas ni la emoción.

A través de música, mensajes y vídeos, y entre lágrimas y risas, se transmitieron historias, anécdotas, y la profunda influencia que tuvo en muchos de nosotros. Se habló de sus viajes misioneros. De sus logros como atleta. De su alegría contagiosa. De su optimismo perpetuo. De su compasión sincera. De sus esfuerzos a fin de recolectar fondos o levantar conciencia para causas que valen la pena. De cosas grandes y pequeñas que me parecieron remarcables para una jovencita, y que muchas personas del doble de su edad tal vez nunca han siquiera intentado lograr.

Al final, se presentó una grabación que ella hizo no mucho tiempo antes, relacionada con las actividades del grupo de jóvenes de su iglesia y su experiencia personal con el Señor. Se escuchó su alegre voz en los parlantes, esa voz que tantas veces alegró mis días, mientras que en la pantalla se pasaban fotografías que mostraban su linda sonrisa. Y con el permiso de su mamá, la traduje y comparto a continuación:

Mi nombre es Clari, y mi enfoque de la vida siempre fue un poco diferente. Durante todo el pasado año hablamos en el grupo de jóvenes de cinco etapas: «conocer», «crecer», «aceptar», «servir» e «ir».

Todos los que me conocen saben que a veces hago o digo las cosas al azar, y seguramente mi mamá está tratando de ocultar la cara con sus manos mientras escucha esta grabación, porque no sabe lo que voy a decir (ríe). Pero para mí, «ir» golpeó mi corazón de una manera muy especial.

Para hablar de esto quisiera retroceder a lo que ocurrió hace un año, porque el verano pasado decidí escuchar el llamado de Dios y bautizarme. Y desde entonces he tenido muchos momentos en los que pude poner en práctica lo que aprendí.

Siendo una adolescente, es muy fácil dejar las cosas para después o poner excusas, como cuando mi mamá me dice que haga algo en casa y yo le respondo: «Sí, lo haré más tarde», pero al final, no hago nada. Sin embargo, en mis momentos con Dios, aprendí que cuando Él dice «ve», y una obedece, es imposible explicar lo increíble que se siente.

¡No pongas excusas! El mañana no está prometido. ¡Ve! Ve donde el Espíritu Santo te envíe. Yo sé que no puedo hacerlo sola, pero con un poco de ayuda, puedo lograrlo, y tú también.

Es el momento de ir.

Así que si Dios te está llamando a hacer algo, ya seas joven como yo, o aunque ya seas un anciano... simplemente, ¡ve!

Clari tenía solo dieciocho años.

CAFÉ *poético*

Quiero invitarte a que leas el poema que escribí cuando me enteré de su partida.

Entre las muchas cosas de las que hablamos alguna vez cuando me visitaba, una fue que si algún día contraía matrimonio, ella no quería que sus joyas o adornos tuvieran diamantes, sino perlas. Recién había visto un documental sobre los «diamantes de sangre», que mostraba las terribles condiciones en las que miles de personas son tratadas en África en el proceso de conseguir estas gemas; por eso, no los quería. Ella decía, además, que prefería perlas, porque le parecía increíble cómo un simple granito de arena podía convertirse en algo tan precioso.

Clari nunca pudo cumplir el sueño de verse algún día vestida de novia. Pero como digo en estos versos, estoy segura de que su corazón está lleno de gozo. Un gozo que perdura por la eternidad.

Perlas

«Si un día me caso», decía coqueta,
«no quiero diamantes, solo quiero perlas».
Y se imaginaba zarcillos de nácar
bañando sutiles su esbelta silueta.

«Los diamantes cargan duelo de su tierra,
diamantes de sangre, diamantes de guerra...
esa transparencia suele estar manchada
con dolor y sangre de los que se quedan.

»*Las perlas, en cambio, son limpias, son frescas,*
nacen de la nada, brillan en su esencia,
nacarado fruto de tiempo y paciencia
que empezó en un simple granito de arena.

»*Si un día me caso, entonces recuerda:*
no quiero diamantes, solo quiero perlas».

Pero aquellos sueños de bodas y estrellas
se truncaron fríos una primavera,
su risa de niña se congeló inerte
dejando un vacío de invierno en su huella.

Fue escoltada al cielo, radiante, ligera,
libre de pesares, con el alma llena,
y al fin, vislumbrando las puertas eternas
sonrió al verlas labradas en perla.

(En memoria de Claribeth de la Cruz, quien alegró mi vida
con su risa, sueños y alegría por una corta primavera).

EL LIENZO EN BLANCO

Mientras buscaba la información de las historias que te conté al inicio de este capítulo, recordé una que escuché hace mucho tiempo sobre un pintor al que le fue asignada la tarea de crear la obra de arte más hermosa del mundo, para exhibirla en la corte del emperador. Pasaron varias semanas, y cuando llegó el día de revelarla, todos se quedaron admirados al ver que, en efecto, el lienzo estaba vacío. Ante el descontento de unos y el asombro de otros, el molesto emperador le preguntó por qué después de tanto tiempo no había pintado nada. El pintor respondió:

«Todos somos diferentes. Y lo que es hermoso para mí tal vez no lo sea para usted. Después de intentarlo una y otra vez, llegué a la conclusión de que sería imposible para mí crear una obra que sea considerada como "la más hermosa del mundo" por todas las personas que la vean. Pero en ese tiempo me di cuenta de algo interesante», continuó diciendo el pintor. «Al observar una y otra vez este lienzo en blanco, los ojos de mi imaginación veían cada día algo diferente, hermoso y único. Por eso lo traje así: blanco. Para que cada una de las personas que a partir de ahora lo observen, puedan crear en su imaginación su propia obra de arte. Una obra diferente, hermosa y única, y verla reflejada en este lienzo. De esa manera, cada quien podrá decir: "Esta es la obra de arte más hermosa del mundo"».

Mi amiga, al igual que este lienzo en blanco, tu vida puede ser transformada en tu propia obra de arte.

Diferente, hermosa y única.

Con matices y contrastes, con el azul de tus sueños, el verde de tu esperanza, el rojo de tus pasiones, el rosa de tu añoranza... con cada uno de los colores que pintan tu propio arco iris y adornan tu alma. Crea una obra que perdure, pese al tiempo y la distancia.

Puede que seas joven y recién estés despertando a la vida, o que ya el paso de los años haya teñido de blanco tus cabellos. Todas podemos dejar un legado, no importa tu edad ni circunstancias.

Y recuerda que aunque tu pasado esté pintado de errores y pecados tan rojos como el carmesí o tan fuertes como la escarlata, el perdón de Dios puede dejarlos tan limpios como la nieve o tan puros como blanca lana.[4] Esa es una promesa eterna en la que puedes confiar.

Es posible tener un lienzo en blanco y empezar nuevamente a pintar un futuro con esperanza.

> Mi amiga, al igual que este lienzo en blanco, tu vida puede ser transformada en tu propia obra de arte. Diferente, hermosa y única.

MIS *notas* Y *pensamientos...*

CONCLUSIÓN

Llegamos al final de esta aventura. De la aventura de compartir, crecer, soñar y planear. De enfrentar tus miedos, derribar tus murallas, construir tus castillos y elegir tus batallas... Y en las últimas páginas de este libro creo que deberías saber cómo nació la idea de crear y desarrollar todos los temas que leíste, por qué decidí relacionarlos con un color específico, y de dónde me llegó la inspiración.

Todo surgió al darme cuenta de que, de vez en cuando, todas necesitamos escapar.

No me refiero a huir físicamente —aunque muchas veces no nos faltan las ganas— sino a hacer algo que nos ayude a renovar nuestra energía, avivar nuestra pasión, refrescar la mente, descansar el alma, encontrarnos con nosotras mismas, pensar, meditar, soñar...

Necesitamos encontrar un remanso.

Un remanso es un lugar donde las aguas de un río o de un arroyo se detienen por un momento, y ofrecen un área tranquila donde quien se acerca pueda reposar o beber sin temor a ser arrastrado por la corriente. Si cierras los ojos, tal vez puedas imaginar un lugar así, o quizás acudan a tu mente las dulces palabras del

> *Un remanso es un lugar donde las aguas de un río o de un arroyo se detienen por un momento, y ofrecen un área tranquila donde quien se acerca pueda reposar o beber sin temor a ser arrastrado por la corriente. Si cierras los ojos, tal vez puedas imaginar un lugar así.*

salmo 23: «En lugares de delicados pastos me hará descansar; junto a aguas de reposo me pastoreará. Confortará mi alma...».[1]

¿Cuál es tu remanso? ¿Tienes un lugar favorito que te ofrezca esa paz que tanto anhelas? ¿Un espacio donde puedes respirar profundo, olvidarte de todo por unos instantes y simplemente descansar? Las palabras de Jesús: «Venid a mí, todos los que estáis cansados y cargados, y yo os haré descansar»,[2] son una hermosa promesa que sin duda es innegable. Pero en esta ocasión no me refiero únicamente a la importancia de tu vida espiritual o a tu relación con Dios, que por supuesto son esenciales. Me refiero a algún lugar especial al que puedas «escapar» brevemente, y así renovar tus fuerzas para continuar.

Existen muchas opciones, pero creo que para despertar la sensibilidad del alma pocas cosas se comparan con admirar la naturaleza. Y sin duda, la variedad de los colores de un arco iris, o los matices y contrastes de un crepúsculo, tienen el poder de provocar intensas emociones y avivar cualquier ilusión.

El área donde vivo es muy tranquila, con muchos espacios verdes y cielos abiertos. Poder vivir aquí es para mí un regalo de Dios. Desde el jardín de mi casa se puede ver una linda laguna, árboles llenos de vida, arco iris que surgen en esas cálidas tardes de verano después de una tormenta, y extraordinarias puestas de sol.

Pero como generalmente ocurre, las cosas extraordinarias se podrían convertir en rutinarias... a no ser que permitamos que nuevamente nos llenen el corazón.

> La variedad de los colores de un arco iris, o los matices y contrastes de un crepúsculo, tienen el poder de provocar intensas emociones y avivar cualquier ilusión.

Uno de esos días, sin planearlo, encontré ese remanso precisamente en una puesta de sol. Traté de que todos mis sentidos prestaran atención a cada detalle, y así permitir que sus pinceladas dejaran una huella indeleble en mi interior.

Salí a dar un paseo justo cuando el sol parecía sumergirse poco a poco en lontananza, dejando un reflejo dorado sobre las aguas de la laguna y logrando que la blancura de las pocas nubes resplandeciera aún más. Y mágicamente, el cielo se inundó de pinceladas que variaban desde violeta hasta naranja, fuego y carmesí, en un crepúsculo multicolor que inundó mi mente y ensanchó mi corazón.

Mientras aún permanecía embelesada admirando el horizonte, la noche llegó de improviso y cubrió el lugar con su manto de oscuridad. Parecía que todo vestigio de luz y color se había escondido, dando lugar a una pesada penumbra. Solo se escuchaba la cadencia del viento y el eco de mi respiración.

Pero a lo lejos, como suspendida en la nada, la clara luz de la luna, acompañada de miles de titilantes estrellas, bañó el lugar con sus hilos de plata, como augurando que en solo unas horas, nuevamente el sol inundaría el lugar con su resplandor. Una vívida demostración de la belleza de la creación, y un perfecto ejemplo de continua transformación.

Y entonces, me llegó la inspiración.

Me di cuenta de que, como mujeres, parecería que toda esa variedad de colores convergen en nuestras vidas, en diferentes áreas, épocas y circunstancias, y forman parte de la infinita complejidad con la que fuimos creadas.

El azul del cielo me hablaba de sueños, ilusiones, futuro y esperanza. El verde del prado denotaba frescura, prosperidad, crecimiento y abundancia. El blanco de las nubes, pureza, inocencia, dulzura y candor. Los diferentes tonos del crepúsculo evocaban diversas situaciones: el rojo, pasión, amor, peligro y seducción. El morado, elegancia, armonía, equilibrio y balance. El naranja, entusiasmo, alegría y creatividad. El amarillo, optimismo, energía y espontaneidad. El negro de la noche evocaba esa oscuridad en la que a veces se esconde el alma, soledad, problemas, dolor y depresión. El plateado de la luna me inspiraba paz, sabiduría, tranquilidad y confianza. Y el dorado del reflejo del sol sobre las aguas era un símbolo de éxito, triunfo, corona y celebración. Y todo el espectáculo tenía sabor a eternidad.

Eso y más es precisamente lo que espero que hayas encontrado en las páginas de este libro.

Mi amiga, tu vida es como un horizonte sin fronteras, como cielos abiertos, como un lienzo en blanco. Permite que pinceladas de esperanza llenen de color tu alma. Transforma tu vida en una obra de arte, diferente, hermosa, única...

Sé la mujer que siempre soñaste ser.

Una mujer apasionante.

NOTAS

Café poético

1. Juan 21.17.

Un poco de mi historia

1. Bonnie Hamre, «La Paz, Bolivia: The City that Touches the Sky», About.com, http://gosouthamerica.about.com/cs/southamerica/a/BolLaPaz.htm.
2. «Declaran a La Paz ciudad maravilla», *Los Tiempos*, 12 agosto 2014, www.lostiempos.com/diario/actualidad/nacional/20141208/declaran-a-la-paz-ciudad-maravilla_283634_624792.html.
3. Lisa Mancini, «Father Absence and Its Effect on Daughters», 11 mayo 2010, Western Connecticut State University, http://library.wcsu.edu/dspace/bitstream/0/527/1/Final+Thesis.pdf.
4. «Chicago Population Growth: Census Data Shows Windy City Growing—But More Slowly Than Other Hubs», *The Huffington Post*, 23 mayo 2013, http://www.huffingtonpost.com/2013/05/23/chicago-population-growth_n_3327135.html.
5. «Women's Earnings and Income», Catalyst, Knowledge Center, 8 abril 2015, http://www.catalyst.org/knowledge/womens-earnings-and-income.

Capítulo 1: Azul

1. Mark Twain, *The Innocents Abroad; Roughing It* (Nueva York: Penguin Putnam, 1984), p. 521.
2. «Burnham, Daniel Hudson» (Gale Encyclopedia of U.S. Economic History, 1999), http://www.encyclopedia.com/topic/Daniel_Hudson_Burnham.aspx.
3. «Daniel Burnham: Highway Planning», Encyclopedia of Chicago, http://www.encyclopedia.chicagohistory.org/pages/2396.html.
4. Proverbios 16.9.
5. Salmos 37.4–5 (LBLA).
6. Mateo 6.34.
7. Richard Niell Donovan, «Comentario (Estudio de la Biblia) Mateo 6.25–33», Lectionary.org, http://www.lectionary.org/EXEG-Spanish/NT/01-Mateo/Mateo.06.25-33.htm.
8. Etimología de «preocupación», http://etimologias.dechile.net/?preocupacion.
9. The Free Dictionary, s.v. «preocupación», http://es.thefreedictionary.com/preocupacion.
10. Lucas 12.25–26 (NVI).
11. Filipenses 4.6–7 (NTV).
12. Proverbios 3.5–6.
13. Proverbios 16.3 (NVI).
14. Jeremías 29.11 (NVI).
15. Salmos 56.3 (NVI).
16. Proverbios 20.29 (DHH).
17. The Random Acts of Kindness Foundation, www.randomactsofkindness.org.
18. David R. Hamilton, *Why Kindness Is Good for You* (Londres: Hay House, 2010), pp. xii–xiv.

Capítulo 2: Morado

1. Seth Godin, *La vaca púrpura: Diferénciate para transformar tu negocio* (Barcelona: Gestión 2000, 2008).
2. «La locomotora de vapor», Inventos e inventores, http://www.iesfranciscoasorey.com/inventos/enlaces/locomotora%20vapor.html.
3. S. L. Parker, *212° The Extra Degree: How to Achieve Results Beyond Your Wildest Expectations* (Bedford, TX: The Walk the Talk Company, 2005).
4. The Free Dictionary, s.v. «excelencia», http://es.thefreedictionary.com/excelencia.
5. Colosenses 3.23 (LBLA).
6. Proverbios 3.5–7 (NVI).
7. Willow Lawson, «Brain Power: Why Proteins Are Smart», *Psychology Today*, 3 enero 2003, https://www.psychologytoday.com/articles/200301/brain-power-why-proteins-are-smart.
8. Eun Kyung Kim, «Chatty Cathy, Listen Up: New Study Reveals Why Women Talk More Than Men», *Today*, 21 febrero 2013, http://www.today.com/health/chatty-cathy-listen-new-study-reveals-why-women-talk-more-1C8469360.
9. Salmos 141.3 (LBLA).
10. Santiago 3.5–6 (TLA).
11. Mateo 12.34 (LBLA).
12. Proverbios 10.19 (NVI).
13. Proverbios 18.21 (NVI).
14. Proverbios 13.3 (NVI).
15. Will Bowen, http://www.willbowen.com/.
16. Proverbios 20.19 (NTV).
17. Proverbios 26.20.
18. Proverbios 21.23.
19. Salmos 19.14 (NTV).

Capítulo 3: Rojo

1. Versículos selectos de Cantar de los Cantares (TLA).
2. «Men's Sexual Desire Versus Women's», Psychologies, 24 marzo 2014, https://psychologies.co.uk /love/wise-words-esther-perel-on-sex-and-relationships-3.html.
3. Nicholas Wells y Corky Siemaszko, «Regular Sex Can Make You Look 7 Years Younger, Researcher Says», *NY Daily News*, 5 julio 2013, http://www.nydailynews.com/life-style/health/sex-younger-expert-article-1.1391109.
4. The Free Dictionary, s.v. «amante», http://es.thefreedictionary.com/amante.
5. Diccionario de Sinónimos y Antónimos, s.v. «amante», http://www.wordreference.com/sinonimos/amante.
6. Mateo 5.44.
7. Editores de Biography.com, «Kirk Cameron: Biography», http://www.biography.com/people/kirk-cameron-21303229.
8. Si quieres saber más de esta organización entra a http://www.aguasvivientes.com/.
9. Puedes encontrar el avance de *Fireproof* en http://www.cinefamiliar.org/2010/04/premiere-para-tv-en-usa-de-fireproof.html.
10. 1 Corintios 7.25–28, 32–34, 35 (TLA).
11. Sor Juana Inés de la Cruz, «Redondillas. Hombres necios que acusáis». Dominio público.
12. Proverbios 31.10 (TLA).

Capítulo 4: Anaranjado

1. Para escuchar el sonido peculiar y agudo del charango puedes entrar a «Charango para todos», http://www.charango.cl/.
2. Proverbios 31.28–30 (RVR1995).
3. Salmos 127.3–5 (RVC).
4. Ibíd. (RVR1960).
5. Mickey Lotz, «Making Arrows Naturally», Primitive Archer, https://www.primitivearcher.com/articles/MakingArrowsNaturally.html.
6. Proverbios 22.6.

7. Diccionario Real Academia Española, 23ª edición, s.v. «dirección», http://dle.rae.es/?id=DqohmoE.
8. Santiago 1.5.
9. «Single-Parent Families - Single Fathers Compared to Single Mothers», http://social.jrank.org/pages/581/Single-Parent-Families-Single-Fathers-Compared-Single-Mothers.html.
10. Salmos 27.10.
11. Salmos 68.5: «Padre de huérfanos y defensor de viudas es Dios en su santa morada».
12. Proverbios 17.17.

Capítulo 5: Amarillo

1. Proverbios 15.13.
2. Salmos 139.14 (NVI).
3. 1 Corintios 6.19.
4. Bárbara Palacios, «Tu universo de inspiración», http://www.bpinspiracion.com/.
5. «Desórdenes de la alimentación», 27 junio 2001, Center for Young Women's Health, http://youngwomenshealth.org/2001/06/29/desordenes-de-la-alimentacion/.
6. Ralph E. Cash, «Depresión en niños y adolescentes: Información para padres y educadores», National Association of School Psychologists, http://www.nasponline.org, bajo «HCHS section 5».
7. Proverbios 16.24 (NVI).
8. Proverbios 31.26 (NVI).
9. Proverbios 31.30 (LBLA).
10. Martin Luther King, Jr., The Autobiography of Martin Luther King, Jr., ed. por Clayborne Carson (Nueva York: Intellectual Properties Management, Warner, 1998), capítulo 1, «Early Years», http://mlk-kpp01.stanford.edu/index.php/kingpapers/article/chapter_1_early_years/.
11. Ver James Strong, Nueva concordancia Strong exhaustiva de la Biblia (Nashville: Grupo, 2002), s.v. 3339 «metamorfóo».
12. «Transformed: More Than Meets the Eye (Romans 12.12–2)», Bible.org, https://bible.org/seriespage/23-transformed-more-meets-eye-romans-121-2.
13. Filipenses 4.8 (RVR1995).
14. Ibíd. (NTV).
15. Darren Rovell, «Buyer Pays $71,553 for Jordan Shoes», ESPN, 26 abril 2015, http://espn.go.com/nba/story/_/id/12769339/michael-jordan-shoes-1984-sold-second-highest-price-game-worn-shoes.
16. «The 10 Most Expensive Guitars Ever Sold: In Pictures», The Telegraph, http://www.telegraph.co.uk/finance/newsbysector/retailandconsumer/9131748/The-10-most-expensive-guitars-ever-sold-in-pictures.html?frame=2162741.
17. Etimología de «precioso», http://etimologias.dechile.net/?precioso.
18. Proverbios 31.30 (LBLA).

Capítulo 6: Verde

1. «History of the NBC Little House on the Prairie Series», www.pioneerontheprairie.com/lh_history.htm.
2. Sheryl Nance-Nash, «Is The Bible The Ultimate Financial Guide?», Forbes, 24 mayo 2012, www.forbes.com/sites/sherylnancenash/2012/05/24/is-the-bible-the-ultimate-financial-guide/.
3. Mateo 6.21.
4. Salmos 37.25 (LBLA).
5. Filipenses 4.19 (LBLA).
6. Mateo 6.25–30 (NTV).
7. Will Rogers, en la película A Connecticut Yankee in King Arthur's Court (dir. David Butler, Fox Film, 1931).
8. Definición de «trampa», Definición.de, http://definicion.de/trampa.
9. Catherine Rampell, «Money Fights Predict Divorce Rates», The New York Times, 7 diciembre 2009, http://economix.blogs.nytimes.com/2009/12/07/money-fights-predict-divorce-rates/.
10. Finanzas con Propósito, www.finanzasconproposito.org.

11. Para saber cómo tomar el curso de Paz Financiera visita www.andresgutierrez.com/pazfinanciera/.
12. El Instituto para la Cultura Financiera, www.culturafinanciera.org.
13. Filipenses 4.11–13.
14. Andrés Panasiuk, *Cómo llego a fin de mes* (Nashville: Grupo Nelson, 2006), p. 27.

Capítulo 7: Negro

1. Javier Badani, «La poeta perdida», *La Razón*, 12 agosto 2012, http://www.la-razon.com/index.php?_url=/suplementos/escape/poeta-perdida_0_1666033484.html.
2. María Josefa Mujía, «La ciega», *Colección de poesías escojidas por Enrique de Arrascaeta* (Montevideo: Siglo Ilustrado, 1881), p. 211, http://tinyurl.com/ogho27v.
3. «Raya venenosa», National Geographic, http://www.nationalgeographic.es/animales/peces/raya-venenosa.
4. «La fascinante técnica de inmovilidad tónica en tiburones», Lareserva.com, 23 septiembre 2011, http://www.lareserva.com/home/inmovilidad_tonica_tiburones.
5. Documental: «The Whale That Ate Jaws», National Geographic, http://channel.nationalgeographic.com/wild/sharkfest/galleries/the-whale-that-ate-jaws/at/a-look-inside-1176353/.
6. Salmos 18.2 (NTV).
7. Salmos 91.1–3.
8. Salmos 34.18–19 (NVI).
9. Filipenses 4.6–7.
10. Proverbios 17.17.
11. George Washington, carta a Bushrod Washington, 15 enero 1783, en George Washington y Jared Sparks, *The Writings of George Washington*, vol 8 (Boston: Ferdinand Andrews, 1839), p. 374.
12. Proverbios 4.23.
13. Editores de Biography.com, «Nathaniel Hawthorne – Biography», http://www.biography.com/people/nathaniel-hawthorne-9331923.
14. Proverbios 15.23 (LBLA).
15. Josué 1.9.
16. Isaías 40.28–31.
17. Gálatas 6.2.
18. 1 Tesalonicenses 5.11.
19. Proverbios 4.23.
20. Ramón de Campoamor, «Quien supiera escribir», Biblioteca Virtual Universal, http://www.biblioteca.org.ar/libros/158164.pdf.
21. «Biography of Dr. David Jeremiah», Turning Point, http://www.davidjeremiah.org/site/about/biography.aspx.

Capítulo 8: Blanco

1. Leonid Bershidsky, «Why Pay $15 Million for a White Canvas?», Bloomberg View, 14 noviembre 2014, http://www.bloombergview.com/articles/2014-11-14/why-pay-15-million-for-a-white-canvas.
2. Robert Rauschenberg, *Erased de Kooning Drawing*, 1953, San Francisco Museum of Modern Art, http://www.sfmoma.org/explore/collection/artwork/25846.
3. Tito 2.4.
4. Isaías 1.18.

Conclusión

1. Salmos 23.2.
2. Mateo 11.28 (LBLA).

ACERCA DE LA *autora*

LA INFLUENCIA Y EL LIDERAZGO DE MILENKA PEÑA HAN SIDO ENCOMIADOS POR PASTORES y líderes de las organizaciones cristianas más reconocidas. Siendo una elocuente oradora y dinámica conferencista, Milenka viaja alrededor del mundo como invitada de congresos, iglesias y eventos especiales, inspirando a los asistentes a dejar un legado que perdure y a valorar las cosas más importantes de la vida, y equipándolos con principios prácticos para vivir con equilibrio, excelencia, propósito y pasión.

Como reconocida periodista, escritora, productora y conductora de radio y televisión, Milenka integró por años el equipo central de Telemundo y la Cadena NBC, colaboró con Univisión América y se ganó el corazón de la audiencia en una de las radioemisoras en español más escuchadas. Como conductora principal de Telemundo Chicago fue nominada a los cotizados Premios Emmy por «Logro Excepcional por Excelencia» y «Mejor Conductora de Televisión», y fue la primera mujer latina en recibir un Silver Dome Award.

Después de una exitosa carrera en el mercado general, Milenka invierte ahora su talento y experiencia en inspirar y equipar a millares de personas en todo el ámbito hispanoparlante. Colabora además con organizaciones que alcanzan a millones a nivel internacional; entre ellas, Enfoque a la Familia, World Vision, Asociación Luis Palau, Universidad Cristiana Logos, World Relief, Líder Visión, Christian Broadcasting Network, CVC La Voz, Asociación Hermano Pablo y Cultura Financiera. Es autora de la casa editorial HarperCollins, y su programa *Apasionante con Milenka Peña* se difunde en cientos de repetidoras en todos los países de habla hispana.

Milenka se ha dedicado con amor y excelencia a dejar una huella de profunda influencia tanto en su hogar como en su vida profesional. Está felizmente casada por más de dos décadas y radica en Chicago, donde dirige el ministerio de mujeres de una de las iglesias de más influencia en el área. Su mejor logro es ser una orgullosa mamá y una feliz esposa, y sobre todo, una mujer profundamente agradecida por la bendición de Dios en su vida.

Milenka está disponible para conferencias, entrevistas y eventos especiales. Para invitaciones y contacto, visita: **www.milenka.org** o escribe a: **info@milenka.org** También puedes seguirla en Facebook, Twitter y otras redes sociales: **@MilenkaPena**

¡LLEVA LA CONFERENCIA «MUJER APASIONANTE» A TU IGLESIA O COMUNIDAD!

Es más fácil de lo que te imaginas. Forma parte de una experiencia transformadora junto a las personas que te rodean. Ya sea como un evento independiente, o como un catalizador para iniciar una sesión de estudios en grupos pequeños o en el ministerio de damas, «Mujer Apasionante» dejará una huella de profunda influencia en tu iglesia, tu comunidad y tu propia vida.

Encuentra toda la información en: **www.apasionante.org**

Allí también encontrarás recursos gratuitos para tu crecimiento personal y espiritual, como:

- Guías de estudios
- Vídeos de enseñanza
- Guías para grupos pequeños
- Recursos para ministerios de damas
- Programas y entrevistas
- Devocionales y artículos
- Materiales de apoyo
- Novedades exclusivas
- ¡Y mucho más!

Miles de mujeres están descubriendo la diferencia entre una vida apasionada y una vida apasionante... ¡atrévete a ser una de ellas!